U0817629

21 世纪教育技术学精品教材

执行主编　王继新

教育技术项目实践

本 册 主 编　潘克明　李书明
本册副主编　田　俊　黄　涛

北京大学出版社
PEKING UNIVERSITY PRESS

图书在版编目(CIP)数据

教育技术项目实践/潘克明,李书明主编. —北京：北京大学出版社,2011.7
(21世纪教育技术学精品教材)
ISBN 978-7-301-19185-9

Ⅰ.①教…　Ⅱ.①潘…②李…　Ⅲ.①教育技术—高等学校—教材　Ⅳ.①G43

中国版本图书馆CIP数据核字(2011)第129248号

书　　　名：教育技术项目实践
著作责任者：潘克明　李书明　主编
策 划 编 辑：周志刚
责 任 编 辑：唐知涵
标 准 书 号：ISBN 978-7-301-19185-9/G·3194
地　　　址：北京市海淀区成府路205号　100871
网　　　址：http://www.jycb.org　http://www.pup.cn
电 子 信 箱：zyl@pup.pku.edu.cn
电　　　话：邮购部62752015　发行部62750672　编辑部62767346　出版部62754962
印　刷　者：三河市富华印装厂
经　销　者：新华书店
787毫米×1092毫米　16开本　16印张　390千字
2011年7月第1版　2011年7月第1次印刷
定　　　价：32.00元

未经许可,不得以任何方式复制或抄袭本书之部分或全部内容。
版权所有,侵权必究
举报电话：(010)62752024　电子信箱：fd@pup.pku.edu.cn

导　　言

教育技术是什么？在1989年顾明远先生主编的《教育大辞典》的第七卷中是这样定义的："教育技术(technology in education)是人类在教育活动中所采取的一切技术手段的总和。包括物化形态的技术和智能形态的技术两大类。"在教育部2004年发布的《中小学教师教育技术能力标准(试行)》的附录《术语与定义》中，对教育技术又做了这样的解释："教育技术是指运用各种理论及技术，通过对教与学过程及相关资源的设计、开发、利用、管理和评价，实现教育教学优化的理论与实践。"这两个定义尽管表述的方式不尽相同，但是基本观点是相同的。第一，都认为教育技术的研究领域包括理论和实践两个方面，它们既互相独立又密切相连；第二，都认为教育技术的研究对象是与教育教学过程有关的技术(方法和手段)，即构成与教育教学相关的过程技术和资源技术；第三，都认为教育技术的研究范畴包括教育教学过程和资源的设计、开发、应用、管理和评价。如果再从这三个共同点中找到一个共性的特点，那么这个共性特点就是：教育技术无论是研究的领域、研究的对象还是研究的范畴，都离不开实践。因此，从某种意义上看，教育技术是一门实践性很强的学科。

为什么这样讲呢？首先，从教育技术的产生、形成、发展并初步形成比较完整的学科体系的过程看，这个过程自始至终都是在教育技术的不断实践中进行的；其次，在现实的教育教学过程中，教育技术(无论是物化形态的还是智能形态的)带动教育现代化发展的作用与优势，只有通过广大教师的教育教学的实践活动，才能够得到最充分、最有效的发挥。所以，教育技术无论是从产生、形成和发展，还是从促进教育教学改革有效进行的作用与优势的发挥，都离不开实践。

教育技术专业的毕业生走上工作岗位之后，将面临大量的教育技术实践工作，将承担或组织许多教育技术实践与研究项目。为了使教育技术专业的学生在毕业之前就了解他们毕业后即将从事的教育技术工作，帮助他们初步了解和掌握这些工作的内容、目标和方法；同时，也为了帮助广大的教育技术专业教师能更加有效地组织和开展教育技术的实践与研究活动，我们编写了本教材。

本教材根据教育技术实践项目的特点，改变了传统教材按章节编写的结构方式，采取了模块和项目的结构方式。其基本结构是：模块—项目—学习目标—环境与条件—项目的任务—实践过程—项目成果展示与交流—推荐资源。这个结构，是以教学设计的基本要素和基本结构为基础的，是充分体现了教育技术项目实践的特点的。

本教材是由六个模块、17个项目构成。这些模块和项目是：

模块一　教育现代化硬件环境建设类项目

项目1　校园网的建设

项目2　交互式多媒体教室的设计与建设

项目3　校园电视台与广播站的建设

模块二　教育资源建设类项目

项目4　多媒体课件的设计与开发

项目5　网络课程的设计与开发

项目6　教育资源网站的设计与开发(课程、专题、学科等)

项目7　校园教育电视节目的设计与制作

模块三　教育技术应用类项目

项目8　农村远程教育工程项目的实践

项目9　新媒体、新技术的应用与推广

项目10　信息技术与学科教学整合的实践与绩效评估

模块四　教育技术科学研究类项目

项目11　教育技术课题研究的设计与实施

项目12　教育技术研究成果的形成与评估

模块五　教育技术培训类项目

项目13　校本培训(含专题培训)活动的设计与实施

项目14　中小学教师教育技术技能培训设计与实施

模块六　教育技术竞赛类项目

项目15　师生电脑作品创作竞赛活动

项目16　中小学生信息学奥赛的组织与实施

项目17　中小学校园电视创作活动的组织与实施

可以说,这六个模块从硬件环境建设、软件开发、教师培训、教育技术应用、教育技术科学研究、教育技术的竞赛活动等方面,基本涵盖了我国教育技术实践的全部主要内容。这六个模块中的每一个模块都可以开成一门或几门课程,都可以写成一本或几本教材,在我们的高等师范院校的教育技术专业教学中,也开设了其中的许多门专业课程。因此,教育技术项目实践以及这门课程的特点,使得编写者在编写这本教材时,没有将各个模块和项目中涉及的专业性内容作为重点来描述,而是采取了提纲挈领、点到为止的方式。

本教材编写的重点,是帮助学习者更好地了解我国教育技术实践项目的基本情况,更好地设计可操作的项目实施方案,更好地实施项目方案并获得最有效的成果。因此,在各个项目中,编写者都将重点放在了项目的设计与实施上面,以帮助学习者解决"路"和"桥"的问题。同时,为了加强学习者对教育技术项目实践的感性认识,使他们所设计的项目实施方案更具可操作性,在每一个项目中,编写者都选择了一些相关案例,以供学习者学习和参考。为了使学习者能够更加深入地学习,本教材还提供了与各项目有关的"推荐资源",以帮助学习者获得更多的学习资源。

在"教育技术项目实践"课程的学习过程中,要坚持学用结合的原则,要走进中小学校园，从学校教育现代化的实际问题和需求出发，开展实践活动。在学习过程中，要采取自主学习、协作学习与研究性学习相结合的学习方法，要和学校的领导和教师一起组成相关项目组，开展实实在在的实践与研究活动，绝不可纸上谈兵。

我国的教育技术发展迅速，我国的信息技术教育方兴未艾。教育技术专业的同学毕业后，将肩负着利用信息化带动教育现代化的历史使命，现在就做好准备吧！

潘克明　李书明　田　俊　黄　涛

二零一零年春

目　录

模块一　教育现代化硬件环境建设类项目

本模块主要涉及 3 个项目,校园网的建设、交互式多媒体教室的设计与建设、校园电视台与广播站的建设。硬件环境建设是多媒体教室、校园网建设以及校园电视台与广播台建设的基础,也体现了学校的办学理念。硬件环境是学校教育现代化的基础,它包括现代化的教育教学设施配置及合理分布,以及连接、维持设施正常运转的保障措施等。

项目 1　校园网的建设

信息化是当今世界发展的大趋势,是推动经济社会变革的重要力量。教育信息化更是当今世界教育发展的大趋势,充分发挥了教育在现代化建设中的基础性、先导性、全局性作用。数字化校园建设是教育信息化程度的具体体现。2001 年教育部召开全国基础教育信息化工作会议之后,我国中小学的校园网建设工作逐渐展开。到 2010 年,加快数字校园建设已成为我国中小学校推进信息化教育的主要发展趋势。

美国克莱蒙特大学的教授凯尼斯·格林(Kenneth Green)早在 1990 年发起并主持的一项大型科研项目"信息化校园计划"(The Campus Computing Project)中就提出了数字化校园的概念。数字化校园是以数字化信息和网络为基础,在计算机和网络技术上建立起来的对教学、科研、管理、技术服务、生活服务等校园信息的收集、处理、整合、存储、传输和应用,使数字资源得到充分优化利用的一种虚拟教育环境。数字化校园通过实现从环境(包括设备、教室等),资源(如图书、讲义、课件等)到应用(包括教、学、管理、服务、办公等)的全部数字化,在传统校园基础上构建一个数字空间,以拓展现实校园的时间和空间维度,提升传统校园的运行效率,扩展传统校园的业务功能,最终实现教育过程的全面信息化,从而达到提高管理水平和效率的目的。数字化校园为广大师生提供的是一种深化素质教育、促进学校发展的动态开放的学习氛围和社会化的研究环境。

简言之,数字化校园就是以校园网为硬件环境基础,运用先进的信息技术、手段和工具,实现所有信息资源存储、传递、加工、处理的数字化和网络化,为最广大的使用者提供最为人性化和最为便捷的全方位服务的系统平台。

校园网是教育事业发展的基础性设施,是数字化校园建设的基础平台,没有校园网,数字化校园就无从谈起。因此,专业的教育技术工作者必须认真学习、深入了解、熟练掌握校园网建设的知识、技术与方法。

一、学习目标

校园网建设项目的学习目标有以下几方面:

(一) 在充分了解和掌握学校的教育教学实际、校园网功能、网络安全及网络管理技术的基础上,科学合理地规划、设计校园网。

（二）能够根据学校的实际情况和校园网建设的实际需要，合理地选择校园网建设所需设备，具体实施校园网的建设。

（三）能够对校园网建设过程中的各个环节、校园网的各个组成部分和各种设备设施，以及对完工后的校园网，进行科学、合理、有效的监督、评价与验收。

（四）能够根据学校的实际，对校园网进行完善、升级、改造，为数字校园的建设奠定基础。

二、环境与条件

校园网主要由三部分组成：第一部分是功能，第二部分是实现这些功能所必需的硬件，第三部分是保证校园网功能和硬件设备功能得以最佳发挥的系统软件和应用软件。在这里，我们要重点研究的是硬件环境和保障校园网建设与应用的其他条件，暂时不涉及软件问题。

校园网建设的硬件环境主要是指：根据需要建设的校园网实际场地情况、现有网络情况、设备配置、网络管理、应用类型等；涉及的硬件主要包括：服务器一台，有盘工作站若干，宽带接入（ADSL 或其他形式），网络互联设备（网卡、网线、集线器或交换机、路由器），网络制作和测试设备。

校园网建设应具备的其他条件包括以下几方面：

第一，网络教学已成为未来教育的发展趋势，作为网络教学的承载——校园网的建设是实现这一趋势的基础条件。

第二，教育信息化的推进，要求在教育过程中较全面地运用以计算机、多媒体和网络通信为基础的现代信息技术，促进教育改革。

第三，校园网的建设应从学校的具体实际出发，要适应学校发展需要，深化校本教育。

上述三条是认识问题，缺一不可。因为没有学校领导运用信息化带动教育现代化的紧迫感，没有广大教师运用信息技术改变自己的教与学生的学的迫切愿望，校园网建设是很难列入学校议事日程的，也是很难建成的，即使建成也很难发挥应有效益。因此，从某种意义上讲，在推进校园网建设的工作上，专业教育技术工作者还肩负着宣传、推动教育信息化的重任。

第四，人才保障。在校园网建设的过程中需要相应人员的参与，建设好的校园网，也需要大量人员进行相应的日常管理和维护。可以说，一个校园网能否正常运行下去，关键在人。

第五，经费来源。经费是校园网建设的保障。校园网的建设经费主要用于三个方面：一是用于购置校园网建设必须的硬件设备；二是用于施工的工程费用；三是用于日后的资源补充、日常维护与系统升级。在这里，我们还要特别注意：上述三个方面只是校园网建设的经费保障。校园网建好后要用好，还必须有两个方面的经费保障：一是师资培训方面的经费保障；二是软件建设方面的经费保障。因为本项目主要研究校园网的硬件环境建设，所以，在此暂不对师资培训和软件建设经费问题进行讨论。

学校的教育技术工作者虽然不能直接解决上述五个问题，但是可以向领导宣传这些条件，使决策者了解这些条件、为校园网建设创造这些条件。

三、项目的任务

根据学校的基本情况，组建一个小型的校园网，并在此基础上架构常用的服务器，最后以共享的方式接入 Internet。建成后的校园网应该是一个统一规划的、先进的、完善的计算机网络。它是一个覆盖整个校园的高速主干网，能将办公室、实验室以及教室连接成一个结构合理、高速通畅的教学办公网络，能与校园外多样化网络实现宽带连接，改善学校的网络出口环境。

四、项目的设计与实施

校园网的建设由校园网的整体规划、功能需求分析、项目具体设计、项目设备选型、项目施工、应用软件的选择、安装与测试、项目过程监督、项目的验收等步骤构成，这些步骤又可分为项目准备和项目实施两大部分。学校的专业教育技术工作者应从始至终以主人翁的身份参与到校园网建设的全过程之中，在校园网建设过程中积极、主动地发挥主导作用和监督、保障作用。

（一）校园网设计的原则

校园网是为学校师生提供教学、管理、教研和综合信息服务的宽带多媒体网络，是学校信息化教学环境的基础设施和实现各项管理的物质基础，是建立远程教育体系的基本保证。其设计方案应注意以下原则：

① 实用性。校园网设计应能满足学校目前对网络应用的要求，充分实现学校内部管理、教学和科研的网络化、信息化的要求，使网络的整体性能尽快得到充分的发挥，并且便于掌握。

② 可靠性。校园网的系统及网络结构较为复杂，同时在部分子系统中存在较高的技术性，因此为了保证系统的稳定、可靠和安全运行，校园网应具有很高的 MTBF（平均无故障工作时间）和极低的 MTBR（平均无故障率），提高容错设计，支持故障检测和恢复，可管理性强。

③ 安全性。应能在可靠性的前提下，抵挡来自内部和外部的攻击；采用的安全措施有效、可信，并能在多层次上以多种方式实现安全的控制。

④ 统一性。在系统的设计过程中，坚持“三统一”，即统一规划、统一标准、统一出口。

⑤ 先进性。在系统的选择与开发过程中，既能满足当前学校对网络的应用需求，又可以在将来需要扩展的时候，能方便地扩展，保护目前的所有投资；设计的配置可以灵活变通，以便适应客户的其他要求。

⑥ 节省性。在充分满足以上要求的前提下，应充分考虑到学校的经济承受能力，尽可能地节约投资，花好每一分钱。

（二）项目准备

1. 项目总体设计规划

项目总体设计规划是校园网建设的总体思路和工程蓝图。进行切合实际的校园网建设总体规划，是搞好校园网建设的首要任务，也是核心任务。做好校园网建设项目的总体规划，应主要从以下几个方面入手：

第一，通过调查、研究和分析，整体把握学校的性质与任务，明确校园网络系统建设的基本需求和条件。

第二，在需求分析的基础上，确定具体的实施目标，包括网络设施、站点设置、开发应用和管理等方面。

第三，根据实施目标和学校建筑分布特点，确定网络拓扑结构和技术设计原则，包括技术选型、布线设计、设备选择和软件配置方面的要求。

第四，根据以上分析，展开具体实施步骤。

2. 一般学校校园网的基本技术需求

根据对我国中小学校的实际情况的考察分析得出当前校园网应能满足以下技术需求：

第一，由一个主干网和多个子网组成校园局域网(Intranet)。

第二，主干网接入全球互联信息网外接(Internet)，各子网再接入主干通信网。

第三，主干网接入 Internet 的方式可是有线综合宽带网，速率可在 100 Mbps 左右。

第四，主干为千兆线路，其他线路为超五类双绞线。

第五，Internet 服务器选用专业服务器产品，均存放在网络中心机房，网管工作站使用专业的工作站来进行管理。

第六，各应用平台的建设均可接入骨干网，构成子网应用平台。

3. 项目设计

以上介绍的是校园网的一般技术需求，也就是一般的校园网必须具备的技术条件。这些技术条件是校园网建设的基础。要想使这些基础条件发挥作用，就需要进行包括项目功能设计、网络拓扑结构设计、校园互联设计、网络安全保障设计以及各个应用子系统的设计。

(1) 校园网的基本功能设计

校园网的基本功能是：利用数字信息技术手段，对学校的教育、教学、管理等主要业务以及资源和数据进行优化、整合和融通，拓展现实校园的时间和空间维度，在传统校园的基础上构建一个数字空间，实现从环境、资源到活动的数字化，从而达到提升教育教学质量和管理水平的目的。

(2) 校园网的拓扑结构设计

整个系统采用星型结构与高速交换以太网技术相结合的网络拓扑结构。这种结构与以往的总线结构相比具有以下特点：

① 网络的可靠性增强。

② 网络的可扩展性强。

③ 网络便于日常的管理和维护。

④ 网络便于维护，可远程管理和配置网络。

⑤ 网络带宽容易扩展，配备光纤接口和千兆位接口扩展口。

⑥ 公网连接链路的网络安全性考虑充分。

⑦ 考虑了远程宽带接入访问。

网络总体按照核心、汇聚、接入三层星形网络模型设计网络。通过层次化的网络设计，网络的不同层次设备承担不同的任务，使整个网络结构清晰，便于维护管理及以后的网络扩展。

(3) 校园网互联设计

大多数校园网互联设计包括如下三个基本组成部分：

① 校园园区网。它连接了校园本地用户，为用户联网提供了本地接入设施。

② 广域网。广域网将校园与其他网络互联起来，为校园网提供数据传输信道。

③ 远程连接。远程连接将分散的单个用户和分支结构连接到本地的校园网或接入Internet。

(4) 校园网安全保障设计

安全技术主要包括系统安全、信息安全、应用安全和网络安全技术，而三者之中网络安全尤为重要，而且也是技术实现的难点所在。网络安全的主要技术是防火墙技术，防火墙技术的核心思想是在不安全的网间环境中构造一个相对安全的子网环境。主要从以下五个方面考虑校园网的安全：

① 物理层安全。物理层的安全主要包括环境、设备及线路的安全。系统中心或机房的建设应遵照：GB50173-93《电子计算机机房设计规范》、GB2887-89《计算机站场地安全要求》及GB2887-89《计算机站场地技术条件》的要求。在设备集中的管理间安装干扰器，防止由于设备辐射造成的信息泄漏。同时，要注意保护线路的安全，防止用户的搭线窃听行为。

② 系统安全。系统层主要解决的是由于各种操作系统、数据库及相关产品的安全漏洞和病毒造成的威胁。

③ 网络层安全。

④ 应用层安全。

⑤ 管理层安全。

(5) 各应用子系统的设计

① 工作区子系统及其网络设计。工作区子系统由终端设备连接到信息插座的连线，以及信息插座所组成。信息点由标准RJ45插座构成。信息点数量应根据工作区的实际功能及需求确定，并预留适当数量的冗余。

② 水平子系统及其网络设计。水平子系统主要是实现信息插座和管理子系统，即中间配线架(IDF)间的连接。水平子系统指定的拓扑结构为星型拓扑。水平干线的设计包括水平子系统的传输介质与部件集成设计。选择水平子系统的线缆，要根据建筑物内具体信息点的类型、容量、带宽和传输速率来确定。在双绞线水平布线链路中，水平电缆的最大长度为90 m。若使用100ΩUTP双绞线作为水平子系统的线缆，可根据信息点类型的不同采用不同类型的电缆。

③ 管理子系统及其网络设计。管理子系统由交连、互连和输入/输出组成，实现配线管理，为连接其他子系统提供手段，包括配线架、跳线设备及光配线架等组成设备。设计管理子系统时，必须了解线路的基本设计原理，合理配置各子系统的部件。

④ 干线子系统及其网络设计。干线子系统指提供建筑物的主干电缆的路由，是实现主配线架与中间配线架，计算机、PBX(用户级交换机)、控制中心与各管理子系统间的连接。干线传输电缆的设计必须既满足当前的需要，又适应今后的发展。干线子系统布线走向应选择干线线缆最短、最安全和最经济的路由。干线子系统在系统设计施工时，应预留一定的线缆做冗余信道，这一点对于综合布线系统的可扩展性和可靠性来说是十分重要的。

⑤ 设备间子系统及其网络设计。设备间子系统由设备室的电缆、连接器和相关支持硬件组成，把各种公用系统设备互连起来。设备间的主要设备有数字程控交换机、计算机网络设备、服务器、楼宇自控设备主机等，它们可以放在一起，也可分别设置。在较大型的综合布线中，可以将计算机设备、数字程控交换机、楼宇自控设备主机分别设置机房，把与综合布线密切相关的硬件设备放置在设备间，计算机网络设备的机房放在距离设备间不远的位置。

⑥ 建筑群子系统及其网络设计。建筑群子系统是实现建筑之间的相互连接，提供楼群之间通信设施所需的硬件。建筑群之间可以采用有线通信的手段，也可采用微波通信、无线电通信的手段。

(三) 校园网建设项目的实施

1. 公开招标

精心地准备，切实、合理的规划与设计是校园网建设的基础，但建成高效实用的校园网还必须有各个生产厂家和施工单位的广泛参与，这种参与，在前期主要通过参与设计和参与竞标的方式进行。建设单位必须通过公开招标的方式，确定设备提供方和施工单位。

(1) 招标论证

公开招标要在对建设方案反复进行可行性论证的基础上进行。招标过程首先要保证招标过程的公平性与透明度，在定标之前要进行公示，广泛地征求老师、学生，甚至社会各界的合理意见，及时就意见与施工单位展开讨论，以获得更好的建设方案。

(2) 竞标

项目的招标应依据学校对校园网建设的具体要求和实施方案(标书)，根据各地政府的有关规定面向社会公开招标，并由多个具有相应资质的施工单位平等竞标。招标工作一般由政府招标办或政府采购办聘请相关专家组成评审委员会，对多个竞标单位提供的不同投标方案进行综合、全面的评判，最后确定具体施工单位。施工单位确定后，项目学校要与施工单位签订详尽的施工合同。

(3) 定标

在定标时，竞标价应是各个学校考虑的因素，但不是最首要的因素，施工单位历来的信誉与业绩、是否有可靠的售后服务，也是招标学校必须考虑的重要因素。

(4) 公开招标的程序

按照招标人和投标人参与程度，可将公开招标过程粗略划分成招标准备阶段、招标投标阶段和决标成交阶段。

① 招标准备阶段。招标准备阶段的工作由招标人单独完成，投标人不参与。主要工作包括办理招标备案和编制招标有关文件。招标备案文件应说明：招标工作范围，招标方式，计划工期，对投标人的资质要求，招标项目的前期准备工作的完成情况，自行招标还

是委托代理招标等内容。获得认可后才可以开展招标工作。招标的有关文件大致包括：招标广告、资格预审文件、招标文件、合同协议书，以及资格预审和评标的方法。

② 招标投标阶段。招标阶段从发布招标广告开始，到投标截止日期为止。本阶段工作主要包括：发布招标广告、资格预审、发售招标文件、现场考察、解答投标人的质疑。

③ 决标成交阶段。从开标日到签订合同这一期间称为决标成交阶段，是对各投标书进行评审比较，最终确定中标人的过程。在投标须知规定的时间和地点由招标人主持开标会议，所有投标人均应参加，并邀请项目建设有关部门代表出席。评标是对各投标书优劣的比较，以便最终确定中标人，由评标委员会负责评标工作。定标原则是，中标人的投标应当符合下列条件之一：能够最大限度地满足招标文件中规定的各项综合评价标准；能够满足招标文件的各项要求，并经评审的价格最低，但投标价格低于成本的除外。

(5) 公开招标应注意的问题

第一，公开招标应该平等地对待所有投标人。

第二，单位提供投标保证金是投标书的组成部分，应在投标截止日前提交。

第三，招标发出时间和投标截止时间最短为 20 日。

第四，开标应当在投标文件截止时间的同一时间公开进行。

第五，开标会应由招标人或其代理人主持。

2. 校园网布线的系统施工

校园网项目实施中，首先要根据校园网设计规划，绘出校园网的“网络拓扑结构图”如图 1-1 所示，再根据学校建筑物的平面图和结构图设计并确定“布线路由图”，然后根据这两个图进行校园网的综合布线。

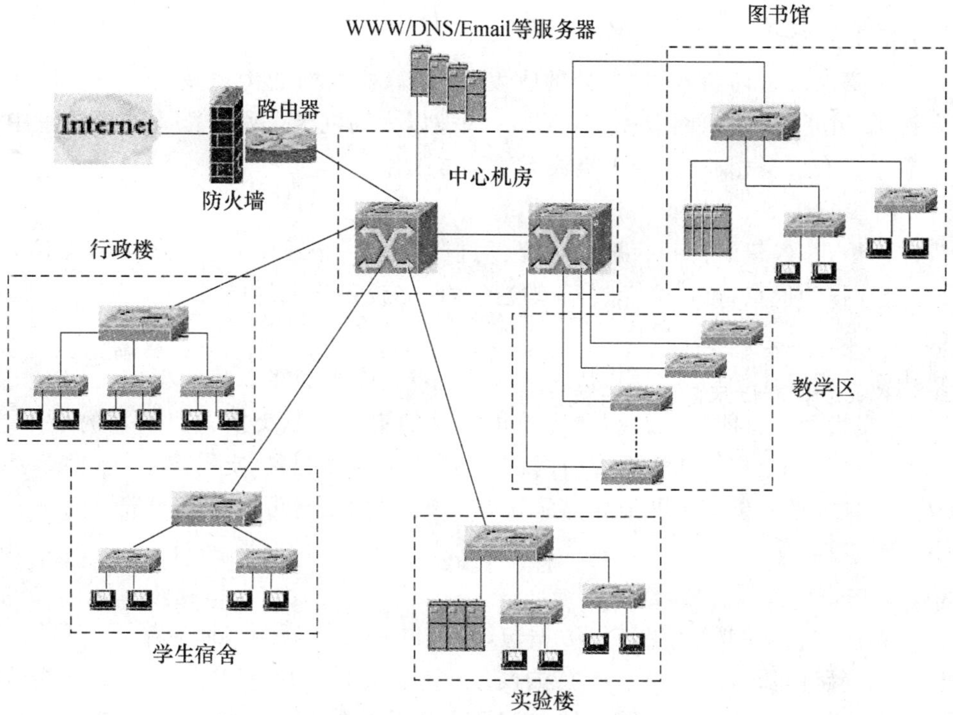

图 1-1 网络拓扑结构图

综合布线系统又称结构化布线系统，是目前流行的一种新型布线方式，它解决了常规布线系统无法解决的问题。综合布线系统是采用模块化插接件，垂直、水平方向的线路一经布置，只需改变接线间的跳线，改变集线器，增加接线间的接线模块，便可满足用户对这些系统的扩展和移动。

综合布线由六个子系统组成，即工作区子系统、水平布线子系统、垂直干线子系统、设备间子系统、管理子系统和建筑群接入子系统。

现在通用的布线系统所采用的线缆种类很多，包括光纤、同轴电缆和双绞线等。从容量、可靠性、数据类型和环境范围等多方面综合考虑，校园网布线系统采用双绞线作为园区主干以外的布线介质。结构化布线系统作为支持各种网络通信及应用的基础布线系统，应能满足上面提到的性能需求。

3. 结构化布线测试和验收

(1) 系统测试

在整个测试验收过程中，主要对以下几个结构化布线网络物理层技术指标参数进行整体测试：(网路)距离、近端串音干扰、信号阻尼、阻抗。

(2) 竣工验收

依据设计方案进行各项产品的文件技术规格指标审核。

4. 网络硬件设备配置与管理

设备的选择要满足：学校对现代化教学手段的要求；校园网建设及互联网的要求；所选设备在国际上保持技术先进性；供应商有良好的商业信誉和优质的国内、国际售后服务。

(1) 网卡的选型与配置

网卡负责网络管理信号、数据帧的收发，是计算机联网的物理基础。目前广泛使用的网卡有 10 Mb/s 以太网网卡和 100 Mb/s 快速以太网网卡。网卡配置时要注意中断号切忌不要与已有设备相冲突，否则机器无法正常工作。

(2) 网线的选型

校园网中，在各建筑群间一般采用光纤进行连接。光纤具有连接距离长、不受电磁干扰、保密性强的优点，可以避免楼间电位差对网络设备造成的伤害。

(3) 集线器的配置与管理

集线器适用于连接局域网络，是连接楼内机器的主要设备。集线器按工作方式可分为共享型、交换型和智能型。新型的支持虚拟网的集线器是交换式集线器的一个趋势。它支持不与物理连接相关的逻辑虚拟网，大大简化了网络配置，支持 SNMP(简单网络管理协议)，并且大都提供基于图形界面的管理工具，根据功能可分为基于端口的交换和基于 MAC 地址的交换。

(4) 路由器的配置与管理

路由器的功能是在网络层转发数据包，它可以有效地隔离广播风暴，并可以进行协议过渡。选择路由器时应注意它支持的网络接口(如 FDDI、UTP、BNC、AUI 等)，以及端口数目和支持的协议类型。路由器的配置可以从控制口经由终端方式进入。路由器都支持 SNMP 协议，因此可以用网络管理软件管理，如 IBM 的 Netview、HP 的Openiew。

(5) 远程服务器的配置与管理

远程访问服务器支持远程用户拨号进入网络。配置IP地址时，可以采用静态或动态配置。常用的方法是静态配置，具体在每一个端口配置一个固定的IP地址。而动态分配指每个端口IO地址在连接时是动态分配的。

(6) Web服务器选型

根据校园网服务器的应用特点，Web服务器选型应该按照如下原则：

第一，要求反应时间短，能快速响应和处理用户的访问需求。

第二，具有强大的信息吞吐能力、多Web站点和内容缓存、能在一定投资下提供更多的访问服务和提高用户满意度。

第三，易于发布和实现信息共享。

第四，易于建立和运行Web应用，简化业务进程。

第五，具有可靠的品质，保证Web服务不间断。

第六，易于设置和管理，使网络管理变得更容易。

第七，易于扩展，满足业务的扩大需求。

(7) 视频点播服务器选型

一些校园网系统集成软件里面带有视频点播的功能，这部分功能通常由一台综合性校园网服务器来完成，而要实现比较大型的视频点播的功能，则需要单独的一台VOD服务器、单独的视频点播软件来完成，并考虑外加扩展柜的方式，确保在高清晰度视频图像的情况下能支持更多的并发流量，以便在高峰点播时不会出现系统瓶颈。

(8) 其他服务器

在大型校园网中，还有E-mail、BBS、资源库、远程教育、电子预览等应用，应选择合适型号的服务器。

5. 安装操作系统与应用软件

网络操作系统的选择要兼顾当前需求和长远利益。不同操作系统所面向的服务领域不同，要从学校实际的需求出发考量选择适当的操作系统类型。

软件是整个校园网应用的核心部分，在选择应用软件方面，应把满足学校需要放在第一位来考虑，同时也要兼顾软件的实用性、质量、操作方便性以及服务保障等因素，确保软件运行使用的流畅性。

6. 校园网管理与维护

(1) 校园网的管理

① 项目管理小组。建议由双方人员共同组成，成员包括系统集成人员、技术人员、施工管理人员、质量监督人员等，具体领导和协调以下事项：

第一，方案审查。根据校方要求和实际情况随时修改调整工程方案。

第二，工程进度。制订各阶段的工程进度和监督进度的完成情况。

第三，质量监督。随时发现问题并建议返工。

第四，协调配合。就工程有关事项双方协调工作，配合工程进度。

第五，后勤保障。对施工人员的主要生活提供必要的保障和方便。

第六，质量验收。根据国际国内的有关标准，对本项目进行验收。

第七，扫尾工作。解决本项目的有关遗留问题。

② 施工管理小组。由施工方认证工程师负责施工管理，具体领导和协调以下事项：

第一，具体负责每天的工程进度。

第二，质量监督和检查。

第三，负责施工安全问题。

第四，负责施工人员的工作纪律问题。

③ 日常管理主要包括系统管理、技术管理、效率管理、安全管理和资源管理。系统管理：随时掌握网络内任何设备的增减与变动。当故障发生时，管理人员需要重设或改变网络设备的参数，维持网络的正常运作。技术管理：校园网的售前、售后的技术支持与维护，人员的培训，各个应用功能的实现，系统的更新、扩展、升级等各个环节缺一不可。效率管理：周期性地收集，并向网管中心报告被监控网络资源的性能测量数据。效率管理对于评估网络系统的运作，统计网络资源的运用及各种通信协议的传输量等至关重要，更可提供未来网络提升或更新规划的依据。安全管理：为防范用户随意破坏网络系统的安全，要随时做好安全措施。在校园网中，为了保护中心结点的服务器上的数据，网络管理员必须在网络服务器上设置全面的保护措施。资源管理：建立网络资源管理信息库，提供其他管理功能所需要的信息。校园网建成不久，由于资金或其他原因，网络中的各种资源还远远不能适应学校的教育教学需要，还需要在使用中不断充实、完善。

（2）网络的日常维护

校园网的日常维护实际上是件琐碎的事情，如果平时没有对网络进行维护，一旦出现故障，最棘手的问题是能否及时修复。平时应加强网站的维护，主要包括：定期做好备份工作与网络杀毒工作。

对于中心机房的维护问题，要特别注意以下几点：

① 雷电攻击。中心机房是整个校园网的核心，要有完备的保护措施，尤其是对雷电攻击的预防措施。

② 供电问题。一旦断电事故发生，所有设备马上关闭，这对网络设备的损坏是很大的，特别是NAS存储设备，很可能造成数据丢失与损坏。另外，突然断电在很大程度上也会降低硬盘寿命。

③ 服务器的管理问题。服务器的管理应该指定专人负责，避免频繁使用而严重损坏硬盘，使服务器硬盘寿命大打折扣。

④ 网络设备的配置备份。网络设备配置信息一定要提前通过Ftp、TFTP或TXT等工具妥善备份保管。

⑤ NAS存储设备的安全问题。在校园网中心机房安全防护过程中，不要频繁开关NAS设备。频繁开关NAS设备一方面会大大降低NAS设备中存储介质的寿命，另一方面开机后的前几个小时会由于建立RAID而无法正常使用。

⑥ 走线问题。学校的校园网中心机房走线要规范。一些线缆裸露在地上，甚至被地上的防静电地板压住，这些都是非常大的安全隐患，很可能造成学校内部网络中断或性能降低。

总的说来，选择专业的系统集成商或通过安装防静电地板可以大大提高设备的寿命，避免因为静电而造成网络设备的内部器件被损坏。

⑦ 温度与湿度问题。机房里使用的空调一方面要能够针对温度进行调控，另一方面还要能够控制机房里的湿度，即具备除湿功能。因此在校园网中心机房里安装具备温度和湿度双调节功能的空调是很有必要的。

（四）校园网建设方案参考案例

案例展示

山东省邹城市西关小学校园网建设方案

（来源于刘东波，刘东维．经济欠发达地区校园网建设方案初探[J]．中国电化教育，2002：189．）

该校经济基础比较薄弱，但是为积极贯彻落实教育部提出的实施“校校通”工程，促进学校的信息化建设步伐，该校立足自身实际，经过几年的探索，逐步完善了校园网络建设，使学校的信息化程度不断提高，走在了周围各兄弟学校的前列。该校的原则是“高起点、远打算”，“花最少的钱，办最大的事”。把学校信息化建设系统化，走边规划边建设、边培训边应用的路子，各不耽误，取得了较好的办学效益。下面就结合该校建网实际，探讨一下经济欠发达地区校园网建设的思路及方案。

一、校园网建设的总体目标

建设一个校园网网络中心，尽量利用原有设备，组成校园信息管理系统，实现办公自动化管理、教学评估、网络备课、远程教育、网络教学、视频点播、电子图书阅览等，并保留校园网与互联网的接口。并且要充分考虑到未来的发展和网络扩容能力，逐步建成拥有多媒体电教室、多媒体网络微机室、电子备课室以及电脑进入教室这样一个具有普遍性的校园网络结构，真正实现“让计算机走进课堂”的设想。

二、校园网建设基本原则

1．稳定性

建设校园网的主要目的是为教学服务，它是实际用于教学活动的网络，必须保证其性能的稳定可靠。

2．实用性、先进性和标准性

网络建设强调网络系统与网络应用并重，以应用推动建设，重视信息资源开发、利用和应用效果。校园网设计采用开放性的网络体系，以方便网络的升级、扩展和互联。所用网络产品，均须保证整个系统中所采用的网络协议和接口标准都符合国际标准。充分体现四个“先进”，即系统设计思想先进、软硬件设备先进、网络结构先进、开发工具先进。

3．安全性

系统应支持各种安全性管理，具有报警和路由过滤能力，能够将可能不安全的数据流和路由信息拒之门外。建立功能全面而实用的网络管理系统，有防止病毒和防止黄毒传播的措施，保证网络稳定、可靠、高效的运行。

4．可扩展性

要求网络配置留有合理的余量，这种合理性应该与网络带宽相适应，满足未来5年内网络应用和接入时，可以最大限度地保护原有的硬件设备和软件投资。

5. 可管理性

为使网络正常运行及充分发挥效能,因而在网络设备选择时必须考虑其网管功能,以便更好地管理网络,尽可能高地提升其性价比。

三、网络总体思路

1. 建立校园网
2. 实现 Internet 用户访问
3. 建立学校校园网内的安全机制,建立访问权限等级
4. 设立网络中心
5. 设置视频点播服务器,以安装教学课件
6. 每间教室安装一个信息点,用于连接中心机房教学服务器
7. 升级为千兆网(经济许可的情况下)

为满足教学和信息交流、资源共享的需要,我们选用了百兆以太网作为主干。同时逐步构建了教师生活区的网络,并与网络中心连接。各节点通过超五类双绞线连到校园网管中心。

四、操作系统

网络操作系统选择 Microsoft Windows NT,各工作站由于配置不同,操作系统大多采用 Windows95/98,方便了师生的学习和应用。

五、网络设备

1. 主干交换机

为保证主干网的网络包交换、网管能力,提高主交换机的数据吞吐能力,可以选用功能强大,具有可管理、使用便捷、10/100 m 端口自适应特性的高端交换机。

2. 布线

校园网内使用在百兆网络稳定运行的超五类双绞线作为连接通路。利用 PVC 线槽(教室内预留计算机节点),保证了布线的整齐划一。校外线路由电信局负责。

3. 远程登录/Internet 连接产品

暂时通过 ADSL(或 ISDN) 十代理服务器方式连接进入 Internet。今后可以继续和电信部门协商,采用光缆接入方式,把校园网升级为千兆网。

4. 服务器

采用两台 INTEL2150 型服务器,基本配置为 PIII800MH,内存为 256MB,L2 256 KB/9.IGHD。一台作为 VOD 服务器,另一台作为其他应用服务器,已基本能满足要求。

六、网络系统资源配备

1. 智能化全数字多媒体广播系统

广播内容全部数字化压缩存储,音质清晰,可用于计算机网络上的电视会议、广播领导讲话、楼宇监控、网上培训教学、电视节目播放、多媒体资料的发布等,使传统的计算机网络成为具有多种用途的多媒体网络。

2. 虚拟 Internet 教学系统

随着计算机技术和互联网技术的日趋成熟,终身学习理念的深入人心,培养学生借助 Internet 大量获取信息以及信息处理的能力已成为中小学信息技术教育中的一项重要内容。

3. 电子阅览系统

4. 课堂教学系统

5. 电子备课系统

6. 多媒体网络微机室

七、应用培训

针对大家在使用校园网的方式和内容上的不同，有重点、有计划地分阶段开展了三级培训：

第一，对学校领导的培训重点放在转变观念和对本校校园网的总体规划上。

第二，对校园网管理和维护人员主要培训校园网各硬件设备的链接及各种网管软件的使用和维护。

第三，对广大师生以应用为主，主要培训开发教学软件所需的有关创作软件和工具软件。

八、资金投入与反思

由于是分阶段逐步实施的，每次投资额仅在10万元左右，而且边建设边应用，可以随时对方案进行小的补充和修改，使校园网建设更为完善与合理，既减轻了学校的资金压力，又充分发挥了校园网的作用，取得了事半功倍的效果。

对上述案例的分析：

1. 主要特点

(1) 该校园网的建设结合实际，充分考虑自身状况，选择了合理的设备，整体规划并采月分层次、分步骤的做法建设，兼顾了经济投入与实际收益。

(2) 案例中的校园网建设注意了“四件”的平衡，即硬件具备、软件跟上、“智件”超前、“潜件”保障(“智件”意为掌握教育技术的教师队伍，“潜件”则是只对教育技术的各种服务和管理)。尤其应用培训环节中，强调了领导培训，突出了只有领导认识到校园网的作用，才会积极提供相应的环境促使教师学习和使用校园网的论断。

(3) 案例中校园网的建设体现了建设校园网的实质，即“三个服务”，为学生学习活动服务、为教师教学和科研活动服务以及为学校教育教学管理服务。

2. 问题分析

在该案例中，校园网的建设没有明确其建设的模式，是学校自行开发还是交由供应商提供，或是由校方和建设方共同承担，建议采用第三种建设模式。这样，可以根据学校的实际情况进行全方位的开发，既保证了硬件设施的维护和后续服务，又为校园资源建设提供了有效保障。

五、项目成果展示与交流

项目完成后，要以文档和报告的形式对该项目进行汇报、展示与交流。这些文档主要包括：

(一) 项目需求分析报告。

(二) 网络拓扑结构设计图。

(三) 硬件设备选型说明方案。

(四) 系统结构化布线设计图以及布线方案说明。

（五）工程进度计划。

（六）校园网功能测试以及反馈报告。

六、推荐资源

[1] 王保顺.校园网设计与远程教学系统开发[M].北京：人民邮电出版社，2003.

[2] 胡慈.中小学校园网规划与建设——合肥市第八中学新区校园网规划设计[J].工程案例，2008(94)：70-73.

[3] 校园网安全设计方案.[2009-10-20].http://www.topsure.cn/Solution/wlaq.htm.

[4] 校园网综合布线系统设计方案.[2009-10-20].http://www.net130.com/CMS/Pub/special/special_wiring/2009_02_07_84618.htm.

[5] 校园网布线系统设计与选择.[2009-10-20].http://www.bianceng.cn/Network/zhbx/200706/2732.htm.

[6] 大型校园网设备选型.[2009-10-20].http://www.szlcgz.cn/kjzz/ShowArticle.asp? ArticleID=7351.

[7] 惠普助力中小学的校园网络建设案例.http://it.21cn.com/info/fangan/yyal/kjwh/2005/01/26/1963377.shtml.

[8] 通威校园网建设案例.http://www.cbinews.com/casestudy/news/1841.html.

[9] 校园网硬件建设方案.[2009-10-20].http://www.soft6.com/trade/7/73238.html.

[10] 中小学校园网中心机房的安全防护.[2009-10-20].http://article.wxiu.com/wxjs/network/200909/11-6751_3.html.

[11] 刘东波，刘东维.经济欠发达地区校园网建设方案初探[J].中国电化教育，2002(10)：73-74.

[12] 校园网设计六大原则.[2009-10-20].http://tech.china.com/zh_cn/netschool/net/lan/680/20020116/10192658.html.

[13] 教育信息化显成效 数字化校园建设综述.[2009-10-20].http://www.km-center.org/html/s63/200909/25-9578_2.html.

项目2　交互式多媒体教室的设计与建设

科学技术的发展引发了一次又一次的社会变革，极大地改变了整个世界的经济和社会面貌。而在学校教育中，几百年来黑板加粉笔的教室却很少得到改变。一方面，是由于以传授知识为主要目标的教学观念根深蒂固；另一方面，是由于课堂教学缺乏创建新型教学模式的技术支持。随着数字化新媒体新技术的不断出现，随着中小学的教育信息化经历了“校校通”、“校园网”、“数字校园”，经历了硬件建设、软件建设、潜件建设，基本具备了全面开展信息技术教育的条件之后，各个学校都遇到了教育信息化发展的共性问题——课堂上应怎样充分利用数字化信息技术创造出来的优势，真正实现教学的现代化？

充分发挥数字化信息技术的优势，通过改变传统的教室改变传统的课堂，进而改变传统的教学模式，已经迅速地成为各个学校信息化建设的主攻方向。

21 世纪初期，我国许多中小学校也建设了许多多媒体教室。这些多媒体教室通常是利用中控系统，将计算机、投影仪、视频展示平台和银幕（电视机）组合到一起，把计算机和视频展示平台上的资源信息，投影到幕布上或呈现到电视屏幕上，让学生观看。当校园网建成后，又可以利用多媒体教学系统获取和展示校园网乃至互联网上的资源，实现资源共享。但是，在这种多媒体教室中，信息的交流是单向的、学生的学习是被动的。

2001 年 6 月 8 日教育部颁发的《基础教育课程改革纲要（试行）》（教基[2001]17 号文件）（以下简称《纲要》）指出：要“大力推进信息技术在学科教学过程中的普遍应用，促进信息技术与学科课程的整合，逐步实现教学内容的呈现方式、学生的学习方式、教师的教学方式和师生的互动方式的变革，充分发挥信息技术的优势，为学生的学习和发展提供丰富多彩的教育环境和有力的学习工具”。在这个《纲要》中还明确指出，中小学课堂教学要“突出以学生发展为中心”；“改变课程过于注重知识传授的倾向”；“改变课程实施过于强调接受学习、死记硬背、机械训练的现状”；“改变课程评价过分强调甄别与选拔的功能现状……”

要想实现《纲要》提出的上述目标，必须改革我们的教室、改造我们的课堂、改变我们的教学模式，强化课堂教学过程的交互性，使学生化被动学习为主动学习，使学生真正成为课堂学习的主人。

在这种情况下，集多媒体功能和交互性功能于一身的交互式电子白板，便被迅速引进我国中小学，多媒体教室也发展为交互式多媒体教室。

交互式电子白板（Interactive white board），是一种新型的终端显示设备，它方便地将计算机和实物投影仪、数码投影仪和网络连接起来，并内置了丰富的资源。使用这种媒体，教师可以在白板上直接操作计算机，直观地将思维过程呈现给学生；学生也可以通过它来呈现自己的学习过程。这样，既可以把教师从受制于对讲台上计算机操作的状态中解放出来，也可以增加师生的互动空间，加强信息技术对学生个别化学习和协作学习的支持。同时，交互式电子白板中强大的表征、保存挂图、拍摄和抓图等功能，为教师提供了更加便利和人性化的信息技术教学工具。

正因为如此，目前我国的一些经济比较发达的沿海省份、城市和地区的教育行政部门，已经将交互式多媒体教室建设，作为数字校园建设的重要组成部分。将交互式多媒体教室的建设与应用，作为提高课堂信息技术教育效益的基本保障和重要措施，这些举措都加快了交互式多媒体教室的建设步伐。

一、学习目标

（一）能够根据学校的具体环境，完成交互式多媒体教室的设计。

（二）根据交互式多媒体教室的教学要求，合理选购与配置交互式多媒体教室的硬件设备，能够完成工程的过程监督与完工验收。

（三）在交互式多媒体教室建设完成投入使用之后，熟悉教室的基本维护与管理，并能够制定合理的使用管理制度。

二、环境与条件

交互式多媒体教室建设的环境除了需要一间物理条件合适的教室外，还需要完整的硬件环境与条件。交互式多媒体教室的硬件环境主要是指一间完整的交互式多媒体教室所应具备的硬件设备；而物理条件是保证多媒体教室正常运转的外界条件。

（一）交互式多媒体教室建设的硬件环境：配备多媒体中央控制系统、视频展台、多媒体计算机、多媒体投影机、录像机、摄像机、监视器、功率放大器、功放音响设备、投影机吊箱及防盗报警装置、校园网络环境、交互式电子白板、RGB矩阵、RGB分配器等。

（二）交互式多媒体教室建设的物理条件：交互式多媒体教室的构建需要考虑微气候条件、声学条件、照明条件以及桌椅设置等。

三、项目的任务

交互式多媒体教室设计与建设项目的主要任务有以下几方面：

（一）对交互式多媒体教室的功能、使用情况、设备情况和所需经费使用情况，进行调查研究，提出项目的可行性报告，争取立项。

（二）明确提出交互式多媒体教室必须具备的功能，这些基本功能主要有：

1. 能够帮助教师方便地利用多渠道获得的资源开展多媒体教学。

2. 在教学过程中，能够充分发挥交互式电子白板的功能，有效支持教师与媒体的交互和学生的行为参与，充分体现学生的学习主体地位，充分调动学生学习的积极性和主动性。

3. 尽可能做到随时对学生开放。

（三）根据上述功能需求和学校的实际情况，进行交互式多媒体教室的整体设计，绘制出多媒体设备连接图。

（四）进行交互白板和多媒体设备的选型与采购。

（五）对施工过程进行全程监理，工程完工后组织验收。

（六）编写交互式多媒体教室的技术和使用说明文档。

四、实践过程

（一）项目前期准备

为了确保建设工作开展的可靠性，在交互式多媒体教室建设方案确定、实施前，需要做大量的与之相关的人员准备、资料收集、制订预算等准备工作。项目的前期准备工作主要有以下几方面：

1. 成立建设工作小组，明确任务分工

交互式多媒体教室的建设是一个系统的工程，建设过程中需要院校分管领导、教务工作人员、教育技术专业技术人员共同组成若干个项目建设工作小组，不同的小组在项目建设中担任不同的角色。

（1）项目领导小组

负责项目的整体规划，组织项目的设计，收集设备采购与配置所需信息，调配相关人员组成具体工作小组，保障项目经费，检查工程进度，落实施工计划。

（2）技术组

负责现场施工技术指导，协调落实施工进度、把握工程质量、实时督导、管理工程人员在现场的施工。

(3) 工程实施组

严格遵循设计方案要求和工程进度计划进行系统安装,测试系统性能、修正错误并整理相应文档资料。工程实施一般由施工公司承担,如技术条件和人力允许,也可由学校教育技术专业人员和其他相关人员共同组成。

(4) 后勤保障

严格按照工程施工进度计划进行物资准备与管理。

2. 学校设备现状调查

在确定交互式多媒体教室建设项目之前,应通过调查了解学校物质与财务状况,为制订项目建设方案做好准备。所要调查的情况主要有:现有的教学硬件设备,现有教室的信息技术水平,学校建设交互式多媒体教室所能够动用的资金。

3. 学科教学需求调查

不同的学科对多媒体教室的要求也有所差别,在建设的准备工作中,应考虑使用交互式多媒体教室的学科性质。学科教学需求的调查主要包括:学校拟使用交互式多媒体教室的学科数量与类别,不同性质学科对交互式多媒体教室的要求,每一学科使用交互式多媒体教室的时间……

目前,由于教育经费逐步增加,办学条件逐步改善,广大师生对于交互式多媒体教室的需求强烈,一些学校已经具备将所有普通教室都建成交互式多媒体教室的条件。

4. 建设经费预算

在调查研究的基础上,我们必须根据交互式多媒体教室的建设数量、需配备设备的数量和技术指标、辅助材料费用、施工费用等做出经费预算。这样,一方面可以确定建设可投入资金的具体数量,保证资金的来源;另一方面,也便于项目组依此进行设备的选购。表 2-1 为所列的预算,主要是硬件费用的预算。

表 2-1　交互式多媒体教室的经费预算

序号	项目	规格、型号	详细参数(或特殊要求)	数量	单价	预算小计

5. 形成文字报告

对于上述所有调查最终应形成详尽的文字报告,并将报告呈现给建设工作项目领导小组,以便在建设中对交互式多媒体教室的需求情况做全局性的把握。

(二) 项目实施

1. 项目设计

交互式多媒体教室的设计主要包括教室物理环境的设计与教室设备的设计,而教室设备的设计又可以分为五个子系统的设计:中央控制子系统的设计、多媒体子系统的设计、视频切换子系统的设计、网络子系统的设计、功放音响子系统的设计。

(1) 教室物理环境的设计

交互式多媒体教室建设的条件：交互式多媒体教室的构建需要考虑微气候条件、声学条件、照明条件以及桌椅设置等。

① 微气候条件。研究表明，温度在18～24℃均可，21℃最佳；相对湿度在30%～70%为好，在50%时感觉最佳；人在气流速度0.15 m/s时即感空气新鲜。因此，应该装备空调或风扇，夏、秋季应保持通风，冬季设法降低室内湿度以减小寒冷感。

② 声学条件。采用吸音隔音材料，减小回声和干扰。声音设备要有足够好的音质，摆设位置合理科学。

③ 照明条件。确保投影仪照度和必要的影像质量。对照明灯进行遮挡，使灯的光线只照亮学生区，而不会直接照到投影电子白板上，以便有足够的亮度使学生看书和做笔记。适当减小墙壁的反光效果，减小墙壁的白度或用其他材料装饰墙壁，使电子白板尽量少受反射光的影响。安装遮光窗帘，颜色选择浅色，既遮挡外部强光，又不影响室内美观。

④ 桌椅设置。桌椅高度和每行的间隔符合学生的身高，让每个座位都能得到好的视听效果。桌椅的构造符合人体工程学标准，尽量让人舒适。阶梯教室坡度要适中。为在教室内举办的活动预留一定的空间和条件。

⑤ 铺设防静电地板。

(2) 教室设备子系统的设计

① 中央控制子系统的设计。中央控制子系统是为其他子系统服务的，但又是整个系统设计中的控制核心。它最大的特点就是能让复杂烦琐的操作过程简单化，因此在选择时应注意使系统稳定可靠，如果系统不稳定不仅不能简化操作，反而会影响教师的教学效果，因此在选择时应把质量放在第一位。中央控制系统常用的功能是：音视频切换，计算机信号的切换，同时具有投影机电源延时保护功能。所选择的系统要有一定的开放性和兼容性。安装简单、升级容易，添加、更换设备简单易行。控制界面简单明快、逻辑清楚，操作方便、快捷。

② 多媒体子系统的设计。多媒体子系统的主要设备有：投影机、交互式电子白板、视频展台、多媒体计算机、RGB矩阵、RGB分配器等，并预留笔记本电脑接口。

有条件的教室可以设置三台投影机，其中两台投影机可以分别投射教师机、笔记本电脑、实物展示台内容、现场摄像内容，两个屏幕的内容可以随意显示。另一台投影机投射电子白板。也可只设置一台投影机，但要保证界面的可切换性。投影机由中央控制系统通过串口控制，电子白板通过串口连接到中央控制系统，由中央控制系统控制白板在教师机和笔记本电脑间切换。教师通过电子白板可以操作电脑，用手指或白板笔轻触白板，就可以代替电脑和鼠标。教师可以在电子白板上做现场标注、补充以及勾画重点，这些都大大增加了教师授课的交互性和主动性。

教师机和笔记本电脑的输出信号(计算机RGB)分别接入两个RGB分配器，再分别接入RGB矩阵和显示器，RGB矩阵的输出分别接入三台投影机。这样，两台投影机可以在现场摄像、实物展台、教师机、笔记本电脑、远端实况中任选两路进行显示，互不牵连。

③ 视频切换子系统的设计。视频切换子系统包括摄像机、录像机、监视器和音视频矩阵等设备，主要用来完成多路视频信号的切换和选择，讲课的同时录制高清晰度的教学实况及教学内容，可以通过软件进行网上直播、广播、点播。为保证视频信号在切换和显示时无抖动、丢帧现象，在视频切换子系统中可以选择配置双时基切换器。该设备可以保证视频信号帧同步切换，杜绝图像切换时黑屏、抖动等现象。

④ 网络子系统的设计。农村中小学交互式多媒体教室推荐选用无盘网络系统。教室主要由服务器、教师机和20～40台无盘PC机组成。系统采用Intel的PXE(Preboot Execution Environment)远程引导无盘站技术，选用100 M的交换机和100 M的网络主干线，以及Intel认证并推荐的终端设备。网络拓扑为两台交换机互联，服务器网卡每端口连接一个交换机设备。服务器需要安装光驱，并连接打印机、扫描仪等外部设备，并可以根据需要联入校园网。

⑤ 功放音响子系统。功放音响子系统包括话筒、功放、调音台、混响器和音箱等设备。音响子系统还负责将课件声音、有线无线麦克风以及现场信息与图像同步发送至录像制作室，使音频、视频信息同步录音或同步发送。音响设备要求额定功率应足够大，能提供一定的动态余量，易于减小失真。话筒最好采用具有移频功能的有线话筒。为方便教师边板书边讲解，还需配无线领夹话筒。无线话筒及其接收系统要选配灵敏度高、抗干扰能力强、信噪比高的产品。

2. 公开招标(参看“模块1”中的项目1“校园网的建设”中“四、项目的设计与实施”中“(二) 项目的实施”中的“1. 公开招标”部分)

3. 设备选购

上面已经讲了，一间交互式多媒体教室是由五个子系统构成的，现将构成这些子系统的主要设备，列表(表2-2)明示如下：

表2-2　交互式多媒体教室的基本设备

名称	硬件设施	数量
多媒体计算机	服务器	1个
	教师机	1台
中央控制处理器		1台
多媒体辅助设备	视频展台	1个
	投影机、投影机吊箱	1台
	录像机	1台
	交互式电子白板	1个
	音箱、话筒	若干
	分配器	1个
网络设备	100 M或10/100/1000 M自适应网卡、1000 M交换机、UPS、网线、Hub(集线器)、稳压电源	若干

这些设备的连接如图2-1所示。

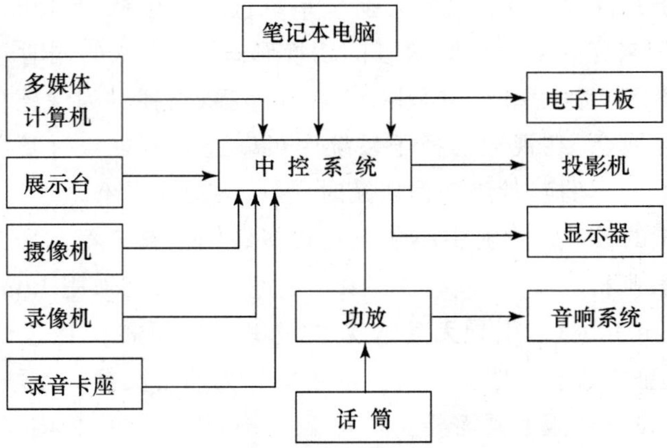

图 2-1　交互式多媒体教室设备连接图

针对我国中小学的实际情况,特提出对一些主要设备的选购建议,供大家参考。

(1) 多媒体计算机的选择

由于农村中小学在交互式多媒体教室的建设上可投入的资金不多,因此无盘计算机更适合农村中小学交互式多媒体教室的建设。无盘计算机是没有安装硬盘和软盘驱动器的计算机,由于不需硬盘和软驱,就可以节约很多资金。无盘计算机特别适用于使用大量相似配置的 PC 环境中,有利于中央管理,能够共享公用文件。此外,通过对用户的读写限制管理,还可有效地保护网络的安全性,易于维护管理。因此,在农村中小学,特别是经济欠发达地区的中小学,无盘计算机不失为一种经济适用的选择。

因为无盘计算机的启动要从服务器上调用相应的文件系统,所以对服务器的配置要求较高,推荐配置：512 M/30 G(HDD)/光驱/显卡/网卡(支持 PXE 技术)。

教师机要通过多媒体卡来完成对整个教室的控制,所以要求配置也较高。推荐配置：28 M/20 G/网卡/音箱。对学生机的要求相对较低,只要能流畅地运行 WIN98 即可。

(2) 中央控制处理器的选择

控制系统实现了包括投影机在内的音视频输入、输出设备(展示台、摄像机、录像机等)、接口设备、计算机以及相关媒体的连接与控制。选购时可根据经费的保障情况,尽可能选择性价比高、操作界面简单明了、适应教学需求的设备。

(3) 视频展示平台的选择

演示效果是影响选择视频展示平台的因素,因为演示效果直接影响演示的质量。在选购时尽量选择优秀的品牌,以保证产品的质量和出色的售后服务。

(4) 电子白板的选择

电子白板目前应用最多的主要有三种：电磁感应式、远红外线式以及压感式。这三种电子白板由于应用的技术原理不同,各有优缺点。在选择时应根据实际需要和实际情况有所取舍。现对三种电子白板做简单介绍。

① 电磁感应式。基本原理：射频(RF)原理,白板板芯内安装传感器,接收电磁笔发出的特定频率信号实现定位。优点：定位准确、精度高,可靠性高、寿命长,响应速度较快,书写过程中有压感。缺点：必须使用专用笔,由于专用笔的局限性,后期使用必须更换电池,另外由于定位部位在于板面,在学校等公共场合使用,板面易磨损,影响使用寿

命和后续维护成本。

② 远红外线式。基本原理：红外原理，通过白板周边的红外对管检测阻挡红外光的物体实现定位。优点：定位准确、精度较高，无需专用笔，使用寿命较长，响应速度较快。缺点：无压感反应、受强光和灰尘的影响、白板笔不支持鼠标右键等功能。

③ 压感式。基本原理：电阻膜技术，通过检测电阻值实现压感定位。优点：定位相对准确，无需专用笔。缺点：耐用性差，怕划伤，反应速度较慢，无法做超大面积，白板笔不支持鼠标右键等功能，对计算机操作较困难。

选购电子白板时首先要明确产品来源的可靠性，去正规厂家购买。其次，也是最主要的是要将对产品的技术要求放在第一位。使用者在购买时，应考虑以下实用性：

是否用手指就能操作？（使用电磁笔即不方便，又会因为笔的故障造成不便，同时还有辐射）

工具条是否简单方便？（复杂的操作是否会降低演示效率）

安装连接是否复杂？（复杂的连接是否受环境的制约较大，移动起来是否很不方便）

是否需培训才能学会使用？（简单的操作可以让不固定的演示人员迅速掌握操作）

传输线的长度是多少？（标配的传输线长，代表产品解析数据量大、速度快）

抗干扰性怎样？

主板是否容易变形？（一般来说，背板材质为木质或塑料时，受气候影响，会在2～3年后出现变形）

目前，许多白板生产企业已经开始或已经研发出不使用电磁笔的电磁感应式电子白板，我们应当关注这些改进和新产品。

(5) 投影机的选择

交互式多媒体教室是由投影机与计算机、交互式电子白板等设备相连接、组成的交互式的多媒体教学系统。在不具备班班都是交互式多媒体教室条件，又希望有需要的教师都能够用上交互式多媒体上课，就需要使这套设备具有可移动性。为了保证教师能在较短时间内把这些设备连接好，选购的投影机要连接方便、简单，与其他设备要有良好的兼容性。

用于教学演示的投影机一般以LCD液晶板为主，分辨率不低于1 024×768，对比度不低于500∶1。教室座位在60座左右的，液晶投影机的亮度需选用1500ANSI流明左右。

交互式多媒体教室上述基本设备的配置，可根据各学校的实际情况、教学的实际需要以及设备的性价比进行选择。在选择时，既要考虑到教学的需要、学校的资金情况，还要考虑到设备今后的可扩展性。

4. 安装调试及验收

交互式多媒体教室的具体施工，设备的安装调试虽然是工程施工方的事情，但是学校也应安排相关人员监督工程的施工情况及施工进度，以确保工程的质量。在施工过程中出现的问题也要由学校方面的人员进行协调处理，并最终提出改进意见。

交互式多媒体教室在安装调试完毕后必须经过短期的试用，再由专家组成的验收小组按合同的技术要求，逐条认真检查、验收。施工完成后施工厂商应向学校提供设备清单、设备使用说明书、质保卡以及售后服务等资料。

5. 维护、管理

验收完毕后，除学校的设备管理部门对设备逐一建档外，多媒体教室的管理、维护部门还应有完整的资料。

(1) 日常维护

① 设备独立供电。交互式多媒体教室使用的设备较多,每一种设备都需要供电,在安装时,应尽量使每一种设备都有独立的电源插头,最终将各种设备的电源插头集中在一起,这样维护起来就比较方便。

② 对相关人员进行技术培训。不但要对教师进行培训,让教师学会各种设备的正确使用方法,还要对交互式多媒体教学管理人员进行专业培训,使管理人员熟知设备的连接和操作,并能做好日常维护工作。学校的教育技术专业人员还应具备一定的检修简单故障的能力,以保证交互式多媒体教室的日常正常运转。

③ 加强与教室使用人员的交流。学校的教育技术专业人员要经常与学科教师进行交流,认真听取他们的意见和建议,详细了解交互式多媒体教室在使用、管理等方面存在的问题与不足,并针对教师提出的问题,采取相应措施加以改进,保证交互式多媒体教室处于良好的使用状态。

④ 严格执行操作规程。交互式多媒体教室的使用者在使用之前,应对教室的设备进行检查,在确保状态良好的情况下才可以使用。一旦发现问题,应及时向管理人员反映,在设备恢复正常后才可使用。这样,既可以保证教学的正常开展,也可以保证设备不会发生不必要的人为损坏。

(2) 交互式多媒体教室管理

① 计算机的保护。无盘工作站中计算机的保护,主要是通过在专用服务器上进行定期升级、定期清理、定期检查以及远程维护实现的。无盘工作站的最主要特点是管理和维护简单,所有的管理和维护上的操作都在服务器上完成。只要工作站硬件没有问题,整个无盘工作站网络系统的运行就不会有任何问题。无盘工作站网络系统使每一台终端机的软件升级更加方便,只要在一台工作站安装好所需的软件,网络中所有的工作站就都可以使用新的软件,大大降低了管理和维护的工作量。

② 设备信息化管理。主要管理设备自身以及使用情况,包括仪器编号、分类编号、验收时间、设备名称、单价、国别、型号、经费科目、出厂编号、单据号、规格、使用方向、厂家、出厂日期、购置日期、单位名称、单位编号、室负责人、保管人、领用人、财产核查、经办人、验收人、存放地点等,并因此形成设备的分类和分户账。设备信息化的管理大致可以分为三类:仪器设备管理卡(表 2-3),仪器设备验收单(表 2-4),设备报废审批表(表 2-5)。

表 2-3　仪器设备管理卡

合同号		设备名称		统一编号	
分类编号		型号规格		制造厂家	
供货单位		出厂日期		出厂机号	
到校日期		安装日期		验收日期	
管理人		验收人		安装人	
安放地点		主要技术参数			
主要功能及应用范围					

表 2-4　仪器设备验收单

设备名称(中/英文)		验收日期	
规格、型号		合同号	
生产厂家(地点)		到校日期	
供应商		经费来源	
台(件)数		单价	
设备使用部门		验收负责人	
参加验收人员(签名)			
验收过程、结论	一、主要辅机、附(备)件、软件及技术资料情况(按合同和装箱单清点所到物品)		
	二、技术性能验收及实际测试结果(按合同和说明书规定的技术指标验收)		
	三、验收结论(主要填写：数量、质量以及性能和技术参数方面的验收结果)		
	四、其他需要说明的问题		

注：1. 本验收单为建账单附件。
2. 验收过程、结论栏若填不下，可另加附页。
3. 验收时应提供设备的中\英文标牌内容和操作规程。

表 2-5　设备报废审批表

仪器编号	仪器名称	规格型号	数量	账面金额	购置时间	已使用年限	报废原因
院(处)负责人签字：			鉴定小组意见：			参加鉴定人员签字：	
申报单位经办人签字：			实验室(单位)负责人签字：			申报单位联系电话：	
年　月　日			年　月　日			年　月　日	
国有资产管理处(盖章) 年　月　日			财务部门意见(盖章) 年　月　日				

③ 管理制度和管理流程。学校应根据本校交互式多媒体教室不同的使用情况，制定交互式多媒体教室管理制度，对交互式多媒体教室及其设备的使用、管理等进行制度约定，使日常的管理工作做到有章可循、有章可依。使用交互式多媒体教室要遵守管理制度，服从交互式多媒体教室管理人员的管理。交互式多媒体教室使用管理制度主要有：

使用登记制度。需要使用交互式多媒体教室的教师，应按教学计划及教务处课程安排，提前一周填写“交互式多媒体教室使用登记表”。交交互式多媒体教室的使用由管理员安排，使用安排以先登记先安排为原则。

对科任教师的培训制度。使用交互式多媒体教室的教师应接受培训，熟悉所使用的仪器设备，学会正确使用设备，自觉爱护设备。

使用记录制度。教师在使用后，要认真填写“使用记录表”。如在使用中发现故障，要及时向交互式多媒体教室管理人员通报，以便管理人员及时修理。

禁止自行安装和卸载软件的制度。为了保证计算机和网络系统的安全，严格规定：使用交互式多媒体教室的教师，不得自行在计算机上安装和卸载软件系统。根据教学要求需要在计算机上安装软件系统，须向交互式多媒体教室管理人员提出申请，经批准后由专业人员进行安装。

对学生进行使用管理的制度。教师使用交互式多媒体教室上课，要按教学管理规范管理上课学生。

（三）参考案例

案例展示

汕头市潮南区第三中学阶梯多媒体教室

（案例来源：http://www.stsdkj.com/17.html，提取时间：2009年10月5日）

一、学校概况

潮南区第三中学属于区重点学校，作为今后教育投资的重点和发展的前沿，对教育设备的要求也随之不断提高。潮南区第三中学长期以来致力于教书育人的工作，培养了一大批优秀的人才，肩负着提高汕头市的整体教学水平的重任。因此，采用最新的信息技术，全面提升学校教学平台，提高教学质量，建立良好的多媒体教学环境已经提到日程上来。学校在抓好基础建设的同时，大力增加学校电化教育系统设备的投入，参照国内外学校的先进教学经验，结合自身的实际情况，安装电教设备，既可提高教师和学生运用电教设备进行学习和工作的能力，又可创造适应时代要求的新的教学模式、评价模式和管理模式，同时提高学校教师的工作效率和管理水平。

二、需求背景

21世纪，信息技术正以惊人的速度传播着。丰富、精彩、多变的各种计算机文化扑面而来，这使得现代学校中的传统教育受到强烈的冲击。停留在“粉笔、教鞭和纸张”固有模式的传统教育体系受到了时间和空间的极大限制，已不能适应培养具有新技术、新知识密集型人才的需要。而且，传统教育所存在的缺少对教育对象的个性细分、潜力挖掘和能力培养等问题，也亟待解决。目前，计算机多媒体正渗透进社会生活的各个角落，它将极大地提高人们的工作效率，改变人们的生活面貌。高性能的校园多媒体系统目前已经成为衡量学校能力和水平的一项必备的硬件设施。

多媒体教学系统包含了计算机辅助教学和多媒体演示手段，是目前较便于使用、效果较为理想的教学演示系统，所以，最受学校老师和学生的欢迎。多媒体教学系统将录像机、影碟机、多媒体计算机、多媒体视频实物展台、多媒体投影机等先进的视听设备以及其他可遥控设备（如电动屏幕、电动窗帘、灯光等）有机地连接，构成现代化视听教学环境。系统由教师根据执教内容集中控制，能实现对各种设备常用功能的控制和音视频之间的切换操作，使教学的内容生动化、形象化和具体化，克服了以往呆板的灌输形式，学生对于声像并茂的教学方式更易于领会和接受。系统充分发挥了现代教学设备对提高教学质量的作用，缓解了上课教师的劳动强度，大大提高了各种设备的利用率。本系统适用于各类学校进行多媒体教学、课例教学、专题演讲、报告会、国际学术交流会、演示及娱乐等活动。如果与校园计算机和互联网相连，则可以共享校园网和互联网上丰富的信息资源。

随着我国多媒体水平不断提高，大部分机关单位和学校都已引进各种多媒体教学设备或建成了多功能、综合性的多媒体控制系统。如何配置多媒体综合电教室，配备哪些设施既能达到使用方便，功能齐全，投资少，又能提高质量的目的，是目前亟须解决的问题。因此，潮南区第三中学提出使用新一代全自动多媒体控制系统并进行招标。

学校计划建设一间多媒体阶梯教室，教室长度为 15.3 米，宽度为 7.25 米，系统将采用现有流行的多媒体教学设备，根据学校领导的指示，在满足现有多媒体教学基本要求的同时适应未来信息技术发展的需求。

三、系统设计

（一）设计思想及原则

本方案是按照潮南区第三中学所提出的要求并结合实际情况，以计算机为中心的多媒体教学平台，集自动化智能控制与大屏幕于一体，可满足现有多媒体教学所需的功能。方案设计主要根据以下设计原则：

实用性：实用有效是最主要的设计目标，只有操作简单，效果良好才能最大地保护投资利益。

可靠性：多媒体综合电教系统的核心是电教平台。电教平台性能的稳定直接决定了系统的可靠性。

先进性：电教平台对不同厂家、不同型号的同类设备的兼容性，以及平台控制软件的开发工具，都充分体现了整个系统的先进性。

扩展性：校园网是现代教育技术应用的趋势，多功能教室能否和校园网进行兼容，能否调用室外教学资源是考察多功能教室可扩展性的首要标准。

安全性：由于能做到和校园网的无缝连接和通过网络实现远程控制，所以可以提供多个层次的安全控制手段，建立完善的安全管理体系。

（二）系统总体规划

1. 学生、教师桌椅和阶梯的总体布局

这里所说的布局主要是描述阶梯多媒体教室学生桌椅、阶梯、教师多媒体控制台等的规格和布置，这些设施的规划是建设阶梯多媒体教室的关键，起着十分重要的作用，体现了整个系统的先进性、合理性和科学性。整个教室长度为 15.3 米，宽度为 7.25 米，因此对整体的规划如下：

在多媒体阶梯教室内摆设两行13排学生桌椅，规划三个通道（其中中间通道为105 cm，教室两边通道为60 cm），每排10个座位，每行5个座位，最后两排为9个座位（这是由于后门占用了2个座位的空间），总共128个学生座位。学生桌面宽度为30 cm，长度为250 cm，厚度为15 cm，均采用压原木板。学生椅子宽度为50 cm，深度为54 cm，长度为250 cm，椅面、靠背均采用压原木板，椅面为活动式。阶梯式地板选用优质15 mm厚合板铺设，共11级，每一级高度为4 cm，油普通漆。教师多媒体控制台为组合式结构，压原木板，长190 cm，宽90 cm，控制台左侧桌内可放置DVD机、功放机、录像机、中央控制主机等，左侧桌面可放置视频展示仪；控制台中间设有键盘活动屉，台面可放置17英寸显示器；控制台右侧桌可放置电脑主机。

2. 系统结构图示及主要设备描述

阶梯多媒体教室系统主要设备如图2-2所示。

多媒体电脑：它一方面是计算机教学的载体，另一方面是中央控制系统的组成部分，同时还是网络控制系统的一个节点，该电脑一机多用，节省设备投资。

中央控制器：它是多媒体教室的控制中心，主机已经集成控制各种设备的功能（包括影碟机、录像机、展示台、卡座、外接AV、电动幕、多媒体电脑、投影机等）。

按键控制面板：它为教师提供方便简洁的控制方式。

投影机：它是图像信号的输出终端。

功放、音响：声音信号的输出终端。

话筒：配置一个无线衣领话筒和一个无线手持话筒，无线衣领话筒为经常走动的演讲者使用，无线手持话筒为学生发言时使用。

信息点：在多媒体教室配置两个网络信息点，以备将来与校园网络的连接。

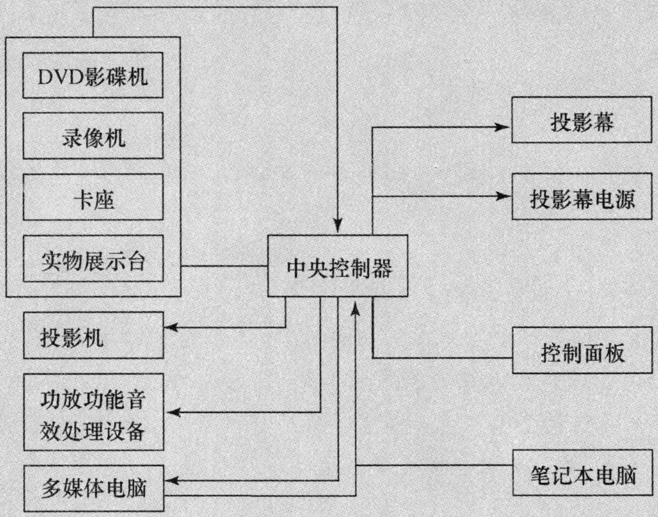

图2-2 系统结构图

四、对上述案例的分析

1. 主要特点

案例中的教室是阶梯教室，潮南区第三中学根据环境的变化，合理安排教室的桌椅，保证坐在不同位置上的学生从不同的角度都有良好的观看屏幕的效果。

设施配置比较完善，符合标准多媒体教室的需求。教师多媒体控制台为组合式结构，既保证了整体的美观性，又保证了媒体辅助设备有足够的空间放置。

方案的设计思想充分体现了多媒体教室的科学性与合理性，设备选购时，既考虑到了要建设的多媒体教室的实用性与可靠性——操作简单，效果良好为主要目标，同时兼备了经济型与可拓展性——选购多家可兼容的设备、调用室外教学资源。

由于多媒体教室和校园网的无缝连接和通过网络实现远程控制，所以可以提供多个层次安全控制手段，充分保证了教室的安全性。

2. 问题分析

案例中的多媒体设计没有很好地实现教学中的交互功能。通常多媒体教室的设计是使用计算机、投影仪和幕布，将计算机上的画面投影到幕布上或电视上，这是单向的、封闭的，教师要在电脑面前操作电脑、点击鼠标，教师被束缚在电脑面前，成了一个鼠标的点击者。

在媒体教室建设过程中没有考虑到设备的售后服务问题以及今后设备的管理与维护措施，也没有制定完善的保障制度。

五、项目成果展示与交流

项目完成后，要以文档和报告的形式对该项目进行汇报、展示与交流。这些文档主要包括：

（一）交互式多媒体教室的配置和使用的调查报告。

（二）交互式多媒体教室建设中选购的设备清单。

（三）设计方案文档。

（四）工程招标、投标、定标书面报告。

（五）功能测试报告。

六、推荐资源

[1] 唐琦. 多媒体教室建设初探[J]. 成都教育学院学报，2005(9)：117-118.

[2] 赵保华，李睿. 高效实用的多媒体教室的建设与管理[J]. 阿坝师范高等专科学校学报，2007(4)：128-131.

[3] 钱震. 网络环境中多媒体教室的整体规划研究[J]. 苏州科技学院网络与教育技术中心，2009(7)：123.

[4] 汪刚，张霖. 多媒体远程教室的规划和设计[J]. 安徽建筑工业学院学报(自然科学版)，2002(3)：74-78.

[5] 毛日旭，孙祯祥. 浅谈农村中小学多媒体网络教室建设与维护[J]. 吉林工程技术师范学院学报(教育研究版)，2004(1)：46-48.

[6] 李建青. 学校多媒体教室的设计、建设与管理[J]. 黄冈师范学院学报，2008(6)：91-93

[7] 刘新一. 多媒体综合电教教室建设[J]. 中国电化教育，1998(9)：66-68.

[8] 陈金玉,吴德垠,罗仕健,蒲小畿. 高校多媒体教室及其教学设备管理研究[J]. 现代教育技术,2007(7):97-100.

[9] 江北战,李经天. 教育技术项目实践[M]. 湖北科技大学出版社,2005.

项目3 校园电视台与广播站的建设

校园电视台是一本立体的教科书,是综合实践活动中的重要载体(信息技术教育、研究性学习、社区服务与社会实践以及劳动与技术教育),是实现课改的重要手段和实施素质教育的重要途径。因此,建立校园电视台能够促进学生德智体的全面发展,对学生的学业以及身心发展起到促进的作用。

校园广播站是学校进行宣传工作的一个重要窗口,是对学生进行德育教育的一块重要阵地,也是加强校园文化建设的一项重要内容。一个好的校园广播站就是一座联系学校和学生的桥梁,也是一条团结全体同学感情的纽带。

目前越来越多的学校都在加快建设或者完善自己的校园广播站或者校园电视台,让它们在协助学校的教育和增添学生生活情趣方面发挥越来越大的作用。

一、学习目标

(一) 能够根据学校的需求做出设计方案。

(二) 能够根据学校的实际情况及其设计需求合理选购所需的硬件设备。

(三) 能够对项目建设过程进行监控,对项目建设成果进行验收。

二、环境与条件

(一) 校园广播站的硬件环境:计算机、卡座、数字调谐器、无线话筒、播音话筒、壁挂/吸顶音箱、室外定压音柱。

(二) 校园电视台的环境与条件:场地、设备以及人员等。场地就是制作节目时的拍摄环境,一般分为演播室和外景(教室、礼堂、体育馆、操场)。硬件设备包括:摄像机、录像机、虚拟演播室系统、音频设备、演播室装修及灯光设备、编辑制作设备、自动播出设备、现场导播系统、专业监视器、其他附属设备。

三、项目的任务

校园广播站和校园电视台项目设计与建设的主要任务是:

(一) 对校园广播站与校园电视台的功能、使用情况、设备情况和所需经费情况,进行调查研究,提出项目的可行性报告,争取立项。

(二) 明确提出校园广播站和校园电视台必须具备的功能。

(三) 根据上述功能需求和学校的实际情况,进行校园广播站和校园电视台的整体设计,绘制出校园广播站和校园电视台设备连接的线路图。

(四) 进行校园广播站和校园电视台设备的选型与采购。

（五）对施工过程进行全程监理，工程完工后组织验收。

（六）编写校园广播站和校园电视台的技术和使用说明文档。

四、实践过程

（一）项目准备

1. 校园电视台与广播站的功能

（1）校园电视台的功能

第一，生动、活泼、有效地开展教育教学活动。校园电视台播出节目最显著的特点是直观、形象、及时，参与性与交互性强。利用校园电视台摄制、收集、整理各种教育教学影音资料，加工制作成电视节目，在学校和课堂上播出，可以激发学生的兴趣、启迪学生的思维，可以使教育教学活动更加生动活泼，使课堂教学变得充满生机，从而提高课堂教学的效果和质量。同时，校园电视也是一条便捷而有效的信息传播渠道，对学校开展德育、美育、心理辅导等各项教育工作，具有很强的宣传和推动作用。

第二，搭建提高学生综合素质的舞台。校园电视台是在教师和辅导员的指导下，由学生自己管理和运行的。校园电视台的记者和编辑都是经过严格的招聘选拔的，由校园电视台的教师对他们进行指导、培训和管理，帮助他们学会摄、录、编、播等技术工作。校园电视台强调学生的参与性，按每个学生的特长，分别担任节目策划、摄像、主持人、后期编辑等职，也鼓励从节目的前期到后期制作都由学生自己动手完成，为学生搭建锻炼才干、拓展视野、培养兴趣、提高技能的大舞台。这样做，既能够从理论与实践两方面向学生传授专业知识，又能够激发学生的参与意识，培养学生的浓厚兴趣，开阔了学生的视野，拓展了学生的发展空间，使学生的综合素质得到迅速提高，为学生的自主和可持续发展打下坚实的基础。同时，由于锻炼了学生的能力，也为将来有意报考传媒类专业的学生打下基础。

第三，编织连接社会和学生的纽带。校园电视台立足于学校，但并没有局限于学校。在校园电视台的摄、录、采、播、编的过程中，通过与社会各方面的广泛接触，与各级各类宣传部门的密切合作，校园电视台走出校园围墙，在学校和社会之间架设起桥梁和纽带，使学生融入社会。让社会了解学校、理解师生。让学生倾听社会、倾听世界。由于校园电视台所具有的得天独厚的教育资源优势，节目内容又多来自于学校、来自于师生，因此加强与校园电视台的合作，联合开办青少年类节目，既有利于提高和稳定专业传媒的收视率，也有利于扩大学校的良好影响，提升学校品牌。

第四，传播校园文化。每一所学校都有自己的校园文化，尤其是一些历史悠久的中小学，校园文化尤其浓厚。校园电视台是校园文化的重要组成部分和校园文化最便捷、最直观、最形象的传播者。校园电视台应为校园文化的传承和发展服务，也要力争成为校园文化靓丽的品牌。

（2）校园广播站的功能

校园广播站是学校中出现最早、应用最广泛的大众传播媒体。校园广播站的功能与校园电视台的功能基本一致，在此就不再赘述。

2. 校园电视台的硬件准备

建设校园电视台，摄、录、编设备的选择配置是很重要的。选择设备必须坚持实用、更新周期长、节目质量合适、经费允许四大原则。适合校园电视台的摄、录、编设备的品种繁多，发展更新很快，价格变化也很大。学校在购置设备前须多作调查，根据实际情况并兼顾今后发展作好规划。

(1) 视频设备

摄像机作为最重要的信号源设备，在视频系统中占有重要地位，并对节目的质量起关键作用。一般的演播室拍摄均设置多台摄像机。为了保证高质量的信号源，应采用具有高稳定性和高可靠性的数字摄像机。由于数字摄像机采用了DSP(数字信号处理)技术，使得它具备了适应亮色控制、细节控制、肤色细节控制和肤色自动光圈控制等许多模拟摄像机所不具备的功能。除此之外，其灵敏度、信噪比和分辨率都是模拟摄像机无法比拟的。外景拍摄由于具有场地不固定、流动性强的特点，建议选用体积小、重量轻、操作方便、耗电少的便携设备。

作为主要的视频信号记录设备，录像机的选型必然涉及记录格式的选型。从技术发展来看，在相当长的一段时间内，盘基的制作、存储和播出系统还无法完全取代带基。因此，记录格式的选型直接关系到今后电视台如何实现向数字化的平稳过渡。目前市场上的数字记录格式比较多，如何选择，是在系统设计中必须要考虑的。在选择时，既要考虑对现有数字记录格式的兼容性，又要确保高质量性、高稳定性、高可靠性、低维护费用和较高的性价比，保证向数字化的平稳过渡。我们推荐校园电视台采用DVCAM格式，DVCAM格式的数字录像机能兼容重放DV格式磁带，并且很多电视台都有DVCAM格式的数字录像机，这样校园电视台制作的节目就可以直接送到电视台播出了。

视频切换台是节目制作系统的核心，是信号输入、输出的枢纽，其性能指标在系统集成中是至关重要的。数字切换台的输入是多路的，要求每路的亮度、色度等均可调整，当需要变更信号的顺序时，很容易通过菜单改变，视频输入信号在切换台上直接切出，也可对任意两路输入信号作特技，并在切换台的下游键插入所需的字幕和图形等。

(2) 音频设备

传声器是原始声源的输入口，其质量的优劣、选用的合适与否、使用的方法是否正确都直接或间接地影响电视节目的质量。传声器是音频系统中配置数量最多的信号源设备，是音频处理过程中的第一个环节，同时，受目前技术的制约，也是声音处理过程中最薄弱的环节。所以，在校园电视台的音频系统配置上，要尽可能地选择灵敏度高，频率响应范围宽，失真小的电容式传声器。

调音台是音频系统的核心设备，主要负责将多路声音信号进行处理再加以混合，产生多路输出信号，送至广播设备进行播出，或送到扩音机直接推动扬声器发声。在选择时应尽可能地选择接口丰富，调整功能齐全的调音台。

(3) 后期编辑设备

现在的电视台用于后期制作的设备磁带机比较多，因为磁带机是传统的操作方式，编辑人员使用熟练，早期建立电视台的学校还在使用它。非线性编辑机是近年来才出现的设备，目前设备的价格比磁带编辑机要低很多，并可对原始素材进行无损复制，在进行视音频节目编辑的同时，还可处理文字、图形、图像和动画等多种形式的素材。因此，建议新建的校园电视台采用非线性编辑系统，用于电视节目的后期制作。

(4) 播出设备

一般来讲，学校都配有闭路电视系统，节目直接输入该系统即可播出。大型电视台的播出设备是一个庞大的系统，频道多、播出时间长、各节目之间安排严谨、自动化程度高，操作起来相对复杂，校园电视台很难做到，也没有必要这样做。学校可以采用相对简单的播出系统，由于播出的时间不长，人工操作就可以了。

近年来，学校都架设了校园局域网。利用局域网传送电视节目，不管使用电视还是使用计算机，都能看到校园电视台的节目。在选择播出系统时，可优先考虑接入校园局域网。

(5) 其他设备的配置

校园电视台的设备配置还包括监视设备、灯光设备、音响设备等，其配置选择都应遵循实用、更新周期长、节目质量合适、经费允许四大原则。

3. 校园广播站的硬件准备

(1) 调频广播发射机

HX-2000 调频广播发射机采用专业的立体声调频广播技术，微电脑 PLL 锁相技术，频率捷变，有 70～87 MHz，87～108 MHz 两个可选范围，具有单声道、立体声两种工作模式，射频单元采用进口模块，全固态设计，具有 SCA 副载波接口，可以使用同一个无线电频率。它利用 SCA 副载波传输编码控制信号，无须申请控制频率，既节约了频率资源，又实现了对终端的控制，从而提高了系统的稳定性和可靠性。

(2) 可寻址编码控制器

微机编码，多达 255 路寻址控制，可扩充至 1024 路。RS-232 通信接口，将电脑输出的数字编码信号调制成 SCA 调频副载波，真正实现了与广播信号一网通。无控制噪音，超强抗干扰。可与 CATV 同轴网络直接混合，共缆传输。最大载波输出电平达 115 dBμV，－20 dB 连续可调。预留 8 路外设控制接口，用于控制外设电源；频率捷变可调数码显示，灵活方便，绝无频漂。

(3) 室外音柱

室外音柱不仅声音柔和，优美动听，而且体积小巧，美观大方。为了减少对周围产生不必要的干扰，室外音柱在安装时，应根据音柱的指向参数将音柱吊挂在一定的高度处，一般可安装在离地两三米的高处，如安装在路灯柱，电线杆或楼房的墙壁上，也可安装在离地约 20 厘米的专用支柱上。

室外音柱线路的铺设一般可采用地下暗埋及地面架设两种方式。对于新建的学校可以采用地下暗埋方式，这样一方面可以增加可靠性，另一方面有利于保持学校环境整洁。广播线的粗细应根据距离远近和所带音箱功率的大小进行相应选择，电线的绝缘层应选室外型。

(4) 调音台

目前市场上较著名的调音台品牌比较多：EV，SONY，YAMAHA，SOUNDCRAFT，STUDER 等，这些品牌调音台的价格比较高，对于音质要求不太高的校园广播系统，没必要用高档次的调音台，比如可以采用两台调音台，一台采用 INTER MX880E 8 路，用于控制全校的作息，分别对多媒体电脑音频信号、无线话筒和另外一台调音台信号的输入信号进行控制，调音台直接输出到功率放大器。另外一台采用西门子 MD1203F 8 路，用于学生广播站的自办节目控制，连接有线话筒，两台卡座，两台 CD 机，一台收音头。

除此之外，还有可寻址编码控制器，立体声调频调制器，调频接收控制器，单层垂直极化天线等。

(二) 项目实施

1. 校园电视台建设项目的实施

(1) 校园电视台的建设

根据网络应当具备的功能和经济实用的原则，校园电视台的设计应采取从终端、主干线到控制中心一条龙的整体综合设计。其中，控制中心的设计是最为重要的一环。为保证大容量传输电视节目，建议系统设计以 750 MHz 邻频传输，主干线用光纤作为运载信息的媒介。

① 终端的设计。终端分为两部分：学生宿舍电视节目系统和教室教学系统。这两部分均受控于控制中心。在教学时间段内，电视系统的卫星节目、自办频道的播放内容通过双向教学系统向教室传送，服务于教学。在课余时间，卫星电视节目、教学资源又可作为信号源向学生宿舍传送。

② 主干线。主干线用光纤作为运载信息的媒介，光纤传送损耗小，在校园内可不加放大器，减少了级联噪声，而且满足了数据节目传输的要求。从主干线到各楼群采用星形结构，这样，如果其中一个断路也不至于影响其他楼群的信号。信号到各宿舍的最终分配运用同轴电缆亦采用星形结构来完成。对于各种公开教学、大型学术报告与交流活动、文体活动，可采用现场直播，扩大收视规模。系统将学术报告厅、多功能厅、音乐厅及演播室的现场实况信号，实时通过电缆传入控制中心，再经混合播出。

③ 控制中心。控制中心是整个系统的核心，系统的各种功能都要通过控制中心来实现。因此，控制中心设计是整个系统设计的关键。

控制中心信号来源主要有三类：第一，用抛物天线接收的卫星电视信号、当地开路电视信号，通过接收、调制送入混合器。第二，现代远程教育卫星宽带多媒体信号，经专用接收设备接收下来转换成电视信号，或当地有线台网的远程教育、数据信号经转换混合播出。第三，自办频道信号，可根据实际情况运用若干台录像、VCD 机和 DVD 机作为播放机播放录像带和碟片资料，同时把若干电视台的节目也受控于自动播出系统，增加自办频道的播出内容。

④ 系统控制。系统控制采用自动播出、双向控制教学、双向对讲通信为一体的多功能控制系统，系统既简单又方便。系统的自动播出可以实现无人值机，只要按播出节目单设定好，将播出带插入播出设备，自动播出系统就会按事先的程序播出节目。为方便教室内教师利用录像、VCD 和 DVD 等媒体教学，系统实现了双向控制，即教师在教室通过遥控盒遥控控制中心设备的各种动作，控制中心人员也可以控制设备的动作。在教室里，教师还可以通过遥控盒实现与主控室的对讲，以及时解决播出中可能出现的问题。

在电视节目的播出过程中，电视信号由对应的监视器监控，数据信号由多媒体计算机来监控，播出设备的运行情况通过控制计算机显示屏实时监控。为实现计算机辅助教学，只要对校园网中的视频服务器进行扩充就可实现。利用与校园网连接到一起的校园电视系统，教师使用键盘、鼠标在教师或多功能厅内，就可以控制主控机房的计算机，使所需信息资源通过教室的数码投影机显示在大屏幕上，同样大大方便了教学。

(2) 校园电视台的组织与管理

成立校园电视台并不难，只要有设备、人员、工作场所就行，但想办好校园电视台并不容易，这就需要对校园电视台加强建设和管理，才能使校园电视台更好地为广大师生服务。为此，要从以下几个方面入手：

第一，高度重视校园电视台的建设工作，积极协调各部门，结合自身的实际规范管理，制定出中小学校园电视台具体建设和管理标准，为推进校园电视台的建设工作营造良好的政策和技术环境。

第二，加强业务指导，通过定期或不定期的培训班、研讨会，在专业网站上开办校园电视台的专题栏目，介绍采集、制作、编辑等业务技能，帮助校园电视台从业人员提升各项业务水平，培养一支懂业务、肯钻研的专兼职队伍。

第三，校园电视台建设应当秉承“建设是基础，管理是重点、应用是关键”的原则，大力强化校园电视台的具体应用，提升校园电视台的应用水平，坚决杜绝资源浪费。要为丰富广大师生校园文化生活服务，提高对安全教育、道德教育、环保教育、国防教育、卫生教育、艺术教育等素质教育工作的支持服务力度。

第四，要积极组织协调各部门和各学校分工合作，共同研究、探讨、总结、拓展校园电视台的功能运用。

第五，加强在现有技术和现实条件下的实验研究工作，促进校园电视台与校园网的协调发展。加大校园闭路电视“班班通”与网络多媒体“班班通”整合的研究，加强电话网、广播网、电视网、校园网的整合研究，开展应用交流活动。以建设、管理、应用为支撑点，发挥各自优势，促进学校教育工作。

第六，联合各地区的相关部门举办丰富多彩的培训、考察、学习、论文评比和节目评选等活动。力求从专业的角度，立足于校园，加强对选题、制作、编辑、播出等环节的规范管理和指导。

具体讲，可以从以下几个方面加强对校园电视台的管理：

① 建立必要的规章制度。俗话说：“没有规矩，不成方圆。”制度是规范一切行为的基础。校园电视台的制度建立应包括以下几个方面。

工作职责制度：包括台长工作职责，秘书处、采编部、播音部、摄像部、制作部、宣传部等各部门的工作职责。这些职责详细规定各部门的工作任务和工作要求等。

设备管理制度：包括演播室、编辑室管理制度，摄像机、编辑机使用制度，电脑及打印机使用制度等。

人员管理制度：包括人员签到制度、值班制度等。

其他制度，如：人员积分排名制度、稿费制度、奖励评选制度等。这些制度主要对电视台成员起到日常管理作用并提供奖罚依据。

② 选择好校园电视台的工作人员。校园电视台的工作人员主要是学生。每年都有

面临毕业的成员,每年都要招进新成员。校园电视台的工作人员要求基本素质较高、综合能力较强,因此校园电视台工作人员的招聘、管理就显得尤为重要。

第一,严格选聘。笔试。试卷大致由三部分组成:时事政治、新闻基本理论知识、撰写新闻报道。时事政治主要考察学生对国家大事的关心程度、对新闻的敏感性。新闻基本理论知识主要考查学生的新闻素质是否具备一名记者所需要的基本理论基础。撰写新闻报道主要考察学生的文字功底。这一轮考试后,按照最终录取人数 3∶1 的比例从高分到低分的顺序,录取人员进入下一轮考试。

面试。面试的考官由相关专业人士组成。面试的内容包括自己介绍、评委提问、材料的朗读等。通过这个环节对所有报考人员的综合素质有全面的了解,包括与人交流的能力、普通话水平、容貌气质、临场发挥等。

加试。电视从业者需要一定的艺术修养,加试主要考察学生的特长,例如有何文艺方面的才能等。这样,就可以确定该学生适合在校园电视台的哪个岗位上工作,从而发挥每个人的最大优势。

第二,加强培训。新成员加入校园电视台团队后,都需要经过培训后才能上岗。培训的目的主要是使新成员熟悉校园电视台的工作流程、掌握设备的操作使用方法、适应工作氛围,培训时间一般半个月左右。培训结束后,由校园电视台组织相关人员进行考核,考核合格的颁发合格证书并发放记者证,考核不合格的成员劝退。

第三,加强对工作人员的常规管理。校园电视台不同于一般的常规学生团体或学生协会等学生组织,它需要有更强的组织性和纪律性,如:成员每天必须到台签到,必须参加每周的例会,通过签到和例会使每个成员了解自己本周的工作任务并接受临时性布置的任务等。校园电视台的每一个成员,都必须听从台里的统一安排,准时到达指定的工作岗位。拍摄某一活动时,必须做到不迟到不早退,完整拍摄一条新闻所需的图像素材,写出合格的新闻稿件。要使所有成员都达到以上要求,除了对校园电视台的所有成员进行严格的管理,帮助他们树立强烈的记者意识外,还要使每个成员都能自觉维护校园电视台的声誉。

③ 做好设备的管理和维护。校园电视台所使用的设备都是一些高档的电子设备,必须做好设备的管理和维护工作,才能使设备得以正常运行。为此,校园电视台的工作人员必须做到以下几点:

第一,要了解设备的一般保养知识,如防水、防尘、防烟、防磁,日常使用时远离上述环境等。设备要做到轻拿轻放,非本台工作人员或本台没经过培训的工作人员不得操作机器,防止损坏机器。

第二,建立设备使用登记制度,做到谁使用谁登记。登记的内容包括:设备使用的开始时间、结束时间、使用人、使用目的、使用地点,使用后的电池状况、使用后的设备状况以及其他相关内容。

第三,建立奖罚制度,对设备使用中由于人为因素造成设备损坏的,给予一定的惩罚。学校专业的教育技术人员,应该利用假期对校园电视台的所有设备进行维护保养,如摄像机电池的充电保存、非编软件的重新安装、设备的维修等,以保证设备可靠运行。

④ 搞好栏目设计。校园电视台离不开设备和人员，但是要想使校园电视台为广大师生所喜爱，则需要精品栏目的支撑。所以，每个电视台都要有自己的精品栏目。比如：校园新闻、校园风景线、校园人物、校园文化、校园福星、校园 DV 剧等。其中校园新闻主要传达校园发生的大事要事，自然为广大师生所关注，因此是校园电视节目的基础栏目。校园人物、校园文化是宣传师生、展现师生风采的重要园地，具有很强的参与性和互动性。

⑤ 保证播出质量。目前，校园电视台节目的播出主要有以下几个途径：校园闭路电视、校园公共场合、校园计算机网络等。

校园闭路电视。一般学校都有校园闭路电视，有的终端只到教室，有的终端能够到教室及学生公寓。校园电视台节目通过校园闭路电视定时播放，可以实现受众的最大化。

校园公共场合。校园公共场合主要指学生比较聚集的地方，如食堂、礼堂、学生活动中心。把校园电视台制作的节目刻成碟片在上述场合进行播放，效果不错，学生在轻松愉快的环境中更愿意收看。

计算机网络。现在学校都有校园计算机网络，在校园网主页上设立校园电视台栏目，可通过网上视频点播观看校园新闻及校园电视台制作的其他节目。

2. 校园广播站建设项目的实施

(1) 校园广播系统的传输方式

校园广播系统按信号的传输方式可分为定压广播、调频广播、数字广播三种。

① 定压广播。早期的校园广播，在机房配个简单的扩音设备，终端用筒式大扬声器，线路采用音频线方式，音质差，功能单一。20 世纪 70 年代后，广播机房配用定压功放、调音台、CD 或 VCD 等设备，室内终端用壁挂式音箱，室外终端用防雨音柱、草坪音箱等，终端都需配备线间变压器，利用双绞线传输广播信号。它传输的是音频信号，在校园内一般采用 120 V 定压传输，远距离传输时采用 240 V。定压广播最大的优点是信号传输不进行转换，几乎可以达到无信号失真且输出功率大，可满足较大区域的广播，是广播质量要求较高场合的首选结构。

② 调频广播。调频广播分为有线调频广播和无线调频广播两种。

有线调频广播：机房用调频调制器，把音频信号调制成高频信号，利用有线电视(CATV)网络进行多频广播，在一个 8 MHz 电视频道带宽内，可传输上百路高频广播信号，对不同的班级、不同区域进行不同的广播。终端是有源可调谐或定频高频音箱，高频音箱与闭路电视网络相连接，接收高频广播信号后直接解调出原音频信号并放大广播。终端音箱可根据广播区域的不同，选用可调、单频、多频等。其优点是可同时播出的节目多，调频信号与有线电视共缆传输。它的主要缺点是终端接收的节目与音箱调谐的频率有关，终端接收的节目，或改变不方便，或难以控制，存在分区广播和节目管理难的问题。

无线调频广播：机房中把音频信号送到发射机内进行调制放大，并通过天线发射到空中，以无线音箱或音柱接收进行播放，这是通过电磁波进行传播的一种结构。其优点是避免布线的麻烦。

③ 数字广播。数字广播是利用千兆以太局域网进行多媒体广播的一种广播结构，是

一种最新式的广播方式。其优点是信号传输过程全部数字化，它由服务器、教室数据终端盒和其他用户计算机组成，形成一个多媒体教学的综合网，其功能可根据需要进行增减。这种广播结构，目前在技术上也有比较成熟的产品，但是由于信号传输中必须进行信号的转换，如地址编码与解码、数模转换等，需要投入的交换设备和终端转换设备较多且价格高，因此，纯数字广播结构的经济投入相对较高，实际应用的也较少。

(2) 无线调频广播站的建设与管理

① 无线调频广播站的特点。在上述校园广播系统的传输方式中，无线调频广播系统是较为经济、实用，又较容易管理和使用的系统。因为这套系统具有以下特点和优势，所以广为各级各类学校所采用。

第一，实用性。无线调频广播系统的实用性体现在可以进行任意组合广播、统一广播和召开广播会议，实行智能播放集中管理，还可兼容多种音源播放。

任意组合广播是指：接收终端随意根据需要进行组合，定时/手动广播。统一广播和召开广播会议是指：可以集中统一广播，也可进行二、三路的插播广播。智能播放集中管理是指：广播系统实现自动化智能化，可对各种调频接收设备实现智能开关。兼容多种音源播放是指：可播放 FM、光盘、磁带、WAV 等多种格式音频。

第二，稳定性。调频广播作为广播的传输方式，在我国应用已经有几十年的历史了，技术已经相当成熟，现在将它应用到校园广播站，其稳定性、可靠性不容置疑。无线调频广播系统的音频信号调制器，采用 PLL 锁相环技术，将调制频率的相位锁定，能够有效避免调制频率产生漂移的现象。其接收端采用晶体振荡稳定频率的技术，将接收频率稳定在需要的频率上，使接收频率准确、稳定、可靠。在控制信号调制传输方面，无线调频广播系统将无线智能调频广播的控制信号，调制在音频频率的 SCA 闲置副载波上，可以最大限度地确保控制信号不受干扰，使控制信号得以稳定地传输。

第三，经济性。无线调频广播系统的经济性主要体现在布线、施工、播放、维护和扩容等方面。无线调频广播系统的布线方式，使得智能广播与控制信号共用同一频率，两者在传输上合二为一，可以节省无线频率资源。建设无线调频广播系统，不用铺设信号线缆，只需就近铺设电源线即可，施工难度大大降低，施工周期可大大缩短。无线调频广播系统在播放、管理、控制上均实现了自主性，使得系统不用专人负责，可以定时自动播放。这样，不仅节省了系统运行所需的人力资源，还大大提高了校园广播的安全性、准时性、可靠性。此外，无线调频广播系统的广播信号与控制信号均采用无线传输，传输方面不需要维护，仅维护系统设备即可。如该系统需要扩容，仅需对终端接收设备进行扩容，不用更换功率放大器，不用重新铺设电缆。

② 无线调频广播站的建设。从功能角度来讲，无线调频广播由音频部分、控制部分、发射部分和接收部分四个单元组成，下面对各个单元的功能和架构做简要分析。

第一，音频部分。为无线调频广播提供播放音频节目源，一般是为适应不同介质、不同格式音频播放选择模拟、数字音源混合模式。模拟音源指 DVD、卡座、数字调谐器、MP3 播放器等，数字音源指由数字智能播控主机播出的存储在其硬盘中的数字格式音频。模拟、数字音频均输入调音台，对声音进行修饰、调节、混合后输出到发射部分。

第二，控制部分。这是无线调频广播的核心技术部分。从实用角度来说，分为主控智能控制部分和接收终端智能控制部分。主控智能控制部分指通过智能广播软件可以实现数字智能播控主机每天自动开关，能够根据播音需要以周为单位设置定时播放列表，使无线调频广播系统能够按照人的编排设计自动完成广播任务，自动打开和关闭外部播音设备电源。接收终端智能控制部分指无线调频广播系统接收设备，如：室内调频音箱、室外调频音柱、调频收扩音机、多功能调频接收控制器广播。

第三，发射部分。发射部分是将音频和控制信号调制到 FM 频段（70～87 MHz，88～108 MHz），并将激励信号功率放大后，转换成电磁信号发射到空中。主要由调频广播发射机、发射天线、馈线、避雷系统所构成。智能编码控制器有两个作用：一是将音频信号调制到 70～87 MHz/88～108 MHz FM 调频载波；二是将数字智能播控主机输出的 RS-232 控制信号调制到音频所调制频点的 SCA 副载波上，输出到调频广播发射机。调频广播发射机将音频和控制信号进行同步激励放大输出高频电流，经由馈线传输到发射天线转变成交变电磁场，通过空气循次将广播信号和控制信号定向/全向覆盖到待接收区域。

第四，接收部分。接收部分为无线调频广播的终端播放部分，实现方式有调频直接接收、调频转定压接收、调频转定阻接收三种模式。调频直接接收指在室内场合用室内调频音箱接收播放。调频转定压接收有两种方式：一种是用调频收扩机接收，并输出定压功率信号，输出给吸顶喇叭、壁挂喇叭、防水音柱或草坪音箱；另一种是用多功能调频接收控制器接收输出音频到定压功放，再输出功率信号给吸顶喇叭、壁挂喇叭、防水音柱或草坪音箱。多功能调频接收控制器可以根据定时播放列表自动控制定压功放电源，也可人为打开定压功放电源进行二级音频信号插播广播。调频转定接收阻这种方式主要应用于农村广播，通过调频收扩音机接收无线调频广播信号，输出给号角喇叭或高音喇叭。

③ 校园广播站的组织管理。

第一，明确校园广播站的举办宗旨。校园广播节目的总体设计，无论框架结构采取何种方式，栏目设计如何以类别划分，如何侧重、如何布局并撷取何种名称，在进行节目设计之前，首先要确定的是学校广播站的举办宗旨。学校广播是宣传党的路线，贯彻党的教育方针、政策，培养“四有”新人的阵地。同时又是校党组织和行政领导的喉舌和工具。所以在进行校园广播节目改进时，一定要首先明确校园广播站的建设宗旨，从配合学校中心工作、服务师生员工方面设计和编排节目，以做到有的放矢。同时，校园广播还要始终坚持正确的舆论导向，不断提高新闻宣传的引导水平，这是一个常讲常新的话题。校园广播的组织机构要坚持正确的举办宗旨，要紧紧围绕学校的中心工作和教育教学工作，帮助学生学习新知识、增强新本领、研究新问题、创造新成绩。

第二，建立、健全广播制度。校园广播要办好办精，离不开严明的纪律。没有纪律的广播队伍是成不了气候、办不好节目的。校园广播的制作、播出人员绝大部分由学生组成，而因为学生与学校并非劳资关系，因而如果不出台一个具体、完备的规章制度是难以管好这支学生队伍的。此外，要在不影响学生学习的基础上搞好节目，也需要一个制度来保障。在这些制度的作用下，学校广播机构才得以有效运作。

第三，科学编排广播节目。校园广播节目内容的制作就是校园广播工作的主体部分，节目编排的好与坏在很大程度上决定了广播的质量，同时也决定了收听的人数。广播有没有人听就是衡量广播工作成功与否最重要的标志。因此，一定要科学编排广播节目，建立节目的动态管理机制，提高节目编辑的质量，建立科学的节目评价机制。

一是建立节目的动态管理机制。过去我们调整节目，以一个年度为一周期，有时甚至多年不改版。这种做法在一定程度上影响了节目改革和创新的速度。现在社会上的媒体已经打破了这个框框，校园广播也应如此。应该从"我播什么，你听什么"转变到"你听什么，我播什么"。节目的栏目设置和播出时间也不能整齐划一，有听众就继续办，没听众就应该果断调整。当然，局部调整要与全面调整相结合，局部调整是经常性的，全面调整是阶段性的。节目调整应该有一个明确的目标，就是效益的最大化。这样做的目的，首先，通过节目调整，在提高广播受众影响力的同时，要扩大听众人数。其次，使频率资源、人力资源得到更加科学合理的配置。再次，使编播人员的工作积极性得到极大发挥，工作效率明显提高。最后，通过节目更新使广播节目的运作方式更加科学合理、规范有序。

二是提高节目编辑的质量。第一，编写好提要(类似收听指南)。作为校园广播，每一期节目的开始部分可以有一个简单的提要，把与老师学生关系最密切、大家最关心的问题做简要介绍。对于栏目本身的介绍，则可放在有线广播的晨间新闻之后，这样做可以使大家对每日播出的节目都有印象。而对于一些大家特别关注的问题的播出，甚至可以以校园板报的形式在校内宣传，这样就可以吸引更多的听众。编写提要要从全局着眼，选择最重要、最新鲜、最吸引人的新闻与节目来写，在准确、鲜明、主动、简洁、清楚上下工夫。提要应长短适中、结构合理、突出节目特点和内容表达的主旨。写提要还应注意修辞，要善于使用动词，利用动词使提要"活"起来。第二，设计好节目的整体框架。一期节目的整体框架，就如一期杂志的目录。在设计框架结构时，首先要根据学校广播播出时间与内容来考虑；其次这种框架结构应是最能发挥本校广播作用与最具校园广播特色的；同时，它又应具有将所有要播出的内容囊括于整体框架之中的包含性；再次在框架结构的样式上，应根据栏目及内容的需要，设计出最直接、最具体的结构形式；最后，要注重节目的各种表现形式相互搭配，尽量做到形式活泼、多样。第三，设定好栏目。栏目设立的作用在于区分不同类别的内容，并使其有机结合。首先，要有目的，有针对性，以播出内容的类型，设计栏目的具体名称；其次，要从广播的舆论性、时效性、知识性、服务性、娱乐性等方面去考虑；再次，栏目的名称与内容要统一，栏目下还可以设计小版块，可由编辑自由选择设计。第四，写好结束语。结束语可以与提要起到同样的作用，因而也不可忽视。首先，在新闻类节目中，结束语可回顾本期播放的内容，在一般栏目中则可对第二天的节目安排进行预告。

第四，培养与使用好广播人才。校园广播不同于社会广播，编排人员多来自于在校的爱好广播的师生，因而专业素质相对社会广播业的人员有一些差距。随着近年来课程改革的深入发展，学校办学条件的不断改善，广播培训机构的建立，校园广播站人员的综合素质也在逐步提高。

校园广播站的人才一般分为编辑、记者、播音员三类，其中有人又可身兼数职，这样做的好处在于可以提高整体的编播效率，也可提高质量。因为广播是通过声音传播信息的，所以播音员的声情并茂能增强节目的感染力。如果实行采编、播音一体化的管理，就既可以使播音员更好地发挥语言的魅力，也有利于提高采编的工作效率。实践证明，采取编播一体化的管理，可以极大地激发广播站成员的热情，可以使校园广播站中的每一个成员的智慧和能力，都有更大的发挥空间。

在人才培养方面，可在条件允许的情况下，尽量为学生提供多的培训机会。例如可与当地报社、电台、电视台联系，让大家到那里去实习。这样，在提高大家的理论水平和工作能力时，也可在一定程度上提高大家的工作热情并吸引更多优秀人才进入校园广播。在播音方面也要下工夫，因为播音员素质的高低直接决定了播出质量的高低，无论节目编得多么好，如果在播音这个最后环节出问题，势必功亏一篑。因而对播音员要有一个高标准、严要求。例如：播音员要在播出前10分钟到达播音室；播音员在播出的前一天就要温习第二天的播音稿；新播音员在温稿时，要有指导老师对其进行指导；播音时要富于想象，富有较强的播报感，要注意对感情的把握等。

第五，建立创新体系。创新是时代的要求。人类社会的进步是在不断超越前人的实践中实现的。创新必须解放思想，不唯书，不唯上，从实际出发。如果哥白尼不敢怀疑“地心说”，就不会产生“日心说”；如果没有对牛顿经典力学的超越，又怎会有爱因斯坦的相对论？如今一些校园广播，从节目设置到内容到形态到运作方式和管理机制，都还带有较为浓厚的计划经济色彩，有些节目跟不上时代发展。要想使校园广播节目得到广大听众的认可，就要鼓励创新，提倡超越自我，做到在发展的前提下继承，在继承的基础上创新。

校园广播站创新体制的建立，可以从以下几个方面考虑：

首先，建立学习和借鉴机制。校园广播可以和其他高校广播甚至社会广播建立学习伙伴关系，互相学习、借鉴，并可适时开办经验交流会，甚至互相到对方学校进行广播，多听取他人意见，同时总结出一些规律性的东西，并在上面加上自己的创新举措。

其次，建立科学的节目评价机制。学生与老师是校园广播的服务对象，失去他们的支持无疑广播是无法办好的，因而我们应该建立合理的节目评价机制，采取一些措施去收集老师、同学对节目的意见，并且要把这个事情看成一件大事，有计划地按时收集他们意见，根据他们的需求来创新。

再次，建立鼓励创新的激励机制。建立广播的创新体系是一个系统工程。不应当光凭几句鼓励的话叫大家去创新，而应当建立一个奖励的制度，这样的创新才会持续下去，比如设立“创新奖”。可以每年或每半年搞一次节目创新方案的征集活动，对创新方案提出明确要求，发动大家共同参与。创新方案一经采用，即对方案的设计者给予适当奖励。校园广播可在进行精神奖励的条件下对工作人员进行允许范围内的物质奖励，作为对提出有创意、有实效的意见的奖励。同时还要建立一个公平、公正的监督机构。这样才能长期、持续地让工作人员保持较高热情。才能保证创造性、建设性的意见经常出现。

应当特别指出，在校园电视台和校园广播站的建设过程中，都有一个设备供应商和工程施工方的确定问题。这些问题，一般都应当采取公开招标的方式解决。公开招标的具体方法和要求，可参阅本教材“模块一”中的项目1“校园网的建设”中“四、项目的设计与实施”中“（二）项目的实施”中的“1. 公开招标”部分。

(三) 参考案例

案例展示

案例一　校园电视台案例：黄冈市实验小学校园电视台建设案例

(资料来源：童序珍.黄冈市实验小学建台10年硕果累累[J].中小学实验与装备，2006(1)，提取时间：2009年10月6日)

一、案例概述

黄冈市实验小学"星星火炬电视台"创建于1995年，到目前为止，其摄、录、编、播系统设备一应俱全。现有摄像机4台(其中专业数码摄像机1台)，录放像机9台，电视制作系统2套(其中非线性编辑系统1套)，有可同时传送6套节目的教学CATV播放系统，彩色电视机53台，监视器4台，专业级音响系统1套。有教育教学(含电影课实验优秀影视片)光盘、录像带1200余盘，片长近10万小时，全部录入了"音像资料微机管理系统"，实现了电教教材管理的科学化、规范化。

该台自开播10年来，逐步建立起了比较完善的管理运行机制。一是坚持每周三、五晨播时间播放校园节目；二是坚持在每周一下午电影课时间播放优秀影视片；三是坚持服务教学，丰富的常规教学影视片基本能满足教师教学时点播；四是坚持校园大型活动现场直播。

二、案例分析

由上述案例，我们可以看出校园电视台在培养和提高学生综合素质方面的主要功能。

(一) 具有加强学生德育教育的功能

校园电视台秉承了广播电视的性质，积极、全面、准确、深入地宣传学校的重大活动，以新的方式、新的角度、新的事例，对发生在学生身边的事进行有深度、有分量、有说服力的宣传报道，加强和促进了学生德育工作。

(二) 具有培养学生争当典范的功能

学校德育工作既要解决学生群体中出现的普遍问题，又要处理学生个体的个别现象。传统的德育工作方式在向学生群体实施教育时往往会受到时间、空间等外在条件的干扰，而校园电视台却很好地克服了这一局限。学校可以根据实际情况，全方位地对学生进行德育教育，提高德育工作的实效。

(三) 具有优化教学过程的功能

校园电视可以与校园网融为一体，构成一个新的学习平台。校园电视台不仅可以自制节目，还可以引入大量优秀视频节目，供学生收看，以开阔学生视野。同时，我们还可以将各个学科的视频资料进行归类，并按照教学的需要进行再加工，使得各学科教师在教学中可以有选择地使用。通过这种电视辅助教学手段，可以帮助学生更好地理解教学内容，特别是一些比较抽象的教学内容，从而获得更好的学习效果。例如：学生在理解教学内容有困难时，校园电视能够以其丰富的色彩、清晰的画面、生动的解说、真切的伴音，形象、具体地把许多教学内容展现在学生面前，激发学生的学习兴趣，帮助学生理解，使教学过程进一步优化、教学质量进一步提高。

（四）具有增进师生、生生之间交流的功能

师生关系是学校社会体系的主要构成因素。无论是小学、还是中学，师生关系都影响着校园气氛，影响着教学活动的组织及其效果，影响着学生的学业成绩。因此，融洽的师生关系，孕育着巨大的教育"亲和力"。校园电视台应当也完全能够发挥反映师生意愿、心声，营造相互理解、相互信任、相互支持和谐氛围的作用。例如，在校园电视台开辟"校园访谈"栏目，经常邀请部分老师和同学针对学习方法、教学、生活等师生关注的热点问题进行讨论、沟通，不仅增进了师生之间沟通交流，还可以强化学校管理。

（五）具有发掘和锻炼学生特长的功能

学生的能量是巨大的，只要提供给他们展示的舞台，就会有很多意想不到的收获。学校电视台可以通过在自办节目中设置栏目，让学生自己组织、设计，发掘和锻炼学生多方面的特长。

案例二　校园广播站案例：东阳中学江北校区广播系统建设案例

（案例来源：张洪忠.校园广播系统建设的实践与思考[J].中小学现代教育装备，2005(11)，提取时间：2009年10月6日）

一、功能要求

（一）广播控制中心的功能

使全校广播联成一个统一的控制网，完成各区域的调频广播信号输出，广播节目的制作与定时播放，各控制点调频信号的混合，各控制点节目播出的切换和控制，自动打铃，自动播放固定的广播节目，教学现场直播，接收和转播无线广播电台节目，多路调频广播信号的分区切换，完成校长的控制指令，直播校长讲话。

（二）分广播控制中心的功能

独立完成本区域各种活动的扩音。把该区域各种活动的音频信号调制后回传到控制中心进行全校广播。完成广播控制中心调频信号的解调，供给功放放大，定压输出广播；功放电源受控制中心的直接控制，随时传播控制中心节目。

（三）学生广播站（包括英语听力）控制点的功能要求

学生主办的全校广播，英语听力分年级广播，全校广播的调频信号传送至控制中心。

（四）控制系统设置

根据功能要求，设置如下控制室：

主控制室：对全校所有区域的广播和分控制室进行管理和控制。

分控制室：主要作用是把分控制室的信号回传到主控制室，由主控制室进行可选择的全校广播。有学生广播站、英语听力（3路）、体育馆、报告厅、校长讲话、观摩教室教学现场直播。

功放室：配置音源和功放，会场音响。有观摩教室、阶梯教室（3个）、报告厅、体育馆、田径场、视频会议室、行政楼会议室。

（五）终端音箱的规格

教室：四频点壁挂式有源音箱1只，无源音箱1只，频率设为：1，2，3，4频道，输出功率5W。教学区、图书馆、行政楼的走廊可配备嵌入式音箱。这样，同一楼层用一只有源单频点音箱，接收放大后去带动另外几只音箱，输出功率为3W。运动场、操场：野外防雨可安装定压式音柱，输出功率为30W。学生宿舍、食堂可配备单频点壁挂式有源音箱，输出功率为5W。其中，食堂音箱输出功率为10W。草坪则可采用野外防雨调频接收仿真型音箱，输出功率为5W。

该广播系统采用学校自行规划、自行设计、自行采购、自行组合的方式建设，其结构为：信号传输，以调频广播输出方式为主，信号传输主干是闭路电视系统的同轴电缆；控制管理，以计算机的数字信号，通过校园网络，实现对广播播出设备的控制和管理；区域音响，采用定压输出方式。充分利用定压、调频、数字广播的各自优点，尽可能避免或改进它们的不足，建成一个功能齐全，满足学校需求，为学校教育教学服务的混合结构型的广播系统。

二、案例分析

该广播系统由三部分组成：校园公共广播、会场专业音响和学生广播站。系统结构的特点是：通用和专用相结合，集中和分散相结合。通用型采用调频广播方式，专用音响采用定压广播方式。通用的具有分区多节目功能，专用的适合单一区域音响。楼层走廊、教室、实验室、备用教室、学生宿舍、食堂采用通用型，运动场、活动中心、中心广场、报告厅采用专用音响，运动场、中心广场还兼有校园公共广播功能。

校园广播的混合结构基本满足学校的需要，也为未来校园广播的数字化、网络化打下基础，具有目前校园广播系统的特点。

传输方式：多网合一，采用闭路调频传输技术，使得校园广播系统的主干线可以与校园电视教学系统共缆传输，运用结构化综合布线技术与校园网络整合在一起，达到多网合一。

广播形式：分频道多节目，共用调频广播部分实现多套节目同时传输，主控制室可根据需要随意设定与控制某一个区域，实现对播放内容及节目源的任意选择以及工作状态的选择。除具有传统广播的全部功能外，每个年级拥有自己的频道，同时播放各年级不同的内容且互不干扰，特别适合外语听力教学及考试。

节目播放：自动化可将校园歌曲、广播体操、眼保健操等常用广播素材存储到主控计算机中，无需人工干预，即可按预定时间自动播放节目，实现无人值守。为了满足学校各部门对播出节目的不同要求，每天播出的节目也应当有所不同。

系统管理：智能化控制中心的计算机安装智能广播软件，既可以模拟VCD、CD、DVD设备的遥控器，又可以输出开与关的控制信号。因此，应当实现计算机对VCD、CD、DVD、调频设备、音响设备等的控制数字化、电源的智能化管理。其方法是：通过计算机设定自动播放DVD、VCD、CD等节目，解决传统设备需要人员手动播放的缺点；通过计算机设定设备的自动开机和关机，避免在无播出时在线设备通电而浪费能源的弊病。

另外，由于有广播设备的地方都有计算机网络，混合结构的产品更换升级非常方便。只要在控制中心和分控制中心换上数字广播设备，代替调频广播设备，区域间的广播信号就可全部数字化，向校园数字化广播逐步迈进。若再把全部广播终端都换成数字音箱，即可实现全数字化的校园广播。

五、项目成果展示与交流

在这一阶段主要采用图表或文件的形式展示设计成果，并相互交流意见，对原有设计提出建议和修正。主要材料包括：

（一）校园电视台（广播站）设计方案。

（二）人员遴选及硬件配备方案。

（三）系统的组织管理方案。

（四）系统功能评价表。

六、推荐资源

[1] 杨爱华. 校园电视台的建设与管理[J]. 科技信息，2008(4)：327-329.

[2] 张洪忠. 谈校园广播系统的结构[J]. 中国教育技术装备，2009(17)：128-130.

[3] 张洪忠. 校园广播系统建设的实践与思考[J]. 中国现代教育装备，2005(11)：74-77.

[4] 石玉冰. 高校校园广播建设刍议[J]. 湘潭师范学院学报(社会科学版)，2007(1)：156-157.

[5] 安金梁，杜留锋. 校园电视台的设计与设备选型[J]. 中国现代教育装备，2007(12)：17-18.

[6] 熊建云，韩磊. 校园电视台建设方案的设计[J]. 科技信息，2007(27)：195-197.

[7] 吕计恒. 校园电视功能定位及建设管理[J]. 信息技术教育，2007(10)：56-57.

[8] 周彦忠. 浅谈中小学校园电视台的作用[J]. 青海教育，2008(9-10)：91.

[9] 刘志宏，刘贵其. 普通中小学如何打造自己的校园电视台[J]. 文教资料，2006(19)：159-160.

[10] 胡立荣. 校园广播系统的一种创新设计[J]. 辽宁师专学报，2004(9)：100-102.

[11] 林节清. 浅谈如何开创校园广播工作新局面[J]. 教育艺术，2008(8)：15-16.

[12] 丹凤信息港. [2009-10-20]. http://www.df169.com/.

[13] 聪慧网. [2009-10-20]. http://www.hc360.com/.

模块二　教育资源建设类项目

1978年我国的电化教育重新起步。从那时开始，教育教学资源数量不足、质量不高的问题一直是影响教育技术深入推进的羁绊。进入21世纪之后，信息技术在教育领域迅猛发展，运用信息化带动教育的现代化已经成为不可阻挡的时代潮流。加快信息技术与课程及学科教学的整合，也迅速成为我国各级各类学校推进教育教学改革的重要手段。在这种大趋势之下，长期存在的教育资源问题，又再次成为影响教育信息化发展的关键问题。

近年来，针对这些问题，从中央到地方纷纷加大教育教学资源开发、建设和应用研究的力度，在教育资源的开发建设、信息技术与课程及学科教学整合等方面，做出了许多有益的探索。例如：教育部拨出专项资金，在中央电化教育馆设立了教育部基础教育资源中心，统筹基础教育教学资源的开发与建设工作；建立了基础教育资源库，以促进基础教育教学资源的共建共享。各省级教育行政部门也纷纷建立了相应机构，从机构、人员、经费等方面，加强了资源建设工作……从全国范围看，教育教学资源建设取得了很大的进展。但是，伴随着教育教学资源的迅猛发展，又出现了新的问题，例如：资源良莠不齐、杂乱无序；资源数量多了，可是能直接应用于教与学的优质信息资源匮乏；广大一线教师不知上哪里找到所需资源；优质资源共建共享机制不健全……

要想充分发挥现代教育技术在教育中的优势与作用，为学习者提供能够进行创造性、多样性、开放性、互动性、个性化学习与交流的全新现代化学习环境，就必须尽快解决上述问题。根据我国的国情，解决的办法是：遵循教育教学资源建设的规律、规范和标准，在建设教育资源的过程中，借鉴优质资源的开发经验和成果，对已有优质教育教学资源进行研究、利用和二次开发。在资源建设中，以引进、整合为主，以开发为辅，突出特色，大胆创新，努力实现资源的共建共享。

在本模块，我们将分别研究和学习多媒体课件、网络课程、教育资源网站、校园教育电视节目的设计与开发流程。学习者可以根据自己的兴趣和工作需要选择相关项目，参照实施步骤和相关案例协作完成学习和实践任务。

项目4　多媒体课件的设计与开发

各级各类学校开展信息技术教育的重要目的之一，是通过数字化信息技术的应用，促进教师教学方式和学生学习方式的变革，促进教育教学改革，加快教育现代化的前进步伐。

在当前的课堂教学中，多媒体技术是一种最为常用、最受师生欢迎、教学效果也最为明显的应用技术。在多媒体技术的应用过程中，在具备了多媒体播放的硬件环境之后，多媒体课件便成为最关键的因素，开发多媒体课件，既成为各级各类专业教育技术工作者义不容辞的工作职责，也逐渐成为优秀教师的重要技能。在多媒体教学资源的建设中，教育技术工作者必须承担两项工作：第一，自己根据教育教学需要开发多媒体课件；第二，指导和帮助一线教师根据自己的需要开发多媒体课件。

本项目将就多媒体课件的设计及开发的基本流程、基本方法和注意事项，做一些基本的描述并辅以相应案例，以帮助学习者尽快掌握多媒体课件开发的要领，在自己能够开发出较高水平的多媒体课件的基础上，也能够指导和帮助其他教师，根据自己的需求开发出多媒体课件。

一、学习目标

（一）熟练掌握和应用多媒体素材处理软件，根据教育教学需求，使用图像、动画、视音频等素材处理工具加工、处理多媒体素材。

（二）能够熟练掌握和应用多媒体开发工具，完成多媒体课件的制作。

（三）能根据多媒体课件开发的实践和体验，陈述多媒体课件的设计、开发流程和方法，为指导其他教师开发多媒体课件奠定基础。

二、环境与条件

（一）多媒体课件开发的硬件平台主要由主机和外部设备构成。主机的配置有：CPU、内存、硬盘等；外部设备有：键盘、鼠标、显示器、打印机、摄像机、数码相机、扫描仪、话筒、MiDi 设备、网络等。

（二）多媒体课件开发的工具

1. 多媒体课件设计的系统软件

系统软件的核心就是通常所说的操作系统，如 DOS 操作系统，Windows 操作系统。

2. 多媒体素材制作软件

(1) 文字处理软件：Word、WPS 等。

(2) 图像处理软件：Photoshop、Coreldraw 等。

(3) 动画制作软件：Animator、Flash、3DSMAX 等。

(4) 音频编辑软件：AD Sound Record、Cool Edit Pro 等。

(5) 视频处理软件：Adobe Premiere 等。

3. 多媒体创作工具

如 Authorware、Director、ToolbookII 等系列，以及国内的洪图、方正奥思、课件大师等。

三、项目的任务

（一）确定选题、建立协作组。选取某一课时的教学内容，建立多媒体课件开发小组，根据教学需要分工，合作开发本课时的多媒体课件。

（二）设计并形成多媒体课件的开发方案。开发方案包括：课件的选题，设计理念，适用对象，可行性分析，基本框架和实施流程等。

(三) 完成开发工作。完成并提交调试修改后的多媒体课件,并能够进行现场演示。

(四) 形成项目总结报告。报告包括:制作多媒体课件的方法和步骤、课件的使用情况、课件教学效果调查等。

四、实践过程

(一) 项目准备

1. 知识准备

(1) 多媒体课件的含义

数字化信息技术条件下的多媒体技术与模拟技术条件下的多媒体组合技术不同。多媒体组合技术是将视觉媒体(如:挂图、幻灯、投影、电影、电视、录像等)、听觉媒体(如:广播、录音等)等多种媒体组合到一起的技术。而数字化信息技术条件下的多媒体技术是指利用一种媒体(如:多媒体计算机),呈现、加工和处理多种多样形式(图、文、声、像)信息的技术。

多媒体课件就是这种基于数字化的信息技术,将图、文、声、像等多种信息表现方式有机结合起来,呈现、传递、加工、处理教育教学信息(内容),辅助教师的教与学生的学,以完成特定的教育教学任务的应用软件。

在教育技术领域,多媒体课件属于智能形态教育技术的载体。

(2) 多媒体课件的特点

① 教学特点。第一,符合教育教学的一般规律。第二,符合学生的认知规律。第三,完成特定的教育教学任务,实现特定的教育教学目标。

② 技术特点。

教学环境的开放性:网络为学生的学习创造了一个开放的学习环境。多媒体课件要利用和体现这种开放性,引导学生加强与外界的联系,拓展、迁移知识。

资源形态的丰富性:多媒体课件不仅可以以多种呈现方式形象、直观、生动、有趣地呈现各种信息,还可以对微观事物进行放大处理,对难以展现和再现的现象进行模拟展示。

教学资源的共享性:通过网络,人们可以从其他网站上、从学校的资源库里、从教师设计的网页中、从同学的计算机上获得学习资源。教师要在自己开发的课件中创造条件,使学生方便地得到并有效地利用这些资源。

教学过程的交互性:计算机的高速运算功能和网络的高速传递功能,使教学过程由单向传递变为多向交互的交流过程。教师在自己开发的课件中,应充分体现这一功能,从而改变自己的教和学生的学。

教学软件的人性化:数字化教学软件的非线性超文本结构,使得学习者可以根据自己的实际情况选择不同的学习方式。教师在进行课件开发的时候,要寻找、改造、开发体现以人为本教育观念的新软件。

教学反馈的精确性:教师和学生都可以通过网络,及时地获得真实、准确的教学反馈信息，以便调整教与学的策略，保证预期学习目标的实现。

(3) 多媒体课件设计与开发的原则

教育性原则：符合党和国家的教育方针，符合学生的学习规律和认知规律，无政治性、科学性错误和严重的文字错误，所使用资料来源清楚，无侵权行为。

教学性原则：教学目标清晰，定位准确，启发引导性强，有利于激发学生的学习兴趣，能够有效地促进学生的发展。交互性强，能够充分体现学生的学习主体地位和作用。符合教学要求，教学重点突出，课件结构严谨，知识体系完整。

艺术性原则：设计新颖有创意，界面布局合理，整体风格统一，色彩搭配协调，符合视觉心理。文字、图片、音频、视频、动画配合恰当，符合教学主题。制作精细，吸引力强，能激发学生学习兴趣。

技术性原则：能够充分发挥并体现多媒体技术和网络技术的优势。具有良好的稳定性与安全性。界面友好，操作方便、灵活，易于掌握。

(4) 多媒体课件的基本类型

① 按完成的教学任务分。完成一个教学内容的课件，完成一个主题内容的课件。

② 按使用方式分。板书型：利用 PPT 代替板书。资源与素材展示型：利用 PPT 或其他方式，展示或为学生提供与学习内容有关的学习资源和素材。辅助讲授型：帮助教师实施讲授教学的课件。交互型：可以实现人机交互的课件。辅助学习型：学生自己操作媒体进行自主学习的课件。

③ 按照结构方式分。板书类：通过 PPT 文件展示图片、文本等教学内容。这类课件通常主要是为代替教师的板书所用。素材类：通过多媒体方式提供教学素材，也有人称之为基件。素材既是教学资源的基础性元素，又是最小的教学课件。网页类：通过非线性超文本结构，安排教学内容，组织教学活动，解决一个课时、一个教学内容或一个教学专题，能够在网络上运行的教学资源。

2. 技术准备

第一，能熟练地运用课件制作工具 Authorware。

第二，会使用各种图像处理软件，如 Paiter。

第三，有动画制作基础，如 Flash、3DSMAX。

第四，会使用音频处理软件，如 CoolEdit、GoldWave。

第五，有一定的色彩运用功底，能设计出良好的交互界面和导航工具。

(二) 项目实施

1. 确定开发课题，进行可行性分析

选择开发课件的课题是整个课件开发的第一步，确定一个好的课题是至关重要的。选题确定应遵循价值性、主题单一性、课题表现性原则。

价值性：学科知识体系和教学中较为重要、较难解决，且目前尚没有课件能够较好解决的问题。

主题单一性：课件所要解决的问题相对集中，知识点不宜过多，内容不宜过宽。

课题表现性：在选题上应选择用常规方法难以表现而又适合于计算机多媒体表现的课题。例如：一些微观、图片多、动画多、具有形象性的教材，适合于计算机模拟，直观性强，教学效果好。

确定课件开发选题时，一定要根据教学的实际需要，视现有的技术情况、设备情况、资金情况、编制人员的技能与素质情况来决定。较大型的、系列化课件的选题，要邀请教师、教研员和专业教育技术工作者进行深入论证。没有把握完成的课件，可以暂时不组织开发。

2. 进行教学设计与课件的结构设计

(1) 教学设计是教学课件设计与开发的基础

教学设计是运用系统科学的观点和方法，根据教学内容和教学对象的特点，确定教学目标、选择教学策略、组合教学资源、制定学习评价方法的理论与实践。

教学设计是现代教育技术中智能形态技术的核心，是教师进行教学的基础和依据，也是教学课件开发的基础与关键。

教学设计主要由教学目标、教学策略与资源、教学反馈与评价三个要素构成。在这三个要素中，教学目标具有统领性、指导性，其他两个要素必须紧紧围绕教学目标来设计和实施。教学策略是实现教学目标的方法与过程保证，教学资源既是教学目标、教学策略的载体，又是保证教学过程有效实施、教学目标全面实现的基础。教学反馈与评价则是通过动态方式保障教学过程有效进行、教学目标实现的润滑油和催化剂。

在这三个要素之中，教学资源是承载着教学目标、教学策略和教学反馈与评价全部要素的关键要素。同时，教学资源的设计与开发，又必须围绕着教学目标的实现、教学策略的推进和教学反馈与评价的实施来进行的。

所以，教学设计是教学资源开发的基础和依据。在依据教学设计进行教学课件的设计与开发的时候，要特别重视教学策略和教学模式。教学策略是基于教学模式而确定的。从在教学过程中的地位看，目前的教学模式主要有两种：一种是以学习者为中心的教学模式，加涅的“九段教学法”，即“激发学习兴趣—阐明教学目标—刺激回忆—呈现刺激材料—提供学习指导—诱导反应—提供反馈—评定学生成绩—知识保持与迁移”就是这种模式的代表；另一种是以教师为中心的教学模式，可以参看“五段教学法”，即“激发动机—复习旧课—讲授新课—运用巩固—检查效果”，从实现技能学习目标的角度看，可以参考“定向—参与性练习—自主练习—迁移”的教学模式。

总之，我们要在对教学设计的各个要素进行充分分析和准确把握的基础上，才能够按照教学设计的要求，开发有实用价值的教学课件。

(2) 教学课件的结构设计

教学课件的结构犹如人的骨架与脉络，既承载着流动的血液和健壮的肌肉，又是血液和神经运动的渠道。在课件中，知识信息就是那些血液和肌肉，教学过程就是血液流动的方向和肌肉运动的方式。其实，教学设计已经为课件提供了结构的基础和要求，进行课件的结构设计，无非是将这些要求变为可以看得见、可以操作的事实。

在进行课件结构设计的时候，应注意把握以下几点：

第一，体现教学过程设计与实施的整体要求。

第二，符合学科知识的内在逻辑关系。

第三，符合教师教与学生学的规律。

第四，充分体现和发挥多媒体技术和网络技术的优势。

第五，符合人的审美要求。

课件的结构设计主要体现在课件主题的显示方式、信息间的层次结构和浏览顺序、信息间的交叉和跳转关系这几个方面的设计。具体表现为内容组织结构设计、超媒体结构设计、界面设计、导航设计等。在进行课件的结构设计时，要特别注意设计要符合学生的认知特点和认知规律。对于小学和初中的学生，课件的界面可以设计得色彩鲜艳，画面生动、活泼、有趣，以利于激发学生的学习兴趣；而对于较高年级的同学，课件的整体风格则要稳重、大方、忌花哨，要具有启发性，以利于学生积极展开深度学习。

(3) 脚本编写

脚本是课件开发的依据。在课件的开发脚本上，设计者通过文字或图画、流程图等方式，描述了课件每一屏要呈现的信息，主要包括：信息的形式、呈现的方式、交互的方式、教学的过程，学习过程的控制方式等。开发者将根据这些设计与要求，利用数字化的开发工具和技术手段，完成课件的制作任务。

在课件的开发脚本中，必须对课件的内容提出具体化的要求。这些具体化的要求包括：

第一，确定CAI课件内容的重、难点，对教学内容进行合理分配，确定好各部分间的关系，形成多媒体课件的几个功能块。

第二，在功能模块确定的基础上，进行教学单元设计，确定教学单元内容的讲解方法，教学内容的呈现方式(图形显示、文字说明、图表模型、语言解说、动画展示)。

第三，明确课件操作与运行的方式，例如：知识信息的输入输出和链接方式；课件呈现的版面和控制按钮等。认真编写好尽量详细的脚本，并请行业学者或专家对脚本内容进行修改、评审和验收。

在编写脚本时，还要注意以下几点：

第一，要建立脚本卡片，并做到同一脚本卡片编号的唯一性。

第二，脚本的文字和内容要准确、逻辑要严谨、层次要清晰。

第三，版面内容规划和布局要合理，按钮、图标设置要符合使用习惯，链接说明要明确，复杂课件还要设计出导航图。

第四，内容呈现的先后顺序要符合知识的内在逻辑关系和学生的认知规律。

(4) 课件制作

在编写完成课件的文字脚本后，多媒体课件的制作步骤主要有：根据内容需要收集多媒体素材，对课件进行整体艺术设计，利用课件开发工具将文字、图形、声音、动画、视频等素材集成在一起，完成课件的制作。

① 首先，根据内容需要，收集、制作、处理相关的多媒体素材。常用的多媒体素材主要有以下几种：

文本。通常课件中要使用到大量的文字信息，一般利用 Word、WPS 等文字处理工具将文本输入，保存为.txt 文件、.doc 文件或.wps 文件。如果是较多的规则文字(如印刷体、复印件等)，则可以用扫描仪输入，再用 OCR 等软件进行识别。

图形、图表、图像(图片)。制作图形、图表、图像的工具很多，比如 CorelDRAW、Photoshop 等。我们一般利用网络搜集相关的图片或者扫描仪扫描图像，然后使用一些图像制作及处理工具来制作。

动画。当需要表现教学中较为抽象的内容时，动画是最好的选择。我们一般利用多媒体创作软件自带的动画功能，如 Authorware、Director、Flash 等，它们都提供了动画功能，如制作较为简单的动画时可作为首选。

音频。音乐、语言和各种效果声在多媒体课件中的应用，无疑使多媒体课件变得丰富多彩起来。音乐可以烘托气氛，强调多媒体课件的主题，语音则成为多媒体课件中传播教育信息的最简洁、最自然的方式，而各种效果声的加入，则使多媒体课件更富有活力。我们可以直接使用在网络上找到的声音素材，也可以使用 CoolEdit，GoldWave 等进行创作和编辑。

视频。随着数字技术的发展，数字视频在多媒体课件中得到越来越广泛的应用。尤其在展示事实性知识及实时操作方面有着其他媒体无法比拟的优越性。比如视频画面是真实世界的记录，使教学更富客观性和真实性；其运动连续的特点有利于表现事物的相互关系，变抽象为形象，有利于学生对知识的理解和巩固等。除了网络上现有的视频素材外，我们也可以使用 Premiere 等工具进行创作和编辑。

② 其次，进行艺术设计。艺术设计主要是对界面、屏幕对象、风格等的设计。

界面的艺术设计主要表现在界面的主色调、颜色搭配，固定区域的处理，标题的协调性等。

屏幕对象的艺术设计包括图文排版，文本字体大小、类型、颜色等风格属性，图形、图像的艺术处理、过渡效果，声音及音效的使用，动画及视频的显示位置处理等。

风格是艺术家在艺术创作成果中所表现出的格调特色。在课件制作中，不同的制作者由于审美观点、艺术修养、阅历和爱好的不同，其作品也会表现出不同的风格，这是允许的。多媒体课件的风格对体现课件主题，增强其艺术性、感染力、表现力和创新性都有重要作用。

③ 最后制作课件。要按照评审通过的脚本卡片，利用收集整理的素材，采用选定的多媒体课件制作平台(比如 PowerPoint 2000、Flash 5.0、FrontPage 2000、Authorware 5.2、Wps2000 等)，依据教学设计的内容和设计的层次结构，设计课件的应用程序。

(5) 测试与评价

① 技术测试。最后阶段是对已经完成的课件程序进行检测，找出其中的错误和各种不稳定因素，并通知程序员对其进行修改，对程序的检测完成，确定没有错误后，软件就可以生产了。测试可以从错误测试、功能测试、效果测试几方面进行。

② 评价。评价主要包括专家评价和使用者评价。

专家评价：课件在初步编制工作完成后，要邀请具有丰富教学经验的教师、教研员、教育学和教育心理学专家、计算机专家、美工设计工作者、音乐工作人员等组成专家组，评价课件的屏幕设计、所配音乐、动画、解说、图形、图表是否达到预定标准，评价课件的内容、结构和运行方式是否达到预期的教育教学目标。

使用者评价：由教师和学生进行的试用评价。该评价主要用以检查课件是否能够有效支持教师的教学活动和学生的学习活动，是否能够按设计的步骤运行，课件时间长度是否合适，人机对话能不能顺利进行，课件能否激发起学生的学习兴趣和参与积极性等。

在测试与评价中如果发现问题，制作者应及时通过修改程序来解决。

(6) 课件制作的后期工作

经试用和评审合格后，将打包后的课件内容刻录到光盘上或在网上发布，以供师生选用。

(三) 参考案例

案例展示

《计算机文化基础教程》多媒体课件的设计与开发

(课件来源：http://www.gtcfla.net/cai/jpkcw/jpkcj，提取时间：2009-10-3)

一、《计算机文化基础教程》课件的功能定位及开发分析

随着计算机的逐渐普及，应用多媒体 CAI 技术已经成为广大教育工作者改革教学方法、改进教学手段、改善教材形式和课堂教学结构的重要途径。但是，由于很多教师对多媒体 CAI 的理论认识不足，对多媒体课件在辅助教学中的目的和需求分析不够，开发的很多有关计算机教程的课件并没有真正起到辅助教学、优化教学和改革传统教学的应有作用。

综上所述，在对《计算机文化基础教程》多媒体课件进行设计研发时必须注意以下几点：一是突出重点难点，选择那些在课堂上、黑板上不好讲、没有现成进行实验的仪器可以使用，或者容量较大等重难点课题，充分发挥多媒体课件的图、文、动画可交互性等优势，使教师教得轻松、学生学得愉快，不仅达到较好的教学效果，还加深学生对知识点的认识和理解。二是要符合启发性原则，要利于学生抽象思维能力的培养，在努力调动学生学习兴趣的前提下，充分顾及发展学生的能力，促进学生积极参与、动脑动手，努力培养学生的创新精神；三是课件内容和形式要紧扣教材，为教学服务，而不是一味追求艺术效果。

课件在进行结构设计之前，还需要明确一些基本元素，如表 4-1 所示。

表 4-1 多媒体课件相关要素分析

课题	《计算机文化基础教程》多媒体课件
适用对象	计算机硬件知识的初学者
实现目标	使初学者能清晰明了地认识计算机的各个硬件并熟练地使用计算机，最后能够安装、维护计算机
开发意义	能够帮助更多的初学者认识计算机，了解计算机的功能和作用，从而更好地适应今天的网络世界

二、课件的结构设计

课件导航一定要清晰，界面简洁，可以适用于各类高等学校计算机入门者，也可供初学者学习，故将《计算机文化基础教程》多媒体课件分为：计算机基础知识、硬件基础、组装电脑、课堂训练、安装系统、维护之道、电脑医院、学习导航、作品简介等 9 个模块，教学内容忠于学习目标并具有可扩充性。图 4-1 为课件的总体结构。

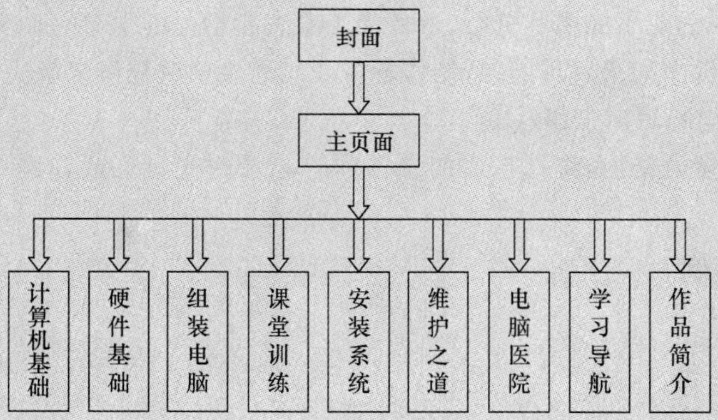

图 4-1　课件的总体结构

三、艺术设计

将课件的封面设计为一个 DVD 光碟造型，代表课件的知识类型是关于计算机的。整个课件风格简单朴素，主色调采用天蓝色，内容丰富多彩，页面的设计简约明了，将导航按钮分为上下两栏，中间部分可以放置适用对象和课件内容，各个模块的设计风格根据需要来决定，分别嵌入声音、视频、图片、动画、注释文字等。

四、教学设计与脚本编写

将课件的教学内容、总体结构、艺术特征等进一步具体化，将系统结构中的内容编写成一个思路清晰、流程精炼的"剧本"。编写脚本的主要目的是让课件制作人员在制作中能够不违背该课件所需要的教学模式、教学策略和教学内容，它是多媒体课件制作的直接依据。表 4-2 是《计算机文化基础教程》脚本编写的示例。

表 4-2　《计算机文化基础教程》脚本编写示例

<table>
<tr><td rowspan="2">项目</td><td>课题</td><td>计算机文化基础教程</td><td rowspan="2">硬件认识</td><td rowspan="2">NO. 2</td></tr>
<tr><td colspan="2">界面主题</td></tr>
<tr><td>媒体</td><td colspan="2">教学内容(关键词)内存，硬盘，网卡等</td><td rowspan="8">制作说明：
本界面的制作很有创新性，必须将各个硬件的名称嵌于键盘的键内，给学习者一种输入即有答案的感觉，显示器图片里有"硬件知识加油站"的字样，界面清新又明了，能够刺激学习者探索未知的欲望</td><td rowspan="8"></td></tr>
<tr><td>界面</td><td colspan="2">将硬件的名称内容嵌于键盘的键内，在显示器图片上显示界面的主题</td></tr>
<tr><td>图像</td><td colspan="2">解释性的图片</td></tr>
<tr><td>文本</td><td colspan="2">各类硬件的名称</td></tr>
<tr><td>动画 1</td><td colspan="2">无</td></tr>
<tr><td>文本</td><td colspan="2">各类硬件的名称</td></tr>
<tr><td>动画 2</td><td colspan="2">无</td></tr>
<tr><td>声音</td><td colspan="2">背景音乐(可由开关控制)</td></tr>
</table>

五、课件的实现

依据课件的系统结构，按照表 4-3 的技术方案和脚本的规划制作多媒体课件。

表 4-3　课件的技术支持

技　术	内　容
文字处理	Word、Wps
图像制作	Painter、Photoshop
动画制作	Director、Flash、3DSMax
声音处理	GoldWave、Cooledit
视频处理	摄像机、电视

在完成计算机教学程序的设计后，运行课件，进入主页面，如图 4-2 所示。

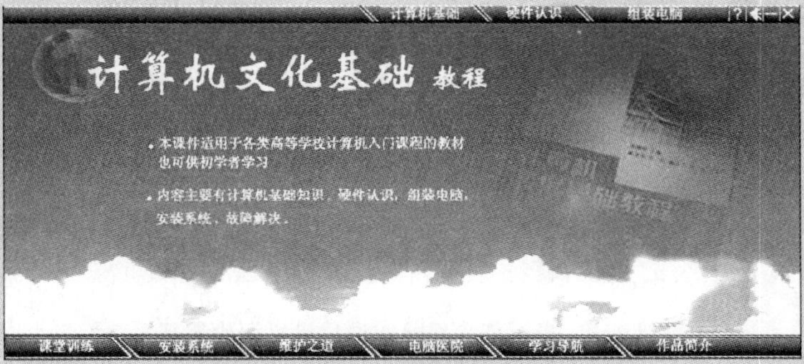

图 4-2　主页面

在课件的总体设计中，我们将整个内容分成了若干个模块，把鼠标移到相应的按钮上，按钮就会变色，同时鼠标会变成手型，单击相应的按钮则可进入相关链接的页面。例如，我们单击“计算机基础”模块，就会有如图 4-3 所示的界面。

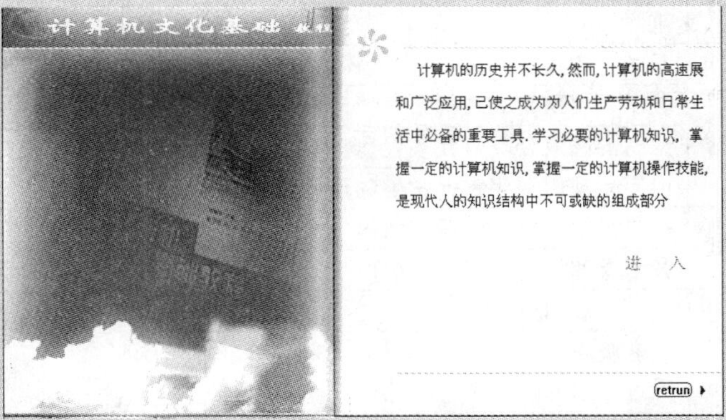

图 4-3　分页面

如果我们单击图中的“进入”，则可进入计算机文化的介绍部分，如果单击“return”，则返回到主页面上，同样，其他模块的功能与此相似。本课件严格遵守课件制作的四大原则（教育性、科学性、技术性、艺术性），将视频、音频、文本、图像合理结合，从多个感官上刺激学生的学习兴趣，从而更好地达到学习目标。特别需要注意的是主页面右上角的四个按钮，从左往右依次分别为“帮助”、“关闭声音”、“最小化”、“退出”，按钮的这种制作方式类似于网页，简单明了且方便使用，是很值得推荐的一种创新。

六、测试与评价

对已经完成的课件程序进行检测，找出其中的错误和各种不稳定因素，检查屏幕设计，所配音乐、动画、解说、图形、图表是否同步、合理、美观；检查学习行为是否按预定步骤运行，课件时间是否合适，人机对话是否能自由进行等。如果在测试与评价中发现问题，应及时从程序中改正。

然后将制作完成的多媒体课件进行试用，由教师、学生、专家分别进行评价，主要采用问卷调查的方式，从教育性、科学性、技术性、艺术性四个方面对多媒体课件展开评价。制作人员根据各方的意见及建议对课件进行进一步的完善与补充，最后将打包后的内容刻录到光盘上去或网上发布。

五、项目成果展示与交流

（一）小组内开展成果交流会议，各成员对其在该项目中所做的工作进行汇报。

（二）班级同学一起观看各小组的作品，各小组间相互交流，吸收、借鉴其他小组的成功之处或者对其他小组的项目成果提出修改意见。

（三）根据实践情况，参考表 4-4 所示的多媒体课件研发项目成果评价量表，完成评价。最后，根据其他小组的建议，修改、完善作品。

表 4-4　多媒体课件研发项目成果评价量规

项目评价	项目成果						
一级指标	二级指标	评价内容	等级				得分
			A	B	C	D	
教育性	教学目的	教学目的明确，符合国家教育方针政策	8	7	6	5	
	教学内容	符合学生的认知发展和教学需求，突出重点、难点	12	11	10	9	
	教学结构	系统性和逻辑性强，由浅入深，重点突出	10	9	8	7	
科学性	表现内容	教学内容所要表现的科学原理需准确	6	5	4	3	
		素材的选取要具有代表性、典型性	7	6	5	4	
		内容呈现的顺序符合学生的认知发展	7	6	5	4	
	表现方式	幕要规范、准确，图像须清晰	6	5	4	3	
		音乐要和课件的主题思想匹配	4	3	2	1	
艺术性	表现力	界面美观，整体统一	7	6	5	4	
		能够吸引学习者的注意力，又不使学习者过分地专注于课件的艺术性	5	4	3	2	
		要能生动地表现出教学内容，手法新颖	8	7	6	5	
技术性	准确性	图、文、动画等颜色使用合理，生动形象，符合自然流畅的感觉	6	5	4	3	
	交互性	功能全面，导航清晰，具有前进、后退、链接等功能，方便使用	7	6	5	4	
	可维护性	便于维护，具有可扩充、进一步完善的功能	7	6	5	4	

注：满分 100 分，100～85 分为优秀；85～70 分为良好；70～60 分为中等；60 分以下为不及格。

六、推荐资源

[1] 江北站,李经天.教育技术项目实践[M].武汉:湖北科学技术出版社,2005.
[2] 唐前军.多媒体课件制作[M].北京:清华大学出版社,2007.
[3] 教客网.http://www.jiaokedu.com/school.
[4] 多媒体的开发创作.http://hi.baidu.com/lihhsy/blog/item.
[5] 多媒体课件的设计与制作.http://www.tech.net.cn/eedu/519.shtml.
[6] CAI多媒体课件制作.http://hi.baidu.com/zxyf/blog/.
[7] 多媒体课件制作.http://www.gtcfla.net/cai/jpkcw/jpkcj.

项目5 网络课程的设计与开发

网络教育是开放教育理念在当代社会的具体体现。网络教育能够根据社会发展的需要,充分发挥数字化信息技术的特点和优势,满足社会各类成员对于基础教育、专业教育、学历教育以及终身教育的需要,是信息社会教育现代化的重要体现。开展网络教育也是各级各类学校信息技术教育的重要手段和重要内容之一。

开展网络教育的基础主要有两个:一个是有良好的硬件设施的支持,一个是网络课程的建设。在本项目里,我们重点学习网络课程的设计与开发。

一、学习目标

(一) 运用教学设计的基本原理,撰写网络课程的教学设计方案,准确定位课程学习目标,根据课程性质恰当选择教学媒体。

(二) 熟练应用网页制作工具及各种素材处理软件,开发、制作一个网络课程。

(三) 根据自身的项目实践体验,描述网络课程的设计思想、课程结构和开发流程。

二、环境与条件

网络开发的环境主要是指网络课程开发所必需的硬件设备。网络开发的条件主要是指开发人员的基本知识储备、合作条件和开发工具等软件条件支持。

网络课程开发所需的硬件设备主要包括:多媒体计算机、数码相机、扫描仪、录像机等。

网络课程开发的主要工具主要包括:网页制作工具,相关素材处理工具,网络课程开发工具。

网络课程开发人员的基本条件主要包括:能够基本掌握网络课程开发的硬件和软件知识,能够较好地把握需开发课程的内容、教学目标要求,能够与开发小组的其他成员友好合作。

三、项目的任务

项目的任务主要是指根据教学需要,组成某一门课程的网络课程开发小组,在小组内明确分工和职责，分工协作地完成该门课程的网络课程开发任务。这些任务主要有：

（一）提出网络课程的教学设计方案与实施方案。

网络课程的教学设计方案：在对网络课程进行前期分析的基础上，提出的教学过程设计、教学内容设计和教学功能设计等。

网络课程的实施方案：将上述设计方案落实到网络课程的内容、结构、视觉效果、技术应用等方面，以作为开发人员开发网络课程的具体依据。

（二）根据实施方案利用开发设备和开发平台完成网络课程的开发。

（三）以域名地址的形式，将开发完成的网络课程 Demo 站点，发布在本地服务器上。

（四）完成并提交如表 5-1 所示的项目总结报告。

表 5-1　项目总结报告

项目	选题		项目组成员及分工	
	具体内容			
选题意义				
网络课程的开发流程				
项目成果				
在网络课程实现过程中遇到的难题和解决办法				
需要改进的地方				
实践心得				
自我评价				

四、实践过程

（一）项目准备

1. 知识准备

（1）了解什么是网络课程

网络课程是通过网络表现的某门学科的教学内容及实施的教学活动的总和，它包括两个组成部分：一是按照一定的教学目标、教学策略组织起来的教学内容；一是网络教学支撑环境。在这其中，网络教学支撑环境指支持网络教学的硬件条件、软件工具、教学资源以及在网络教学平台上实施的教学活动。

（2）了解网络课程的构成

网络课程与一般的多媒体教学软件不同，它是基于互联网的、面向学生的，使学生能够利用互联网进行远程学习的教材。根据网上教学的特点和人才培养的需要，一门完整的网络课程一般包括：教学内容系统、虚拟实验室系统、学生档案系统、诊断评价系统、学习导航系统、学习工具系统、协商交流系统和开放的教学环境系统等。

（3）了解网络课程的设计原则

① 实效性原则。在进行网络课程开发时，必须注重教学目标、教学对象及教学内容分析，以保证所开发出来的课程具有较强的实效性。

网络课程的实效性是指：无论对于具备一定专业知识的业内人士，还是对于没有任何专业基础的初学者，都可以轻松地从开发的网络课程的中，学到适合自己程度需要的相关知识。因此，在设计过程中，开发者既要保证课程内容的科学性、先进性、系统性，又要充分体现网络课程的可操作性、生动性、灵活性，使学习者通过网络课程的学习有所收获。

② "以学习者为中心"的原则。在组织、设计、制作、处理教学内容时，必须强调认知学习理论中"以学习者为中心"的建构主义教学思想，突出"情境"在学习中的重要作用。要特别重视学习情境创设的设计；要特别重视利用形象、直观的多媒体教学资源来支持学生的"学"；要特别强调以学生的学习和自我发展为中心，注重学生的自主学习设计；同时，也要体现网络学习的协作性和研究性特征，努力创设开展体现协作学习和研究性学习的环境与条件。

总之，要特别明确：网络课程的教学策略是以学习者的自主学习为主，以协作学习、研究性学习为辅的学习策略。

③ 符合学生认知规律的原则。网络教学是以学生的自主学习为主要学习方式的教学活动，在保证网络课程的内容符合本课程的内在逻辑体系的基础上，课程内容的组织方法也应当符合学生进行网络学习的认知规律，使学习者能够从整体上准确把握课程的系统结构，以获得最佳的学习成效。因此，网络课程的结构和学习流程应清晰、明确、简捷，在重点、难点问题上，要提供多种形式和多层次的学习资源；网络课程还应提供有针对性的练习题、测试题，以使学习者能够及时获得自己的学习反馈信息，并依此调整自己的学习方向、改变自己的学习方法。另外，为了加强对学生的学习指导，还应对网络课程的文件结构、课程目录的层次结构以及页面组织、重要内容的导航点、学生学习的历史记录等多方面，设计便捷、准确的导航系统，以实现对网络教育课程学习的远程指导。

④ 充分发挥信息技术优势的原则。基于网络的现代远程教育，是一种集文字、图像、图表、声频、视频、动画等多种形式为一体、充分发挥网络技术多媒体技术优势的全新教学模式，因此，网络课程一定要同时发挥这两方面的优势。在网络课程中，网络技术可以使学习者非常方便、快捷地进入学习过程中，可以很方便地进行互动学习，可以很方便地获得自己学习的反馈信息，以及时调整自己的学习策略。多媒体技术可以有效地远程激发学习者的学习兴趣，可以使学习资源更加直观、形象，更便于学习者学习、理解和掌握。

2. 技能准备

技能准备主要包括以下几点：

第一，掌握 HTML 语言和 C# 语言基础。

第二，熟练地使用网页制作工具 Dreamweaver、Visual Studio 等。

第三，能够掌握各种图形、动画软件的使用方法，如 Photoshop、Flash 等。

第四，有一定的美术设计功底，能够根据教学内容需要设计风格统一的界面、导航等。

第五，能够根据网络课程的教学目标、教学内容和教学对象进行教学设计。

第六，能够依据教学设计进行脚本编写、收集教学资源、制作网络课件等。

(二) 项目实施

1. 确定要设计开发的网络课程

网络课程设计与开发项目的实施,第一步就是要确定待开发课程的名称、特点,课程教学内容,以及设计与开发过程中涉及的关键内容和步骤,如图 5-1 所示。

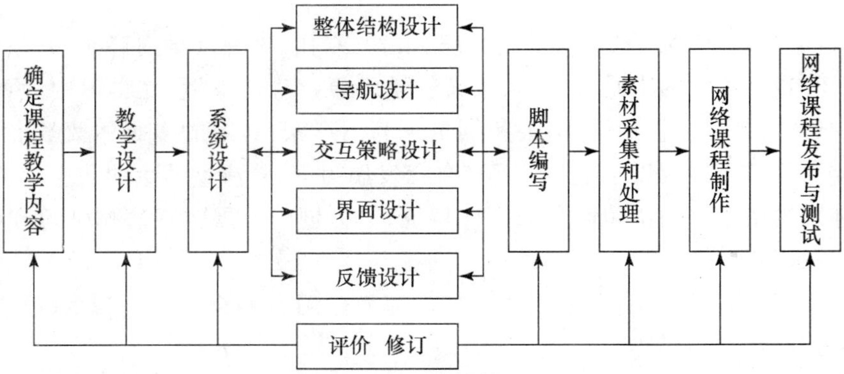

图 5-1 网络课程设计与开发流程图

2. 进行网络课程的教学设计

(1) 教学目标的设计

教学目标是课程设计的基础,课程的教学内容、教学策略和方法主要由教学目标来确定,教学效果的评价也以是否达到教学目标来衡量。由于网络课程的学习是基于网络环境的、以自主学习为主的学习,所以,在网络课程的教学设计中,教学目标应该更加突出学的成分,因此,也可以将其称为学习目标,而这种学习目标应是明确、具体、可操作、可检测的。

"明确、具体"讲的是对学习目标的确定与描述要明确、具体。学习目标要"实"不要"虚",要集中不要宽泛,要一目了然,不可令人百思不得其解。

"可操作"讲的是学习者能够根据规定的学习目标进行明确、有效的学习。

"可检测"讲的是学习者可以根据这些学习目标,检查自己的学习情况。只有明确具体的学习目标才能够被检测,宽泛的、笼统的、过于长远的学习目标是难以被检测的。

(2) 学习者的特征分析

教学大纲为每一门课程都规定了教学目标,要想实现这些目标,在教学设计时,在充分了解和掌握了本课程的内容和教学目标的基础上,必须对学习者的学习特征进行科学的分析,才能对所设计的教学活动更具针对性。

在学习活动中,学习者的学习特征主要表现为:对本课程学习的初始水平,学习者的学习风格、特点,学习者所具备的学习条件,学习者的智力和非智力因素状况,学习者对网络学习的了解和实践情况……

进行学习者特征分析,是进行教学设计与实施的基础,也是实现教学目标,提高教学质量的基本前提。

(3) 进行课程内容的设计

网络课程的内容早已由该课程的大纲和文字教材所规定,但是,这些教学内容在网络课程中以怎样的形式、通过什么样的结构方式呈现出来,还需要根据网络教学和网络课程的特点进行新的设计。网络课程内容的设计主要包括以下几点：

第一，进行课程内容的结构设计。在进行内容结构设计时，要通过生动、活泼的方式，将教学内容系统地组织起来，明确主要概念和其他概念之间的关系，以帮助学生了解所学知识的内在逻辑关系；了解在这个知识体系中，各部分内容和整体之间的关系以及各部分之间的关系，从而全面、深刻、准确地把握和理解所要学习的内容。

第二，进行课程内容资源的选择设计。在教学过程中，当描述和讲解某一知识和技能时，总是会有许多资源可以选择的。网络课程的开发者必须根据教学目标的要求，结合学生的学习特征，对诸多学习材料进行筛选、取舍，以决定哪些资源可以帮助学习者进行有效学习。

第三，对可以使用的学习资源进行加工处理。在已经确定的网络课程的学习资源中，有一些还存在着这样那样的问题，需要开发者通过取舍、补充、简化、拓宽、延伸等方式对其进行再开发和改造。在再开发的过程中，除了要按照优秀的多媒体教学资源的标准进行处理外，还应对选定的学习资源进行序列化组合，将学习材料的知识结构与学习者已有的知识结构，尽可能高度和谐、统一地衔接起来，使网络课程中的学习资源，既符合学科知识本身的内在逻辑关系，又符合学生认知发展的规律。

(4) 教学策略的设计

教学策略一般是指实现特定教学目标的教学活动、过程、方式、方法、媒体、资源等因素的总和。教学策略设计是网络课程设计的核心。在基于网络、以学习者的自主学习为主要学习方法的网络课程中，教学策略的特点主要有以下几点：

第一，学习者的学习路线、学习进度和学习时间是自主决定的。

第二，学习者主要通过"人机交互"的方式来进行学习。

第三，"人机交互"是通过网络课程中的导航浏览、索引、查询和问题训练等手段来实现的。

3. 网络课程的系统设计

网络课程的系统设计是实现网络教学功能的设计。这些设计包括网络课程整体结构的设计、导航的设计、交互策略的设计、网页界面的设计、反馈策略的设计等。

(1) 整体结构设计

网络课程的整体结构设计是网络课程设计的基础性工作，是决定网络课程是否能够达到预期效果的关键。整体结构设计主要包括功能结构设计和知识结构设计。

功能结构设计的基本原则是：最大限度地满足使用者的需求，最大限度地保证学习者使用方便，最有效地发挥网络技术的优势。

知识结构设计的原则是：体现教学内容的知识体系，符合学生的认知规律，有利于实现个别化学习，有利于培养学生的创造性思维。

这些问题在前面已经讲过，在此就不再赘述。

(2) 导航的设计

在网络课程的个别化学习中，学习者是主动的探索者，学习内容、学习进度、学习过程一般都由学习者自己掌握。如果学习者在学习过程中缺乏正确的指导，就很容易因发生迷航而影响他们的学习进度和学习效果。网络中学习导航的作用，就在于引导学习者的学习始终沿着正确的航线进行。

网络课程中的导航设计就是学习路线和学习过程的设计。常用的导航方式有：演示导航、检索导航、浏览导航、线索导航、书签导航、菜单导航等。

(3) 交互策略的设计

网络课程是以学习者自主学习为主的课程，在对网络课程的学习过程中，学习者是通过自己与计算机的互动来进行自主学习的。没有交互，就谈不上基于网络的自主学习。网络课程的交互策略，指的是该课程为学习者进行自主学习所提供的技术支持。这些支持包括：对学习目标和学习资源的搜索、展示；对学习过程的记录和管理，例如：学习计划、学习笔记、作业本、学习者信息、练习题、考试卷；对学习反馈信息的收集和处理；对学习方法和策略的调整等。

(4) 网页界面的设计

界面是学习者与计算机进行人机交互的窗口，学习的资源、学习过程的互动、学习的过程与结果，都要通过界面展示给学习者。

网络课程界面设计的内容主要包括：菜单设计、图标设计、按钮设计、窗口设计、热键设计、反应区设计等。

网络课程界面设计的要求主要有：图标形象直观，操作方便，美观大方；色彩搭配和谐，画面内容布局合理；热键反应区的使用符合教学的需要，交互性、可控性强；同时，还要考虑学习对象的年龄特征。

(5) 反馈策略的设计

反馈是一个完整的系统中必不可少的重要环节。在教学过程中，反馈的作用就在于使教师及时地掌握学生的学习情况，以对学生的学习做出有针对性的调整。在网络课程中，反馈的作用更多地体现为帮助学习者对自己的学习作出诊断，使学习者能够及时发现自己学习中的问题和差距，及时调整自己的学习方法和策略，以获得更好的学习效果。

在网络课程中，要针对不同的学习内容和学习方式设计不同的反馈方式。

对于客观题，由于其内容大都为联想记忆的内容，因而可以采用即时反馈，使系统能够帮助学习者迅速判断出自己反应的正误。

对于一些测验学习者对某一概念的理解程度的练习题，可以采用让系统给出标准答案，学习者自我评判的反馈方式。

对于无确定答案的主观题，则可以采取集体讨论、共同评判的方式获得反馈信息。

4. 网络课程的实现

在素材采集与制作完成、网络系统设计后，就要利用网页制作与开发工具，通过系统程序设计，将这些数据打包、入库，进行网络课程的制作、测试，直至形成完整的网络课程。

网络课程的表现形式主要有静态网页和动态服务器网页。静态网页主要采用Dreamweaver、JavaScript等来实现；动态服务器网页主要采用.NET、ASP等来实现。

5. 课程测试与发布

制作完成一个网络课程，还必须对其进行测试以评价其教学效果，并对不理想之处进行修改后才能将其进行发布。

(1) 测试与评价

网络课程的评价既应注重其教育的教学性、科学性与艺术性，也要从技术性的角度评价其软件指标。评价一般包括形成性评价和总结性评价。形成性评价是指：整个课程开发过程中，随时根据需要，运用有效的测评手段和其他反馈手段来调整、修改和完善网络课程。总结性评价是指：在整个网络课程开发完成后(或上网发布后)，根据使用的结果和实际运行中的反馈信息以及出现的问题进行修改，使之趋于完善。

（2）发布与共享

网络课程建设的最后一步是将经过测试、评价后确认功能相对完善的网络课程，从开发者的本地网站，复制、上传到远程网站的 Ftp 服务器上，向学习者发布和开放，实现课程的网络共享。

（三）参考案例

案例展示

"远程教育原理与技术"网络课程的设计与实现

（网络课程来源：http://202.114.35.148/yuan/，提取时间：2009-10-11）

一、确定要设计开发的网络课程

课程名称："远程教育原理与技术"；主讲教师：王继新。

二、网络课程的教学设计

（一）课程教学目标

教学目标是教学活动的导向，又是检验达标效果的尺度。根据布卢姆(B. S. Bloom)的教学目标分类体系，结合课程的教学大纲要求及培养的目标等，我们将"远程教育原理与技术"的教学目标(学习水平)划分为五个层次，即识记、理解、应用、分析、综合。并根据不同章节的知识点确定其具体的教学目标。

课程总目标："远程教育原理与技术"是教育技术学的一门课程。课程目标：熟悉远程教育的起源与历史发展、远程教育的基本原理、远程教育技术系统的结构与模式、远程教育中的课程开发与教学设计、远程教育管理、远程教育评价、现代远程教育资源建设、现代远程教育资源应用、远程教育技术标准和远程教育政策法规。

（二）学习者分析

1. 学习者的基本特征

本网络课程的使用对象是成人教育学院的学生、继续教育学院的网络学习者和教育技术人员，这部分人年龄都在 18 岁以上，其生理发展已接近或完全完成，其个体的心理变化开始向形成稳定的个性发展，主要表现为：自我意识不断发展，智能高度发展，思想和行为表现充分。

2. 学习者原有学习风格的测定

为使课程教学和学生的学习能有针对性地开展，本课程专门设计了学习风格测试功能，学习者在开始网络远程学习前先进行一个学习风格测试，根据测试结果本课程会为学习者的学习提供指导，尽量满足远程学习者的个性化、多层次的需求。

（三）网络课程的教学内容设计

"远程教育原理与技术"网络课程的教材以王继新主编、北京大学出版社出版的《远程教育原理与技术》为基础，内容概括起来主要包括七大部分：历史与理论篇、系统与工程篇、教学与学习篇、管理与评价篇、资源与应用篇、法规与标准篇以及综合案例篇。

通过对《远程教育原理与技术》教材教学内容的分析，网络课程的课程学习对知识内容进行了重新组织，将其调整为七个学习模块：知识概要、视频导学、理论学习、案例学习、学习活动、学习测评和参考资料。

（四）网络课程的教学策略设计

1. 激发动机，引起兴趣

激发动机，引起兴趣是教学能否成功的关键之一。学生如果对学习感兴趣，他会自觉地去学、去做，执著地去追求，否则，无论教师如何教学生都很难学进去。转变学生的学习态度，变“要我学”为“我要学”，使枯燥无味变得生动有趣，增长知识，这是本网络课程教学的出发点。

2. 重视理论联系实际的教学策略

本课程既介绍了详细的理论，又结合远程教育的应用实际介绍了一些实用的技术，达到理论与实践并重的目的。

3. 以“我的学伴”和“学习答疑”为支持，为学生提供有益的学习和心理支持策略

远程学习者除了需要学习资源的支持外，还需要社会交互和人文关怀，为了营造优质的远程学习环境，使用“我的学伴”、“学习答疑”等社会交互模块，满足远程学习者的心理和学习需求，降低学习者的孤独感和无助感，为学习者提供及时、有效的学习和心理咨询与辅导。

三、网络课程的系统设计

（一）总体结构设计

“远程教育原理与技术”网络课程根据成人学习和教育技术学专业人才培养的现实需要，课程总体教学设计从对学习者的特征和学科特点的分析着手，构建该课程的总体结构，如图 5-1 所示。

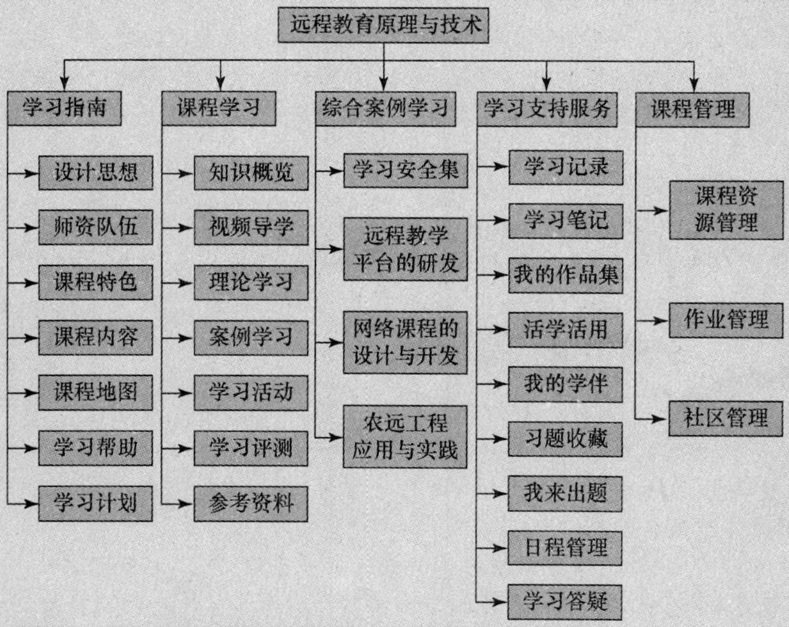

图 5-1 “远程教育原理与技术”网络课程总体结构

（二）导航策略的设计

在网络课程教学软件的设计中，学习者由于在学习过程中缺乏教师的指导，容易发生迷航现象，因此导航策略的设计显得尤为重要。目前软件中使用较多的导航方式主要有提

示导航、导航图导航、菜单导航、书签导航、检索导航、演示导航、知识点导航、触摸区导航、热键导航以及准确方便的跳转关系等。本网络课程的导航设计使用的是书签导航的方式，同时在站内还设计了站内搜索的功能，导航方向清晰可辨、简单方便。

（三）交互策略的设计

交互是网络课程教学的必要条件之一，解决交互问题仅仅是实现网络自主学习的第一步，要使学习者产生自主学习行为，必须提供学习支持服务系统。在本网络课程的设计中，提供学习记录、学习笔记、我的作品集、活学活用、我的学伴、习题收藏、我来出题、日程管理和学习答疑区等学习支持工具，学习者可以根据自己的喜好及具体环境条件进行选择，以保证顺利完成学习。

（四）界面的设计

人机交互界面是学习者与计算机进行信息交换的通道，其设计是软件设计中的一项重要工作。在进行界面设计时要根据软件的内容和使用对象的特点，结合本课程的具体情况，采用灵活多样的形式来吸引学生继续学习，让学生在自主、协作、轻松的环境下完成网络课程的学习任务。因此，设计能够吸引学习者注意，看起来简单易懂、操作起来非常方便的友好交互界面，才能促使学习者主动参与。本课程的主页界面设计如图 5-2 所示，学习内容主界面的设计如图 5-3 所示。

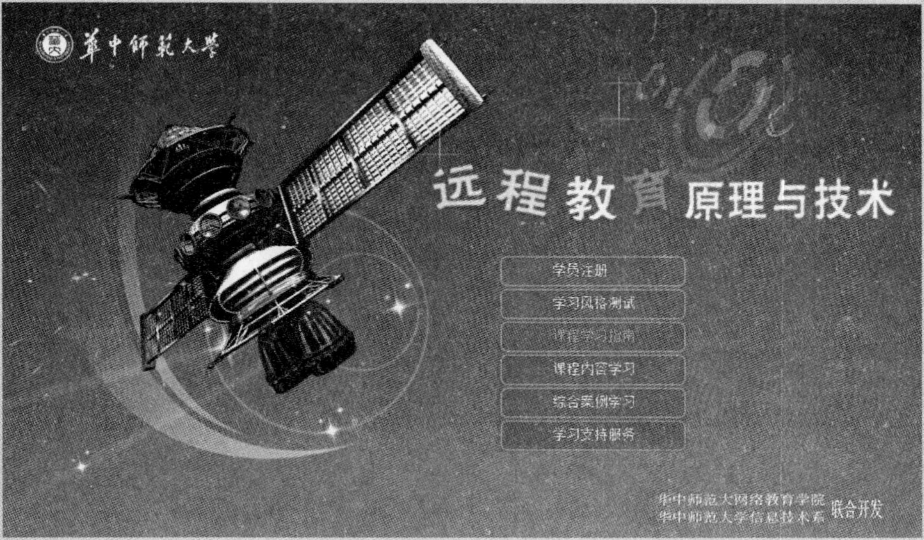

图 5-2　主页界面

（五）反馈设计

学习者对学习内容作出反应之后，应及时让学习者知道学习结果。反馈有利于强化学习者的学习效果。在本网络课程中，针对不同的形式给予了不同的反馈方式，对于客观题，由于其内容大都为联想记忆的内容，因而采用即时反馈方式，让系统迅速判断学习者反应的正误。对于一些测验学习者对某一概念的理解程度的习题，采用让系统给出标准答案，学习者自我评判的方式。对于无确定答案的主观题，则要采取集体讨论，共同评判的方式。

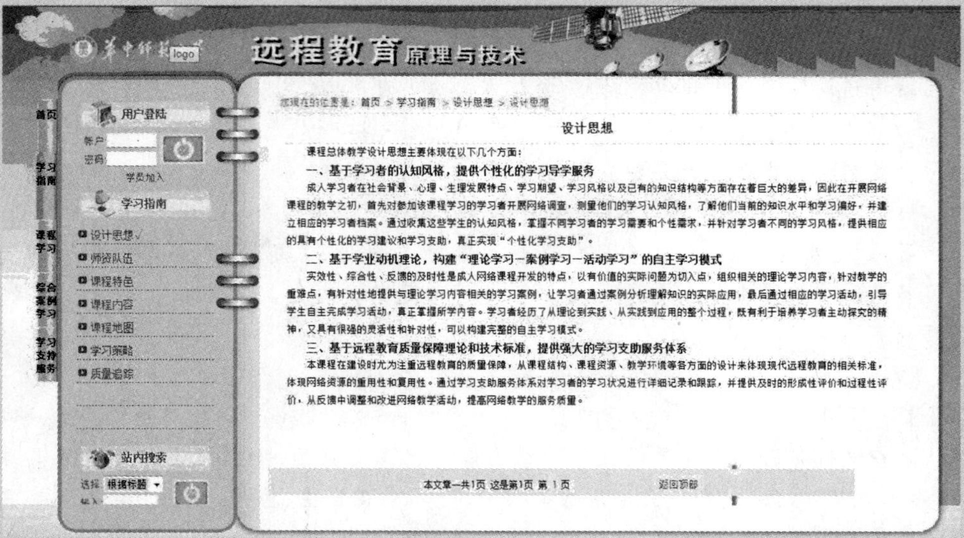

图 5-3　学习内容主界面

四、网络课程的实现

本网络课程是基于 Windows 2000 server，在技术上主要是运用 Dreamweaver、JavaScript 和 ASP 数据库等来实现。

（一）JavaScript

JavaScript 是一种基于对象(Object)和事件驱动(Eventdriven)并具有安全性能的脚本语言。它的脚本嵌入 Html 源代码中，编写的程序不必在运行前编译，可直接写入 Web 页面中并调用它们的浏览器来解释执行。用 JavaScript 制作是本网络课程的一大特色。

首页的“最新报道”以滚动标题栏的方式显示了网络课程的最新信息和最新推荐，让学习者可以迅速地发现本网络课程内容的精华和最新推荐。

“课程学习”左面的导航条采用 JavaScript 设计成树型折叠菜单。

“在线评价”中的“达标测试”采用了 JavaScript 来实现测试的分数和答案呈现。

（二）ASP

动态服务器页面 ASP(Active Server Pages)具有开发性、易操作性、程序和外观分离、非手工编译、浏览器独立等特点。ASP 支持基于 IIS(Internet Information Server)上的服务器端脚本，并且完全支持 VBScript 和 JavaScript，可创建功能强大的、可塑性强的 Web 程序。通过 ASP 还可以直接支持 Microsoft 的先进技术，如 ADO(Active Data Object)等，提供方便、高效的数据库连接和动态效果创作，实现丰富多彩的多媒体网页制作。本网络课程正是使用了 ASP 支持数据库连接技术，促进了本网络的交互性，使得网络教学不再是一人一机的封闭学习环境，而是一个开放的系统，实现双向教学。网络课程中有多处利用 ASP 支持数据库连接的技术，如搜索引擎、问题研讨、聊天室、在线评价等。

五、项目成果展示与交流

(一) 组织开发项目组进行组内汇报、交流

在项目组组织的成果交流会上，小组各成员就本项目课程选择依据、教学内容设计、系统设计过程、网络课程实现方案以及课程测试与发布等方面，汇报和自我评价自己在该项目中所承担的任务。

(二) 观看作品，进行作品评价

组织全班同学互相观摩、评价各个项目组开发的不同网络课程。在这个观摩会上，各项目组以小组为单位，汇报各组的小组分工、设计开发工作以及学习收获和作品情况，并参照 *E-Learning Certification Standards* 制定的评价标准，从实用性、教学性、艺术性和技术性四个方面对作品进行评价。

(三) 修改、完善项目作品

各小组间相互交流，吸收、借鉴其他小组的成功之处并对其他小组的项目成果给出修改意见，最后，各小组根据修改意见完善作品。

六、推荐资源

[1] 王继新. 远程教育原理与技术[M]. 北京：北京大学出版社，2008.
[2] 何克抗. 教学系统设计[M]. 北京：北京师范大学出版社，2002.
[3] 武法提. 网络课程设计与开发[M]. 北京：高等教育出版社，2007.
[4] 童保红. 多媒体教学实用教程[M]. 北京：科学出版社，2004.
[5] 刘繁华. 网络课程的设计与开发[J]. 中国电化教育，2002(11)：66-68.
[6] 吴敏. 电子教材及课件质量评估指标体系(征求意见稿).

项目 6　教育资源网站的设计与开发(课程、专题、学科等)

网络以其海量的信息资源、便捷的搜索、交互性强等优势，搭建了一个全新的数字化信息技术平台，使网络从教学资源和教学方式两个方面，成为现代教学模式和教学环境的有机组成部分。利用网站进行教育教学工作也便成为一种趋势。

网络原指用一个巨大的虚拟画面，把所有东西连接起来，也可以作为动词使用。在计算机领域中，网络就是用物理链路将各个孤立的工作站或主机相连在一起，组成数据链路，从而达到资源共享和通信的目的。凡将地理位置不同，并具有独立功能的多个计算机系统通过通信设备和线路而连接起来，且以功能完善的网络软件(网络协议、信息交换方式及网络操作系统等)实现网络资源共享的系统，可称为计算机网络。

网站(Website)最初是指在因特网上，根据一定的规则，使用 Html 等制作的用于展示特定内容的相关网页的集合。简单地说，网站是一种通信工具，就像布告栏一样，人们可以通过网站来发布自己想要公开的资讯，或者利用网站来提供相关的网络服务。人们可以通过网页浏览器来访问网站，获取自己需要的资讯或者享受网络服务。

根据上述定义,教育资源网站就是在互联网上,根据一定的规则,使用网页开发工具制作的、提供教育资源和学习服务的诸多教育教学资源网页的集合体。利用教育资源网站开展教育教学活动,能够使学习资源具有丰富性与共享性,能够使学习过程具有开放性和交互性,可以使学习者通过网络更加广泛地接触社会,更加有效地培养和提高自己的自主学习、合作学习和研究性学习的能力。

教育技术专业的学生熟练掌握教育资源网站建设的相关技能,对以后的学习和工作会有很大的帮助。为了便于学习者的学习与操作,在本项目中,将具体阐述教育资源网站设计与开发的主要问题,具体讲解一般教育资源网站的开发流程、设计与开发方法,并介绍一些优秀的课程、专题和学科资源网站案例。

一、学习目标

(一) 学习掌握搜集、整理、存储、交流、利用教学资源的方法,形成相应能力和习惯,为今后的教学和科研工作奠定基础。

(二) 能够根据自身的实践体验,描述教育资源网站的设计、制作以及推广的流程,增强与他人合作开发的能力。

(三) 能够与他人合作开发出一个完整的教育资源网站。

二、环境与条件

(一) 硬件环境

1. 教育技术中心或网络中心、电子备课室、教学资源开发中心。

2. 服务器、多媒体计算机、非线性编辑机、打印机、数码相机、扫描仪、录像机等设备。

(二) 开发工具

1. 网站开发工具 Dreamweaver、Visual Studio 等。

2. 相关素材处理软件。

三、项目的任务

根据教学需要,组成某一门课程的网络课程开发小组,在小组内明确分工和职责,分工协作地完成该门课程的网络课程开发任务。这些任务主要有以下几个方面:

1. 提出教育资源网站的设计方案与实施方案

(1) 教育资源网站的设计方案

在对教育资源网站的价值性和开发的可能性,进行前期论证和分析的基础上,进行网站类型设计、网站资源内容设计和网站功能设计等。

(2) 网络课程的实施方案

将上述设计方案落实到网站的内容、结构、视觉效果、技术应用等方面,以作为开发人员开发网站的具体依据。

2. 根据实施方案利用开发设备和开发平台完成教育资源网站的开发

3. 以域名地址的形式,将开发完成的教育资源网站,发布在本地服务器上

4. 完成并提交表 6-1 所示的项目总结报告

表 6-1 项目总结报告

<table>
<tr><td rowspan="2">项目</td><td>选题</td><td></td><td>项目组成员及分工</td><td></td></tr>
<tr><td colspan="4">具体内容</td></tr>
<tr><td>具体内容</td><td colspan="4"></td></tr>
<tr><td>需求分析与功能定位</td><td colspan="4"></td></tr>
<tr><td>网站结构及功能设计</td><td colspan="4"></td></tr>
<tr><td>知识结构体系设计</td><td colspan="4"></td></tr>
<tr><td>信息资源的选取与设计</td><td colspan="4"></td></tr>
<tr><td>网站视觉效果设计</td><td colspan="4"></td></tr>
<tr><td>网站评价体系的设计</td><td colspan="4"></td></tr>
<tr><td>网站技术解决方案</td><td colspan="4"></td></tr>
<tr><td>网站实现及在开发过程中遇到的问题和收获</td><td colspan="4"></td></tr>
<tr><td>自我评价</td><td colspan="4"></td></tr>
</table>

四、实践过程

(一) 项目准备

1. 技能准备

技能准备主要包括以下几项:

第一,精通网站开发的语言基础(如 Html、. NET 等),具备一定的数据库开发技术。

第二,熟练操作网页制作工具(如 FrontPage、Dreamweaver 等)。

第三,掌握图形、动画软件(如 Photoshop、Flash 等)的使用。

第四,会使用 Ftp 工具(如 Cuteftp 等)。

2. 资源准备

资源准备主要包括以下几项:

第一,对资源网站所需资源进行分析,根据该网站的特点确定资源的门类,并按照这些类型收集资源。例如:综合性的资源网站,可以按照不同学科设立版块,根据学科的内容收集资源;主题资源网站,则要根据该专题的特点设立版块,收集资源。

第二,浏览网页,搜索所需资料,将有价值的网页添加到收藏夹,注意正确使用搜索策略,养成整理收藏夹的习惯。

第三,下载有价值的资源,建立数字化教育资源网站文件夹的目录。会使用 CAJ 浏览器、维普浏览器等浏览中国学术期刊网、中国万方数据库等。

第四,对传统的教育资源进行分类管理并进行数字化处理,能将其保存在相应的数字化教育资源网站的文件夹中。

第五,研究现有的教育资源网站,以便引进、整合优秀的教育资源。

值得注意的是,必须严格遵守国家关于知识产权的法律法规,依法对从不同渠道所获取资源的知识产权问题进行处理。

(二) 项目实施

1. 网站的设计

(1) 网站的需求分析与功能定位

首先,必须广泛收集资料,对当前存在的教育资源网站进行仔细调查,分析其优缺点和发展趋势,从而确定建立教育资源网站的可行性与必要性。

对用户进行分析。用户是网络资源、产品的唯一使用者。因此,就必须综合分析不同类型用户的习惯、技能、知识和经验等,从而了解不同的用户对网站内容和界面的不同需求和体验感受,为最终的设计提供依据和参考。

对教育资源网站的功能定位要清楚,教育资源网站的种类非常多,比如课程教学网站、专题教学网站、学科教学网站等。一般来说,将教育资源网站的功能定位为三个方面:资源型学习网站、自主学习型网站和课堂互助型网站。在开发过程中,需要根据实际需求来准确定位。

(2) 网站的技术解决方案

根据网站的功能确定网站技术解决方案,分析投入成本、功能、开发、稳定性和安全性等。是采用自建服务器,还是租用虚拟主机。考虑选择什么样的动态程序及相应数据库(程序如 ASP、JSP、PHP、. NET,数据库如 SQL、Access、Oracle 等)。规划网站安全性措施,设计防黑、防病毒方案。

(3) 内容选取及知识结构体系的设计

在资源网站的建设过程中,首先,要根据用户需求,确定网站的内容范围并依此收集相关资源。然后,按照网站的功能特点,将所收集的资源从相关度、整合度和扩展度三个方面,进行资源网站知识体系的设计。

相关度:在同一门学科中与一个知识点相关的所有知识点的相互关联程度。

整合度:多门不同学科的相关知识点的有机整合的可能性的大小。

扩展度:从各种不同途径收集而来的资源,与本网站相关内容融合的可能性的大小。

在课程资源网站建设过程中,一定要结合课程的标准和要求,针对各个年级学生的认知特点和心理发展特点,对整个知识体系进行合理规划,有效整合、利用现有的教学资源。

(4) 信息资源的选择与设计

在这一环节中,需要完成的工作是,按照网站内容和学习者的特征,选择最合适的形式来展现网站内容。教育资源网站除了要展示结构化的知识外,还必须发挥网络的优势,提供与知识相关的网络资源,也可以根据网站所体现的学科特点,提供有助于知识学习和知识构建的工具,例如:词典、制图工具、虚拟实验室等。

(5) 网站评价体系的设计

目前,教育资源网站是中文网络教育信息的重要组成部分。如何采用适宜的评价方法规范教育网站的秩序、提升教育网站的建设水平,对教育资源网站的建设与发展至关重要。一般采用专家评价法或调查法及时发现网站所存在的问题,并通过不断的论证与改进,发挥评价体系对建设者、决策者以及使用者的鉴定作用、诊断作用、导向作用与决策作用。

2. 网站的建设

教育资源网站的建设是一个复杂的系统工程。根据教育资源网站的建设过程，可以将网站建设分为网站建设规划、网站结构设计、网站视觉效果设计、网站框架实现和网站信息建设及网络的维护与管理等几个环节。

（1）网站建设规划

在建设网站之前，应根据前期的设计，对网站的建设进行规划，完成网站策划书，策划书内容除前期设计的几个阶段外，还可以包括结构设计、模块功能设计等。

（2）网站结构设计

网站的结构设计主要是依据前期的设计确定网站的主要栏目。

（3）网站视觉效果设计

网站的视觉效果设计可以邀请有美术设计功底的人员共同完成。一个良好的视觉设计可以使学生在访问网站的同时受到美的熏陶，使学生喜欢网站。网站的视觉效果设计包括网站版式和色彩、字体两个方面。网页的视觉设计作为一种视觉语言，特别讲究编排和布局，版式设计通过文字、图形的空间组合表达出和谐与美。色彩、字体是艺术表现的要素之一，在网页设计中要根据和谐、均衡和重点突出的原则，将不同的色彩进行组合、搭配，设计出适合学生学习的网页颜色、字体体系。另外在设计时还要重视网页形式语言与网页内容、学科特点的关系。

（4）网站框架实现

教育资源网站框架程序应由小组成员制作完成。使用先进的动态网页技术与网络数据库技术，构建带有在线更新功能的教育资源网站框架。目前许多学科网站的建设都是由学科教师自己制作的，由于学科教师的计算机水平较低，加上平时忙于教学事务，很难建成高水平、高质量的资源网站。作为教育技术专业人员，我们可以采用先进的动态网页技术与网络数据库技术，对现有的教育资源网站资源进行有效整合，构建带有在线更新功能的教育资源网站框架程序，这样可以保证教育资源网站的技术水平，同时又能大大提高学科网站的管理能力，降低网站信息建设和维护的难度，使得掌握一般计算机操作能力的学科教师都可以方便地使用。

（5）网络信息建设

在教育资源网站的建设中，主要任务是教育资源网站的信息建设。在完成教育资源网站的框架后，学科教师或者学生可利用网站提供的各种管理模块将教学信息上传到教育资源网站中。

（6）网站的维护与管理

任何一个网站如果要始终保持对客户足够的吸引力，定期进行内容的更新是唯一的途径。几个月甚至一年都一成不变的网页是毫无吸引力可言的，结果只能是访问量的不断下降。一般要完成以下工作：第一，服务器及相关软硬件的维护，对可能出现的问题进行评估，制定响应时间；第二，数据库维护；第三，内容的更新、调整等；第四，制定相关网站维护的规定，将网站维护制度化、规范化。

3. 网站的发布和应用

教育资源网站在制作完成之后还要将网页发布到互联网上，以便于浏览。要发布到网上，首先需要申请一个虚拟空间，用于存放文件。目前提供虚拟空间的网站有很多，还有部分虚拟空间是免费的，可以根据实际情况申请。在申请的过程中须考虑虚拟空间的各项指标，例如价格，大小，是否能提供ASP、PHP服务，有无单个文件大小限制，是否提供Ftp上传功能，以及最大链接数，链接带宽等。

教学资源网站的建设目的，最终还是为具体的教学服务。如何将其更好地深入到课堂和日常教学中，是一项很有意义的研究，相信它的发展将会更有力地推动我们的教育教学改革。

（三）参考案例

案例展示

案例一 "数码摄影"课程学习网站策划书

（资料来源：钟日辉，马学义."数码摄影"课程学习网站的设计与开发[J].中小学电教，2005(6).本案例根据其内容整理而成）

一、"数码摄影"课程学习网站的功能定位

"数码摄影"课程学习网站的建设既要自成体系，又要能独立使用。所谓自成体系是指学科课程网站要涵盖所有内容领域，没有遗漏。能独立使用则是指课程网站的设计，要以知识点为单位，每一个知识点都要设计适合本教学单元需要的专题学习内容，可以独立用于教学。

"数码摄影"课程学习网站的建设应体现四个方面的作用：一是辅助教师教学（向学生演示和表达知识，辅助教师进行知识的传授）；二是辅助学生学习（帮助学生巩固知识，诱导学生积极思考，帮助学生发现探索知识）；三是资料参考（提供教师备课以及学生学习时的相关参考资料）；四是学生兴趣的扩展（帮助学生发展兴趣爱好，增长见识，形成个性等）。

二、"数码摄影"课程学习网站开发分析

对该课题的定位、意义、开发目标等的分析如表6-2所示。

表6-2 "数码摄影"课程学习网站开发分析

项目	课题	"数码摄影"课程学习网站	使用对象	大学各年级在校学生以及从事摄影教育、工作或摄影爱好人员
	说明			
定位	为"数码摄影"课程提供网络环境的支持，提高教学效率与教学质量。开设教学资源库，创设网络的协作学习环境，以学习者为中心的一种课程学习网站			
意义	在数码摄影技术环境下，结合网络进行探究，利用网络进行教与学活动。教师可以通过课程网站进行教学，提高教学的效率；学习者可以通过运用各种网络媒体，使学习更具知识性、趣味性、自主性，弥补了以往传统教学的不足，也可以为自主学习提供良好的指导			
开发目标	成功实现"数码摄影"课程学习网站的系统设计与开发			

三、网站结构设计

针对国内现有课程学习网站存在的不足，该网站的建设希望能达到如下目的：

（一）为教师与学生提供一个数码摄影技术的网络多媒体课程环境，用多种媒体形式表现，使教学更方便、更有效。

（二）为学生提供一个自主学习、协作学习、探究学习的平台，使他们在虚拟的环境中更有效地学习。

（三）提供响应的交互平台，方便学生之间、师生之间的交流与指导。

其系统结构设计如图 6-1 所示。

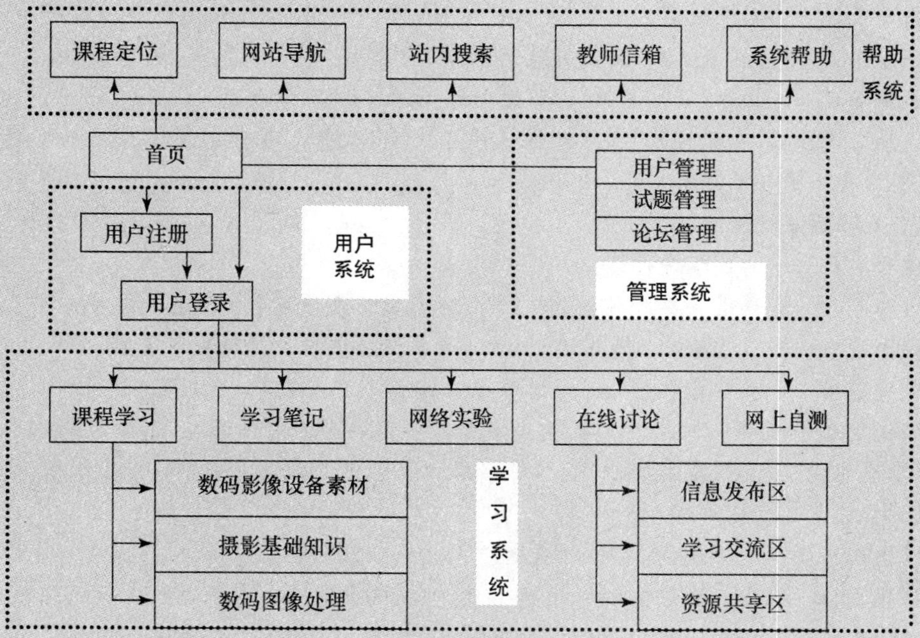

图 6-1　“数码摄影”课程学习网站系统结构图

四、网站功能设计

根据网站的系统结构设计，该课程网站主要分为四大功能模块。

（一）学习系统模块

课程学习——数码摄影技术课程指导。包括数码影像器材设备、摄影基础知识、数码图像处理三部分课程，每单元附有思考与练习的形成性练习，以检验学习效果，巩固学习成果。

学习笔记——学习者通过每次学习记录明确自己的学习进度，并与同学交流、分享，也可以将此作为个人学习信息。

网络实验——提供网络虚拟实验。学习者可以利用网络进行实验，在虚拟的环境中进行数码摄影技术实践等。

在线讨论——论坛分为信息发布区、学习交流区和资源共享区三个区，分别为教师与学生提供信息发布、开办网上影展的平台，课程学习的交流、作业提交与审批的平台，相关数码影像资源的分享平台。

网上自测——在阶段学习后，可选择试题进行自测，有计时器控制自测时间，自动改卷系统返回正确答案以及提供等级评定、学习期望等功能。

（二）用户系统模块

用户注册——匿名用户只能浏览其中部分内容，普通用户浏览所有网页需先注册并得到管理员审批方能登录浏览。

用户登录——经管理员审批的用户登录后可浏览网站内容，并有参与学习、讨论等权限。

（三）管理系统模块

用户管理——对注册用户账号、用户授权和认证进行管理；为安全需要和权限的限制，采用论坛用户、学习笔记用户、浏览用户分开的办法管理。

试题管理——提供“网上自测”试题的查询、录入、删除、修改。

论坛管理——“在线讨论”的后台可以对用户、等级进行管理，设置论坛中的变量与样式，还可对短信进行管理等。

（四）帮助系统模块

课程定位——对课程进行简介。

网站导航——提供完整的网站导航，学习者可以方便地点击浏览相关模块。

站内搜索——搜索站内所有网页，为学习者提供方便的关键字查询服务。

教师信箱——教师与学生之间通过E-mail进行个别辅导与交流。

系统帮助——网站安装的说明，使用者可以快速学会使用该课程网站；对版权进行说明，保证没有侵权行为；提供插件下载，用户的计算机若无合适的插件，可以点击、下载安装、保证其能正常浏览网站。

以上四个不同的系统，虽然分别承担着各自不同的教学功能，但这些各自对应的功能并不是孤立、单一的，而是相互交叉、相互关联、互为促进地来指导学生对该课程的学习。

五、网站的技术解决方案

（一）网站开发的技术基础

资源网站开发的主要技术可见表6-3所示。

表6-3 “数码摄影”开发技术

技 术	说 明
静态网页制作技术	常见的静态网页制作工具有Frontpage、Dreamweaver等，该课程网站的“课程学习”、“网站导航”、“系统帮助”等部分采用静态网页制作技术Dreamweaver8来完成
动态网页制作技术	常用的动态网页发布技术有ASP、JSP、PHP、.NET等，该课程网站的“站内搜索”、“网上自测”、“在线讨论”等部分应用ASP动态网页发布技术
数据库	Access动态数据库技术

（二）资源网站开发的环境与工具

根据网站建设的相应技术要求，需采用的开发环境与工具如表 6-4 所示。

表 6-4　“数码摄影”开发环境及工具

环境/工具	内　容
操作系统	Windows XP 或 Windows 2000
Web 服务器	PWS(Personal Web Server)
网页开发工具	Microsoft Dreamweaver8
数据库	Microsoft Access 2003
动态发布技术	ASP
图像处理工具	Photoshop 8.0

六、信息资源的选取与设计

课程教学网站不是书本文字的“搬家”，而是要求对相应的内容进行重组与合理安排，以更符合学习者的学习要求。因而，在“数码摄影”课程学习网站中，需要提供大量的图片、动画媒体以及拓展资源，使学习者在学习中能访问相关的链接，扩大其知识量，并可在适当的时候做练习，巩固学习成果。

七、网站评价体系的设计

本课程网站的评价体系主要采用调查法，通过网上调查，了解用户的反馈意见，进而思考网站所存在的问题，并通过不断的论证与改进，使“数码摄影”课程学习网站越来越完善。

教育资源网站的建设和完善是一个长期的过程，除了设计和开发过程外，随着课程内容的增加以及课程改革的深入，需要开发者和使用者在今后的教学过程中相互配合进行改进，使其完善。因而，网站的建设规划和网站评价体系的设计显得尤为重要，同学们可以上网查阅相关资料，了解相关的教学资源网站设计与开发知识，参照本案例，做出完善的网站设计方案。

案例二　“桥”专题学习网站的评介

（网址：http://www.gaopeng.com/bridge/，提取时间：2009-10-3）

专题学习网站不同于一般意义上的网页型课件，它是一个网络化的、动态的、协作化的教学系统，它的重点是为师生提供研究性学习和协作学习的资源以及平台。它的实质是一个基于网络资源的专题研究、协作式学习系统，它通过在网络学习环境中，向学生提供大量的专题学习资源和协作学习交流工具，让学生自己选择和确定研究的课题或项目的设计，自己收集、分析并选择信息资源，应用知识去解决实际问题。

“桥”这个专题学习网站，是由深圳市南山实验学校开发的一个网络探究活动式学习网站，这个网站较好地体现了信息技术与课程及学科教学整合的设计思想，网站主页如图 6-2 所示。

图 6-2 专题学习网站“桥”的主页

在“桥”专题学习网站的前期分析中，制作者通过对学生的研究发现：“通过网络主题探究活动，既可以提高学生的信息技术水平，又有助于提高其他学科的知识水平。学生在解决问题的过程中掌握了信息技术；有了计算机网络，学生可以很方便地找到问题的答案，学生确实将信息技术作为学习的主要工具。”他们认为：信息技术与课程整合是信息技术教育发展的方向，主题学习网站事实是这种整合的载体。从技术层面上看，计算机老师具有制作主题学习网站的优势，学科教师具有学科教学的经验，二者结合起来，再请美术教师进行网站的美术指导，“桥”这个专题学习网站的开发，就一定能够具有较强的应用价值，就一定能够开发成功。

专题学习网站不同于一般的网络课件或网络学校，它主要是提供实现研究性学习的学习资源和协作研究学习环境，因而，必须包含专题知识、专题协作学习环境、专题资源库和专题评价等一般性内容。为了使学生更全面地了解桥、研究桥，这个探究学习资源网站收录了大量与桥有关的资料（其中有很大一部分是学生在学习的过程中不断补充进去的）。在收集了充足资源的基础上，结合这个网站的功能定位——“便于学生开展网络探究式学习”，确定这个网站的内容版块主要包括：学习内容、学习过程、综合实践、学习评价、相关资源、讨论区、扩展学习、学生作品等栏目。

“桥”的系统框架结构如图 6-3 所示。

“桥”专题学习网站主要采用了静态网页制作技术，整合了图片、文字、声音、视频等多种媒体，并结合 Web 服务器实现了网站的发布。首先，根据网站建设的具体要求，搜集网站所需素材和资料，并对其进行归类整理。其次，根据网站内容设计界面风格、网站导航等。该专题学习网站的主题色调为绿色，界面风格干净大方；导航设计采用常见的按钮、菜单和结构图等导航方式，跳转和链接简单、明了、易用。最后，试运行网站，并请实验学校的教师和教学设计领域相关研究人员试用、测评，提出反馈意见，再对网站进行修改、完善，最终发布专题学习网站。

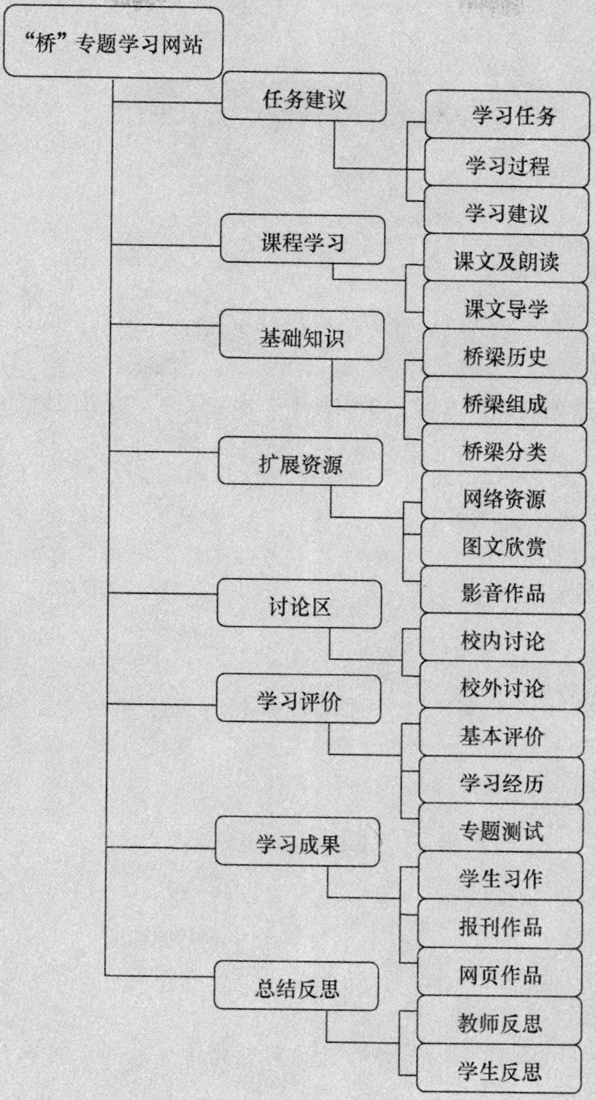

图 6-3 "桥"专题学习网站的系统框架结构图

专题学习网站并非是一种只呈现知识的演示型教学工具，它能够组织学习者进行活动。教师在论坛中与学生讨论，提出探究学习的主题，学生可以进行小组协作与交流，在活动结束后进行反思。在使用网站进行教学时，整个主题探究活动可以围绕这个网站来开展，学生可以根据自己的喜好来选择要学习的内容和要研究的问题，实现了教学的个性化。在学习过程中，学生可以与同伴互相学习，可以向老师学习，可以在"专题学习网站"上学习，也可以上网学习。总之，学生可以选择适合自己的学习方式，这体现了学生在协作学习下的学习自主化。而"桥"专题学习网站八个版块的设计，为学习者提供了丰富的多媒体资源和完善的学习支持服务，使其真正成为学习者获取信息、情境探究、协作交流、自我评测的一种高效认知平台。

值得一提的是,“学习评价”与“总结反思”不仅对教师和学生的发展至关重要,对网站的维护和改良也具有一定的参考依据,如图 6-4 所示。

图 6-4 “桥”专题学习网站——“学习评价”、“总结反思”

网络教学强调在线学习,强调利用网络作为自我评价的工具,专题学习网站正是这样一种面向学习者自主学习和协作学习的网站。“桥”专题学习网站为学习者设计的强化练习,可以方便学生进行自我评价,达到对知识的意义建构。但在网站的维护和管理方面,还缺乏一套完善、系统的评价指标体系对网站进行评价,以便发现问题所在,使网站得到持续发展。

要建构好一个符合建构主义和探究学习要求的专题学习网站,应遵循专题学习网站的教学设计原则和策略,综合考虑资源、学习支持服务、活动组织和评价四个方面。内容一般以专题知识为导向,针对某具体的专题展开;在形态上表现为一个网站或者多个网页的集合;数据存储符合标准,能够全校、全国共享;等等。

案例三 “K12 学科资源库”评介

(网址:http://k12.daqingedu.com/naga/,提取时间:2009-10-3)

K12 学科资源库是由 K12 中国中小学教育教学网(http://www.k12.com.cn/,提取时间:2009-10-3)开发的,并按小学、初中、高中各种学科课程设计的学科资源库。

K12 学科资源库在开发初期,首先对学科教学资源进行了分类管理,建立了数字化教学资源库文件夹的目录,如图 6-5 所示;然后对学科教学资源进行数字化处理,对将要建立的数字化教学资源库进行教学设计,确定资源库的中心主题;最后根据网站开发流程进行建设与开发。

K12 学科资源库的资源细致而有序,各学科资源细分到各单元、各知识点,选用了大量与新大纲、新教材配套的精选视频、积件、课件等多媒体资源。网站的功能定位很明确,即为教师与学生进行学科教研、自学的资源宝库。根据其功能需求,K12 学科资源库设置了学科素材、精品课件、教参中心、题卷库和教学拓展等多个版块,思路非常清晰。此外,在内容选取以及信息资源的选择与设计方面 K12 学科资源库也非常到位,比如在“教学素材”版块中,按册、知识点细分,精选学科相关的视频、音效、图片等多媒体学科素材,内容丰富而且极具针对性,为教师提供了计算机辅助教学的素材与积件。又如“精品课件”版块,按照一线教师的需求,将其分为“交流范例”与“精品推荐”两类,为教师制作课件提供了参考范例,如图 6-6 和图 6-7 所示。

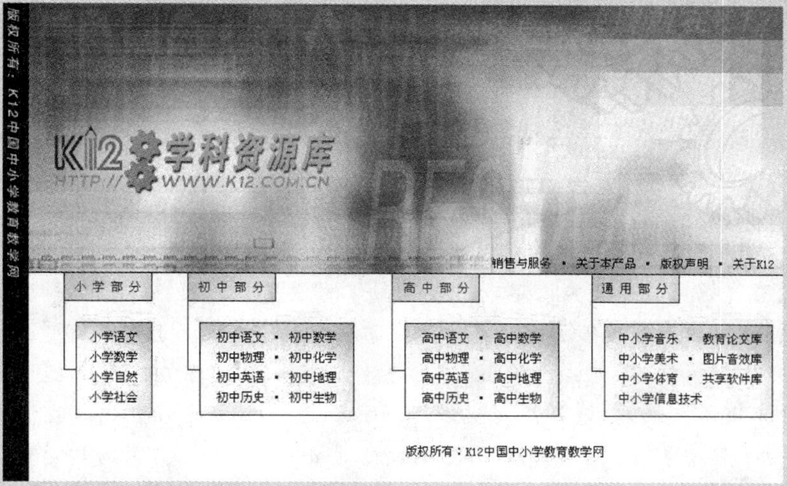

图 6-5　K12 学科资源库

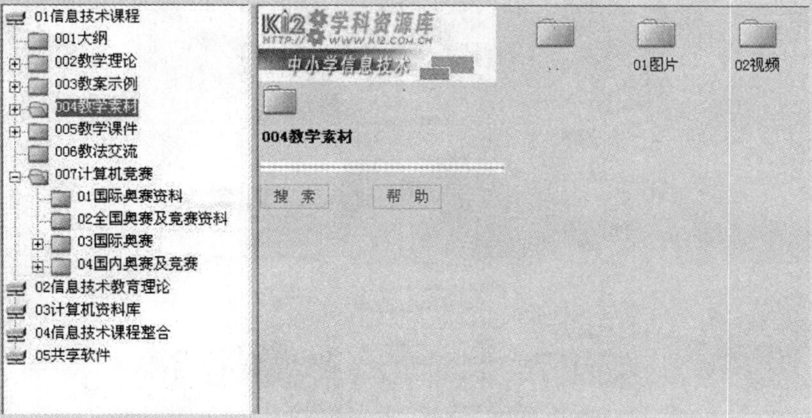

图 6-6　K12 学科资源库——中小学信息技术教学素材

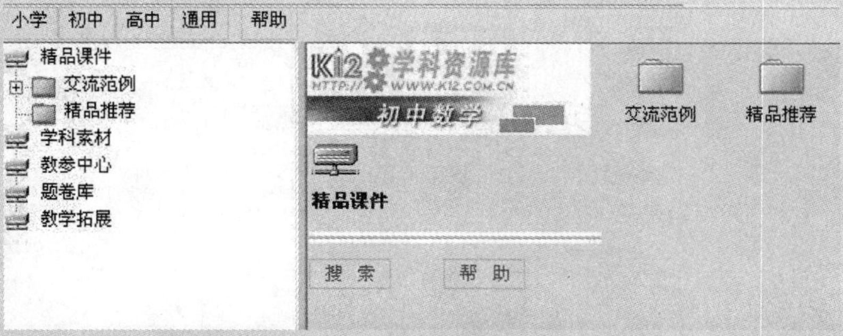

图 6-7　K12 学科资源库——初中数学精品课件

此外，在“教学拓展”版块，网站紧密结合青少年情趣培养目标与素质教育宗旨，精心为师生教学延伸与第二课堂进行设计，为教师与学生提高探究学习提供了海量资源。

K12 学科资源库是在认真总结前期资源库(K12 教育资源库和 K12 智囊教育资源库)开发经验并全心听取用户的反馈意见的基础上建设而成的,并把教育资源的开发建设推进到了新的阶段。由此,可以看出需求分析(尤其是用户分析)和评价反馈在教育资源网站开发中的重要作用,这也是做好网站的必备工作。

案例四　北京教育资源网资源介绍

(资料来源:北京教育网络和信息中心建设的“北京教育资源网”)

北京教育资源网是一个类似超市的教育教学资源平台,该网目前已汇集了近 30 家教育资源提供商,资源内容覆盖了中小学的所有学科和所有年级。北京教育资源网现有条目资源总数共 48 万余条,同时提供了 14 个特色频道服务和期刊文献系统,涵盖资源达 340 余万条。为方便用户检索,该资源网提供了多种资源呈现和检索方式。我们提供这个案例,主要是为了帮助学习者了解资源网站建设的另外一种新形式,帮助学习者了解资源网站中资源的构成类型,帮助学习者学习、掌握教育资源网站内涉及的更多知识和方法。北京教育资源网首页如图 6-8 所示。

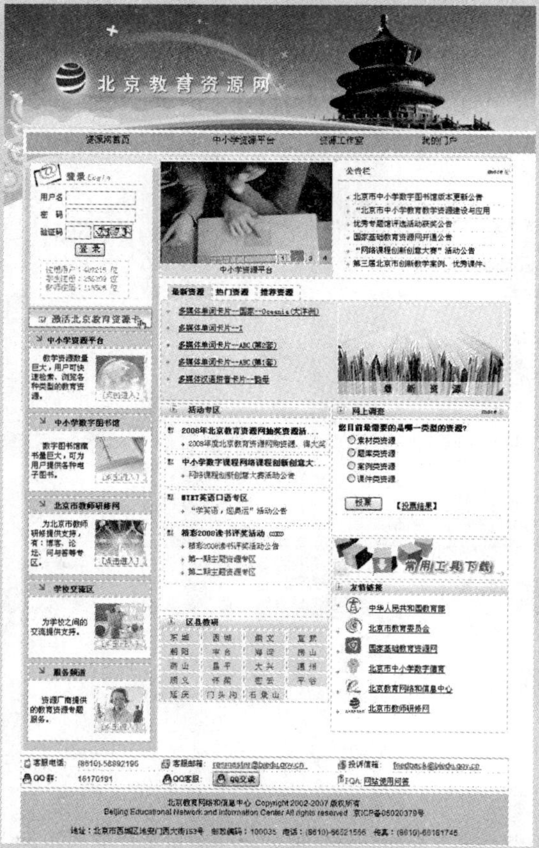

图 6-8　北京教育资源网首页

一、频道类资源

（一）为北京市中小学师生提供免费服务的频道

1. 龙源期刊

龙源期刊目前提供了6000种大刊名刊、200种原文原貌版期刊、100种语音版新刊、30种多媒体杂志，全部为正规出版物，内容健康、积极向上。既有配合各学科教育教学的专业性期刊，又有丰富视野、陶冶情操、提高全员综合素质的课外阅读辅助期刊。大刊名刊荟萃，精品文章云集。

这类资源的特点是：整刊呈现，网络出版，先封面、版权页，后目录页、全文，符合师生传统的阅读习惯；每刊更新及时，基本与纸版同步面市，可以第一时间读到现刊。

该类资源中的大部分刊物为文本格式存储，可以复制、粘贴；无需下载专用浏览器，阅读方式简便快捷。

2. 读秀知识库

读秀知识库由228万种中文图书等文献数据组成，它集文献搜索、试读、传递为一体，是一个可以对文献资源及其全文内容进行深度检索，并且提供文献传递服务的平台。它以海量的数字资源为依据，为用户提供深入目录和全文的知识点检索及文献传递的服务。

内容：228万余种图书、期刊、文献资料。

特点：强大的检索功能，辅以文献传递和多种获取方式。

可用于用户对更广泛的文献资源的需求，尤其是一些专业性较强的（概念、论文）资料的少量获取（类似于资料复印）。

3. 北京市中小学数字图书馆

北京市中小学数字图书馆（ebook. lib. bjedu. cn）是北京市教育委员会投资建设，服务于北京市中小学教育教学活动的公益图书馆。本数字图书馆收藏了来自300多家出版社的正版电子图书约85万册，为全市2000多所中小学师生的日常教学、学习生活等方面的数字图书服务，是目前全国最大规模的中小学数字图书馆。

北京市中小学数字图书馆提供了校内IP认证和校外身份认证两种认证方式，这样不仅可以保证广大师生在学校内可以免费阅读电子图书，也可以随时随地在校外使用数字图书资源。全市所有经过身份验证的中小学校师生均可免费获得借书证。

北京市中小学数字图书馆分为小学、中学、教师和通用四个库，分别面向不同年龄段的中小学师生提供有针对性的、有时效性的适用图书资源。

北京市中小学数字图书馆于2008年初进行了改版更新，全新风格的北京市中小学数字图书馆，不仅改变了原有系统的页面架构、颜色等，还修正了原有系统对网页页面空间利用不足的缺点，尽可能容纳更多的内容，在原有系统提供的内容的基础上增加主题读书图书、读书活动公告、出版社推荐图书、读书圈子等功能，充分发挥了数字图书馆门户导航的作用。

4. 国家基础教育资源网

国家基础教育资源网是在教育部基础教育司指导下，由教育部基础教育资源中心组织建设、中央电化教育馆运行维护的公益性专业网站。国家基础教育资源网以推进基础教育信息化，提高教育教学质量和效益，促进素质教育实施，培养中小学学生创新精神和实践能力为宗旨。

国家基础教育资源网主要服务于基础教育资源建设与应用。课程教学类、教学素材类、主题研究类、学习指导类、专题教育类、教师培训与教育管理类和少数民族语言资源类资源为主要建设内容。

国家基础教育资源网最新更新了多个主题的资源。

百部爱国主义教育影片：如《茶馆》、《小兵张嘎》、《周恩来》等，不仅可以为学校素质教育使用，还可以在语文、历史等学科教学中使用。

安全教育：包括《独自在家》、《校园生活》、《安全知识习惯》等多部影片，可用于中小学学生的安全教育。

小学生日常行为规范：小学生日常行为规范是小学生日常行为的准则，每个小学生都应该认真学习，自觉遵守。资源通过视频资料展映及讲故事的方式使小学生懂得热爱祖国，自觉遵守行为规范。

2008年暑期中西部农村义务教育学校教师国家级远程培训：由多位国家级专家主讲，覆盖语文、数学、体育等多个学科多个专题的讲座。

国家基础教育资源网已经与北京教育资源网实现了用户统一认证，已绑定过教师身份的用户可以免费使用。

5. 北京市高校特色资源网

北京市高校特色资源网(www. sres. bjedu. cn)是由北京市教委主办的集中展示市属高校特色资源建设成果的网站。该网站力图发挥首都高校优势，服务于提高各级各类学生的人文素养和学习型社会的公民素养，服务于传承中国文化遗产的文化战略。目前该网站已收集了北京舞蹈学院、北京服装学院、中国音乐学院、中国戏曲学院、北京电影学院等10所特色鲜明的高校参与建设的142个主题资源包。这些资源包整合了近40万条高校优质人文艺术网络教育资源，进一步充实、完善了具有北京特色的教育资源体系，为教育系统内部及社会公众提供了丰富多彩的信息资源服务。该网站向全市各类教育的师生免费开放，有效促进了高校资源的交流与共享。

6. 中小学教育联盟网

2005年10月，国家发改委等八大部委联合下发了CNGI示范工程2005年研究开发、产业化及应用试验项目任务书——基于IPV6的国家基础教育网格应用示范课题，中国人民大学附属中学(以下简称人大附中)、清华大学、北京理工大学、国家图书馆、长沙一中共同承担了该课题的研发任务。依托“中国下一代互联网示范工程CNGI”应用试验专项“基于IPV6的国家基础教育网格应用示范”课题，北京教育资源网通过网格计算技术，实现了对全国各地的优质基础教育资源的集成和共享。到目前为止，国家基础教育资源共建共享联盟已发展成员学校700多所，实名注册用户40万多人。目前，联盟已开展了多次远程互动教学示范活动，取得了良好的社会效益，用户反映良好。

此外，联盟还借接待各界参观人大附中之机，积极散发联盟自己编写的宣传材料。联盟又重新编辑了白皮书，发出资料1000多份，并将“首届中国基础教育资源共建共享论坛”的报告、讲演汇集成册，编辑出版了内部刊物《中国基础教育网格》。

（二）厂商提供的频道类资源

1. “软件租赁”频道

软件管理器是通过购买软件或电子出版物的使用时间获得相应使用权限的新兴销售模式。它打破了传统的“先购买，后使用”的软件业务运作模式，使用户不必拥有软件的所有权即可合法使用正版软件，既保障了用户的合法利益，又保护了厂商的利益。目前，软件租赁频道的软件管理器中，已包含有视频在线、音频在线、教学工具、学习训练四大模块的千余条资源内容同时还定期上线新资源。

2. “视频点播”频道

“视频点播”频道资源以视频资源为主要内容，资源涵盖与中小学教学内容相关的课堂实录、学科知识点、教学素材库、教师研修等内容版块。该频道涉及的学科有：语文、数学、英语、物理、化学、科学、思想品德、生物、历史与社会、政治、地理、音乐、体育与健康、美术、艺术、综合实践、信息技术、自然、生活技能、部分校本课程等。

3. “MyET 英语口语”频道

“MyET 英语口语”频道的资源涵盖公共英语 5 个不同等级难度的课程，并提供不同场景、话题所需的大量时髦、实用的英语口语。同时，自动语音分析系统将会从用户的语音、语调、流利度和轻重度等四个方面，分析用户的发音，帮助用户改善英语口语，让用户有的放矢、学之有效。

4. “中小学数字课程”频道

“中小学数字课程”涵盖了新课标教材下小学到高中的全部课程。该频道通过图、文、声、像并茂的交互式远程教育课件，提供同步或略超前于教学进度的课程资源。

数字课程及管理系统基于互联网的中小学教育专业系统，通过搭载先进的多媒体网络技术，借鉴传统教学的师资力量和教育教学方法，依据新课程、新标准，依托北京师范大学数字化学习实验室，以北京景山学校等学校一线的特高级教师为主体，组织了国内大量专家、教授，针对现行的教育政策、课程标准、教材，经过多年的准备，广泛吸取了全国尤其是北京市的优秀教育理念和经验开发完成。

5. “101 网校”频道

“101 网校”是以中小学精品试题为主的频道，是针对学校用户，即教师和教学管理人员提供优质教学资源的一个现代化的平台。该频道的内容有小学、初中、高中的各个学科的试卷，也有与教学同步更新的优秀课件、教案、名师课堂等。该频道提供的是多个版本的教学资源，以供不同地区的教师相互借鉴与学习，是教师取长补短、教学相长的好帮手。该频道的“经典试卷”版块，汇集了全国名校名师的近十万套的最新试题、同步练习、复习试卷、模拟试卷与教学同步更新(每日均有最新试题上传)。这些习题的题型新颖，紧扣新课程教学，贴近中高考，极具权威性和代表性。

6. “智能组卷”频道

“智能组卷”频道是从减轻教师出卷的工作负担出发而设计的。该频道收入 60 万道试题，面向普通教师开放。教师可利用该系统提供的智能出卷模式，专业出卷，手工出卷，搜索出卷，知识点题分出卷，知识点题数出卷等六种组卷方式。教师确定自定义出卷策略后，系统就可以根据题型、知识点、难度定义出题数量，由系统自动生成试卷。教师对生成的试卷不满意，还可以进行自动换题或手工换题。生成的试卷可以用于考试、练习和作业。

7.“学习诊断”频道

“学习诊断”频道是一套面向中小学生的家庭辅助学习系统，由30万道精选试题、多种智能组卷方式、科学的诊断评价方法构成。通过该系统进行学习诊断，可以使学生的针对性更强、目的性更明确、学习效果更好。

“学习诊断”频道还提供了其他相关功能，例如：智能组卷、同步训练、网上考试、自我判题、成绩统计、错题知识点、错题分析等功能。

8.“题问365”频道

“题问365”频道是专业试题互动搜索引擎，是以题为元素的海量网络题库，目前储备了近170万道试题，涵盖各学科、各种教材版本，每题附解题过程、思路和正确答案。通过试题搜索形式实现一搜，二选，三藏，四卷的过程。此外，系统中的“专题馆”能够收藏老师们喜欢的常用试题，也是教师辅助教学的有效工具。

二、条目类资源

（一）北京市中小学师生免费使用的条目类资源

1. 高中课改资源

北京教育资源网为适应北京市普通高中的课程改革，特收集、整理了一批关于高中课改类资源。这些资料包括：北京市基础教育研究中心提供的各学科模块分析、教学设计样例及参考样卷等近千余条资源，内容涵盖了信息技术、历史、物理、化学、语文、政治、地理、数学、音乐、通用技术、英语、体育等学科。这些资源既可以在北京教育资源网“高中课改培训资料”专区中检索到，也可以在北京市教师研修网中检索到。

2. 中小学师生电脑大赛优秀作品

该资源收集并整理了第一至五届北京市中小学师生电脑大赛的参赛作品，其中既包括老师的参赛作品又包括学生的参赛作品。

3. 资源评比作品

该资源收集并整理了从2006年至2009年四年的北京市创新教学案例、优秀课件、素材和试题评比活动的所有教师参赛作品。

4. 空中课堂

该资源收录了空中课堂的全部资源，共计680多条。

5. 北京电化教育馆馆藏资源

该资源是北京电化教育馆多年以来收集和整理的视频资料，包括课堂实录和教学参考片。

（二）部分资源开发商提供的条目类资源

1. 资源供应商名称：北京金海圣源科技有限公司

主要提供了小学、初中、高中各学段各学科的一线教案（包括新课标的教案内容）。教案由教学经验丰富的一线老师、优秀教师和特级教师编写，内容与教材紧密结合，教学目标设计清楚、明确，符合大纲、学科特点，并能体现知识、能力、情感等几个方面内容。另外还提供了中考、高考作文指导方面的资源，是毕业年级的老师在进行考前作文辅导和平时作文训练值得参考和借鉴的特色资源。

该资源覆盖了小学、初中和高中各学科。

2. 资源提供商名称：北京中文在线教育科技发展有限公司

中文在线提供的数字图书类资源包括新课程配套教材、教师学习、课堂案例教学、课程改革、课堂教学辅助材料等资源，除此之外还包括人物传记、哲学、科普百科、古典文学、现代文学精品等。中文在线提供的数字图书，能够有效辅助教师的教育教学，丰富教师的知识，引导学生获得健康、先进、有用的文化知识。

该资源覆盖了小学、初中和高中各学科。

3. 资源提供商名称：北京新华金典音像有限责任公司

包含众多文学作品资源，例如：小说、散文、诗词、国学启蒙、成语寓言等。“小说”资源包中，包含了国内知名作家作品，如鲁迅、郁达夫、徐志摩等，作品如《国家荣誉》、《呼兰河传》、《红磨坊》、《早恋》等。“国学启蒙”是国学经典节目，如百家姓、千字文、论语、大学、中庸等，其中音频朗诵分为两种版本，即诵读版与跟读版，跟读版由于其发音准确、音质优美、语速适中，避免了学生学习古文的枯燥情绪，可以作为青少年的课外辅导教材，帮助同学们更好地理解古诗文的含义。“成语寓言”则包含了国内外经典的儿童故事，例如《伊索寓言》、《一千零一夜》等，这些故事大多生动有趣，负有教育意义，使同学们的课外生活更加丰富多彩。

该资源覆盖了小学、初中和高中各学科。

4. 资源提供商名称：北京简美信息技术有限公司

该公司的信息技术培训教程主要包括办公应用、课件制作、多媒体应用、图形图像处理、视频编辑、程序开发、网站建设、三维制作、数据库等信息技术学习的各个领域，遵循计算机教学的特点，注重实践教学，对每个知识点都会尽量用具体的应用实例进行讲解，并对实例的整个操作过程进行直观演示。

源代码、源文件素材资源：提供了源文件、源代码，方便教师进一步学习、修改、创新、应用。

该资源适用于小学、初中和高中的信息技术学科。

5. 资源提供商名称：北京育英网信息技术有限公司

资源内容以与教育教学相关的多媒体素材为主，提供了符合中小学新课程教学知识点的大量配套资源，包括教案、题库、视频、动画、音频、图片等多种内容，同时也提供了供综合实践活动课程和研究性学习等课程使用的大量图片、音频等多媒体资源。

该资源覆盖了小学、初中和高中各学科。

6. 资源提供商名称：平顶山市天辰计算机技术开发有限公司

该公司的“新课标小学语文同步课件大全”采用国际流行的 Flash 开发完成，包含小学语文课本的全部课文。根据优秀教师精心设计的脚本全新制作，符合小学生活泼好动的特点，寓教于乐，引人入胜，课件内容从“激趣导入”、“看图说话”、“示范发音”、“读儿歌”、“智力游戏”到“我会涂”、“我会做”、“我会填”、“我会连”、“我会读”，真正满足课堂教学与学生自学的需要。本产品提供了全部制作素材，包括课文录音、课文文档、课文插图、课件小积件和相关教学资源，教师也可以根据实际教学需要来制作自己所特需的课件。

中学的三维教学资源是将所有学科素材按国家大纲要求细化到知识点中，各种教材均可适用。该资源内含大量参数化仿真实验动画、三维动画和高清晰度视频，并严格遵循新课程标准与新教材完全配套，真正实现所见即所得即所用。

该资源覆盖了小学的语文、数学、体育；初中的地理、化学、生物、物理；高中的地理、化学、生物、物理、数学等学科。

7. 资源提供商名称：清华大学教育技术研究所

资源内容涵盖了中学物理实验教学演示视频以及中学物理教学图片，该套资源中的视频资源通过专题片的形式演示了中学物理在热学、力学、电磁学、光学等方面的实验过程和结果，甚至提供了一些不便于现实操作的实验的展示。图片资源包括物理实验史画中历史人物以及古代物理实验装置等，同时还包括大量的物理课堂教学演示图，清晰明了地反映了物理教学过程中所需的各种实验现象与教学用图。该套资源提供丰富的课件素材，满足了中学物理实验教学与课堂教学的需要，为广大中学物理教师制作内容丰富的多媒体课件提供了帮助。

该资源覆盖了7至12年级的物理学科。

8. 资源提供商名称：北京国之源软件技术有限公司

国之源教学课件是在深刻领会课程标准精神与课程实施目标的基础上，旨在为教师和学生提供与新课程标准相配套的、系列化的多媒体课件范例。适合中小学一线教师及学生的教与学。

国之源配套课件系列产品是与人教版及北师大版新教材完全配套，以最新颁布的新课程标准为指导，在深刻领会课程标准精神与课程实施目标的基础上，由课改专家及一线名师共同设计，并辅助以先进的多媒体教学技术，旨在为教师或学生提供与新课程标准相配套的、系列化的多媒体课件范例。

国之源·新课标动漫情境学生字、学单词系列产品，是基于新课程标准，考虑小学生生字教学特性，在学科专家的指导下，自主研发的素材教育类系列软件，借助 Flash 技术，参照人教课标版语文和英语教材，对小学阶段的所有单词及生字进行针对性的展示。

该资源覆盖了小学、初中和高中各学科。

五、项目成果展示与交流

（一）开发小组内部的总结、交流：在小组内召开交流会议，汇报自己的设计与开发收获，包括教育资源网站的设计方案、建设规划方案以及完成本项目的具体的方法步骤等，并针对自己在项目开发中所做的工作进行自我评价。

（二）在班内进行交流：在班内以小组为单位，汇报各组的设计、开发步骤以及学习收获，并将最终完成的教育资源网站情况介绍给其他小组。

（三）相互评价、取长补短：各小组间相互交流，吸收、借鉴其他小组的成功之处或者对其他小组的项目成果提出改善意见，并根据授课教师给出的教育资源网站建设项目成果评价量规对其他小组成果进行评价。

（四）根据其他小组提出的建议，对网站进行修改、完善。

六、推荐资源

[1] 江北站，李经天. 教育技术项目实践[M]. 武汉：湖北科学技术出版社，2005.

[2] 王继新.信息化教育概论[M].武汉：华中师范大学出版社,2006.

[3] 钟日辉,马学义."数码摄影"课程学习网站的设计与开发[J].中小学电教,2005(6)：67-69.

[4] 曹云云."透视西方媒体"专题学习网站的教学设计[J].科技创新导报,2009(11)：145.

[5] "桥"专题学习网站.http://www.gaopeng.com/bridge/.

[6] K12学科资源库.http://k12.daqingedu.com/naga/.

[7] 赵志升,李静,杨小姝.浅析基于教育知识管理构建教育资源网站[J].教育与职业,2007(2)：156-157.

项目7 校园教育电视节目的设计与制作

早在20世纪80年代末,随着我国电化教育的迅速发展,电视这一教育手段已在学校教育、社会教育和成人教育中获得越来越广泛的应用。教育电视在呈现、传递知识等方面表现出强大的技术优势,而且在实施远程教学、扩大教育规模、普及科学知识与技能、开展思想品德教育、提高教育教学效率与质量、促进教育的均衡发展、提升我国的整体教育教学水平和提高全民族的整体素质等方面,也发挥了巨大的作用。

当我们已经进入数字化信息时代的时候,有些人以为教育电视将退出教育技术领域,而实际恰恰相反。教育电视在我国的全民教育体系中,仍然方兴未艾、蓬勃发展。这是因为：第一,我国已经形成了强大的教育电视网络,这个网络已经深入到所有的地区,包括经济欠发达的老、少、边、穷地区。第二,电视节目以其形象、直观、生动性,为广大观众所喜爱,因此教育效果显著。第三,就是在数字信息环境下,以视频方式出现的电视资源,仍是教学资源中最受欢迎的主要资源。因此,我们必须十分清楚：电视是数字信息技术的有机组成部分,也是现代教育技术的重要组成部分,在推进教育信息化的时候,必须加强校园电视资源的建设。

在各级各类学校中,电视教育活动是通过校园电视台来实施的,而利用校园电视台开展电视教育的基础保证,是高质量的电视节目。在研究现代教育技术资源建设的时候,我们必须认真地学习、研究和实践教育电视节目的设计与制作。

本项目即是关于校园教育电视节目的设计与制作的实践项目,主要讲述设计与制作教育电视节目的一般流程,并提供一些可供参考的案例,以便帮助学习者更好地学习和掌握这些学习内容。

一、学习目标

(一) 学会脚本撰写：能够撰写简单的文字脚本,并能够根据文字脚本,撰写出能够实施拍摄与编辑工作的分镜头脚本。

(二) 掌握摄、录、编技术：能够比较熟练地掌握相关技能,包括摄、录技术,演播室控制台操控技术,灯光配置技术和后期编辑、合成技术等;能够通过分工协作,完成教育电视节目的编导、摄制工作。

（三）学会评价：能够从教育教学、技术和审美艺术等角度评价教育电视节目。

二、环境与条件

开展教育电视节目制作的环境和条件主要包括以下三个部分：

（一）前期 ENG 设备：包括摄录机、录像机。

（二）演播室系统：包括主控系统、监控系统、摄录系统、灯光系统、音响系统等子系统。

（三）后期制作系统：包括半自动线性编辑系统一套、电视特技机系统一套、字幕机、彩色电视监视器、录音机、录像素材带、录像空白带、录音素材带、话筒、调音台、连接线、非线性编辑系统。

三、项目的任务

该项目的最终任务是：以小组为单位，根据实际需要确定电视节目的选题，为校园电视台做一个教育电视节目。这项任务的最终成果主要由三部分组成。

（一）完成脚本：完成教育电视节目分镜头脚本。

（二）成品及使用说明：以光盘或录像带等方式承载的教育电视节目成品；以文字形式呈现的关于该电视节目的使用建议或使用说明。

（三）项目总结报告：对完成本项目具体方法、步骤和心得、体会的总结，以及对所编制电视节目的综合评价。

四、实践过程

（一）项目准备

1. 知识准备

（1）教育电视节目的基本特点

① 有特定的服务特定的对象：教育电视节目是为某一特定的教育对象而编制的。

② 有明确的教育性和教学性：以教育和教学大纲为依据，从教育教学需要出发，为实现特定的教育教学目标服务。

③ 以教育传播理论和学习理论为指导：符合教育教学规律和不同年段学生的认知规律。

④ 严谨的科学性：教育电视节目的内容必须正确、准确、明确，不能出现任何科学性、政治性错误。

（2）电视节目的定义总结

根据电视节目的基本特点，我们可以将教育电视节目定义为：在现代教育中，以教学传播理论和学习理论为指导，根据教学目标，为满足某一特定教育对象的学习需求所编制的高质量的视听教材。

（3）教育电视节目的分类

按性质、任务可分为：教育片和教学片。

按内容多少可分为：系列片，专题片和片断片。

按表现形式可分为：课堂实况型、讲授型、资料型、示范型、综合型等。

(4) 电视节目的脚本

电视节目的脚本主要有文学脚本、分镜头脚本和完成台本。

文学脚本是利用文字来描述电视教材教学目标、主要内容和主要表现方法的一种文学形式，一般由学科教师或教研员创作。文学脚本是编导者编制电视教材的依据。

分镜头脚本亦称导演剧本，是导演案头工作的集中表现，是将电视节目的文学脚本分切成一系列可以摄制的镜头的剧本。电视教材的编导者，对文字脚本进行分析、研究后，将教材中所要展现出来的声像同步的画面，通过分镜头的方式诉诸文字，就成为分镜头脚本。分镜头脚本是电视教材编导对教材全面设计、构思的蓝图，是摄制组统一创作思想、开展工作的主要依据，是摄制工作有计划进行的保障。

分镜头脚本包括镜头号、景别、摄法、画面内容、对白和解说词、音乐、音响效果、镜头长度等内容。

完成台本是在分镜头脚本的基础上，根据已完成的电视节目整理出来的、能够准确体现该电视节目的画面内容、画面长度、音效、特技、解说、字幕、图表等的文字脚本。其格式与分镜头脚本基本相同。

(5) 电视节目的蒙太奇特性

蒙太奇(Montage)来自法语，原意为建筑学上的构成、装配，借用到影视艺术创作，就有组接、构成之意。

2. 技能准备

(1) 画面元素的选择与整合能力

在教育电视节目中，人与物是最为重要的画面元素，电视节目中问题的提出、研究和解决，都是通过人与物之间的运动变化来展开的。因此，在处理电视节目的画面时，在确定了构成这些画面的基本元素之后，就一定要做好相关人与物等元素的整合工作。例如：通过事物来描述原理、技能的电视节目，在重视运用具体事物案例的时候，不能忽视讲述原理、操作器材、演示方法的人员的作用；以教师讲授为主的电视节目，也应恰当地插入一些直观的事物，形象、生动地辅助教师的讲授，以增强教师讲授的效果；以戏剧表演的方式出现的教育电视节目，在充分发挥戏剧魅力的同时，要特别注意演员表演的真实性和表现内容的科学性。

(2) 脚本编写能力

脚本是编制电视节目的基础。根据电视节目设置的需要，电视节目的脚本主要有：文学脚本、分镜头脚本、完成台本三种。其中前两种是编制电视节目最重要、最关键的两种脚本，文字脚本是编写分镜头脚本的依据。第三种是完成后的脚本。

(3) 前期拍摄与后期处理能力

电视节目是视听素材，编制之前必须掌握各种用于制作电视节目的工具。前期摄像机拍摄时，根据需要利用好拍摄的基本技术技巧，如：景深，测光技术，曝光技术，滤光镜的应用等。后期编辑也是一项重要工作。

(4) 成果评价能力

对教育电视节目编制项目成果进行评价，确定其价值和优缺点能够提高作品质量，因此学习者在编制教育电视节目之前，必须具有对作品进行评价的基础。

(二) 项目实施

以小组合作的方式，确定拍摄主题和节目内容，进行拍摄和编辑，在教师的指导下完成整个节目的制作，并进行评价。

对于教育电视节目来说，无论其节目的规模、所涉及的学科内容和制作方式有何不同，大都可以分为前期筹划、现场摄制、后期制作、评审等四个阶段。

1. 前期筹划阶段

前期筹划包括确定节目主题，完成脚本编写和拟订拍摄计划。

教育电视节目的表现形式应当是多样化的，除了教育教学电视资料片之外，可以通过新闻专题片的表现形式，做成热点问题报道、人物访谈等，以解说词、画外音为线索，通过展示大量典型、生动、具体的视觉形象和叠加相应的字幕来说明；也可以通过电子编辑的方式，从一节完整的课堂教学实况录像片中，精选应用现代教育理论和方法突出、多媒体课件使用恰当的教学活动片段，通过叠加字幕点评的方式，提炼和介绍执教教师的教学特色，从而形成一部新的教学研究电视片。

2. 现场摄制阶段

现场摄制阶段是电视节目制作中最为关键的环节，也是直接把文学脚本和分镜头脚本转化为电视画面、呈现教育教学内容、表达作者创作意图的阶段。在现场摄制阶段，必须做好以下几件事：

(1) 摄制前准备

摄制组的所有成员要认真阅读文字脚本和分镜头脚本，深入了解并掌握所摄制电视片的主题、内容和表现形式。在此基础上，导演要进行导演阐述，向摄制组成员讲明摄制组的分工、节目的创作意图、表现手法、技术运用等要求。

(2) 进入拍摄现场，做好拍摄的准备工作

教育电视节目的拍摄现场主要有两种，一种是外景现场，一种是演播室现场(包括进行课堂实况录像的普通教室)。在拍摄现场的主要工作是：根据电视节目的要求布置场景；按照拍摄需要架设设备、设置机位，并做好摄录机的白平衡和音频指标的设置；演员(师生)走场，熟悉自己所承担角色的表演和行走路线；根据导演指示进行试拍摄。

(3) 正式拍摄

在电视节目的摄制过程中，导演是指挥者，所有的摄制人员和演员，都必须按照导演的要求进行工作和表演。每个镜头摄制完成后，要通过回放审阅画面质量，以决定是否重拍。重拍与否由导演决定。

(4) 停机

按照分镜头脚本拍摄完成所有镜头后，可以停机结束前期的拍摄工作，进入后期制作阶段。

3. 后期制作阶段

从停机到全片完成称为教材的后期合成阶段。在这个阶段，导演要与电子编辑、配乐、解说、录音人员合作，共同完成画面编辑和声画合成的工作。后期制作的主要工作有以下几方面：

(1) 检查录像素材

检查录像素材，要重放查看所规定的拍摄内容是否齐全。分镜头脚本虽是现场拍摄的依据，但是在实际拍摄中，根据需要变动某些镜头也是正常的。所以，在对素材进行检查的基础上，导演要根据实际拍摄所得素材，重新整理与修改分镜头脚本，形成可以用于实施电子编辑的新的分镜头脚本，并为最终形成完成台本奠定基础。

(2) 编辑电视图像画面

该阶段主要依据修改后的分镜头脚本，利用电子或数码编辑系统，将所拍素材编辑为电视图像画面。在进行后期编辑的时候，要注意以下几点：

第一，电视图像画面的编辑要做到自然、合理、流畅，不产生视觉跳动。

第二，镜头组接要符合事物发展的规律和内在的逻辑关系，正确反映节目所要反映的内容。

第三，镜头组接要符合蒙太奇原理，主体物的位置、运动方向和速度要保持均匀一致，要符合"动接动、静接静、动静组接要过渡"的原则。当主体物处于运动状态的镜头与主体物处于相对静止状态的镜头连接时，应在运动着的主体物镜头停止运动后，再组接非运动镜头。

(3) 同步编辑和数字化处理

该阶段主要依据修改后的分镜头脚本，利用电子或数码编辑系统，进行声画同步的编辑和数字化处理。

① 声画合成。声音是构成电视节目的基本要素，没有声音，电视节目的表现力和感染力将大打折扣。电视节目中的声音包括人声、环境效果声和音乐三种。在电视节目中，合理地使用声音，可以更清晰地交代节目情节和内容，以增强电视节目的真实感；通过声音，可以描写、烘托环境气氛，渲染、刻画人物心理；通过声音，可以展示画外空间，增强画面语言的节奏感和震撼力；通过声音，可以使静止的画面产生动感；利用声音作过渡，还可以使画面组接更加自然、流畅。

所以，一定要做好声音与画面镜头的合成工作，认真处理好声音语言与画面语言的关系，使声音和画面和谐地融合为一个整体。

在进行声画合成工作的时候，要特别注意画面、声音与文字字幕的配合。在教学电视片中，字幕常常发挥的是画龙点睛的作用，一定要用准、用精、用好。

② 数字化处理。目前，许多学校已经具有利用非线性的数字化编辑系统，对电视节目进行后期编辑的条件和能力，但是由于文件格式、协议等诸多方面的问题，这些编辑完成的电视节目仍然不能在一般的数字化环境中使用，也不能直接使用，需要通过技术设备进行模数转换方可使用。还有不少学校的电视节目制作，采用的仍是传统的模拟技术，所制作出的电视节目，也难以直接用于数字化的教学环境之中。因此，这些电视节目必须通过软件或硬件进行处理后，才能成为多媒体的组成部分。所以，对已经合成的电

视节目进行数字化处理，也是教育电视节目制作中必不可少的重要环节。

4. 评审阶段

教育电视节目编制完成后，要组织有关学科的专家，有经验的教师、教研员和电视、多媒体教学资源的编制专家，对节目的整体质量进行评议和审查，审定合格后方可投入使用。如欲使自己的作品进入商业流通领域，还必须经过政府音像管理部门的审查，获得正式出版编号后，才可进行公开出版和发行。

教育电视节目的评价标准，与多媒体资源的评价标准基本相同，主要由教育性、科学性、技术性和艺术性等几个方面构成。大家可以参考多媒体资源的评价标准，根据教育电视的特性对教育电视节目进行评价。

（三）参考案例

案例展示

案例一 "你的第一份劳动合同"文字脚本

（资料来源：http://blog.163.com/mingdao214/blog/static 提取时间：2009-09-28）

本案例的文字脚本如表 7-1 所示。

表 7-1 "你的第一份劳动合同"文字脚本

画面	解说词
屏幕显示 片名：法律讲堂——你的第一份劳动合同 片头动画：演播室内，电视教师坐在讲桌前开始讲解。	（庄严的背景音乐） 观众朋友们大家早上好！欢迎收看本期的法律讲堂。我们今天讲的是有关于劳动合同的相关法律知识。 眼下，校园招聘正在如火如荼地展开，一些应届大学毕业生将与用人单位签订劳动合同。然而，什么是劳动合同，什么样的合同才是有法律效力的合同，它订立的原则和程序又是如何，相信很多大学生都不甚了解。那好让我们带着这些问题到法律的条文中去寻找答案。
屏幕幻灯片： 根据《劳动部办公厅关于调入合同有关问题的复函》的规定：只要是劳动者与用人单位为确立劳动关系而订立的以劳动权利与义务为主体内容的书面协议，均应视为劳动合同。	（电视教师念屏幕上的内容） 也就是说不论该书面协议叫什么名称，只要其主体内容是劳动权利和义务，就是劳动合同。
演播室内，电视教师坐在讲桌前讲解。	下面我们再来看看劳动合同的订立原则和程序。
屏幕显示： 劳动合同的订立原则： 用人单位与劳动者订立劳动合同，应遵循平等自愿，协商一致和符合法律等三项原则。	（电视教师念屏幕上的内容） 凡依据三项原则订立的劳动合同，均具有法律的约束力，双方当事人必须履行该合同所规定的义务。
演播室内，电视教师坐在讲桌前讲解。	用人单位与劳动者是两个平等的社会主体，订立劳动合同一般需要经过的程序如下：

续表

画　　面	解 说 词
……	……
……	……
……	……
演播室内，电视教师坐在讲桌前开始讲解。	应届大学生在实际应聘中出现的劳动合同陷阱真可谓是多种多样，下面大家和我一起看看这样的一个案例。
在一个人才招聘会上，某同学正和一家广告公司的经理洽谈。	
广告公司经理拍胸许诺：	我们公司的待遇特别好且职位高，不但提供住房，而且月薪在2500元以上。
某同学不假思索就答应了	好，我同意。
经理拿出劳动合同，某同学连看都没看就签字了。 几天后，某同学到公司上班，向经理询问自己工作的相关事宜。	
某同学谦恭地问：	请问经理我在公司里的职务是？
经理冷语答道：	业务员。
某同学大吃一惊又问：	公司许诺我的住房呢？
经理有点不耐烦地回答：	出了公司左走有一间地下室，大约20平方米，顺便告诉你还有六个人和你同住。
某同学按捺住自己的怒火问道：	那每月工资2500元总该没有什么问题吧！
经理冷笑道：	那还得看你的业务量了，没有达到每月公司规定的业务量你一分钱也别想拿到。
某同学再也抑制不住自己心中的怒火喊道：	你们太过分了，我不干了！
经理拿出他们签好的合同道：	你不干可以，但要赔偿我们公司三年的违约金，一年一万一共三万元。
某同学大怒：	你们这是敲诈！我是不会给你们钱的！
经理笑道：	我们没有敲诈，白纸黑字合同上写得很清楚，谁让你当初签合同时不仔细看清楚呢！
某同学拿过合同，仔细地看了一遍	哎～，为什么当初我不好好看看呢！
演播室内，电视教师坐在讲桌前开始讲解。 屏幕显示： 1. 霸王合同：	从这个案例我们不难看出，有些不法的用人单位常在劳动合同上动手脚，我们应该时刻提防。据介绍，常见的合同陷阱通常有以下几种：
2. 押金合同：	就是指用人单位在合同条款中处处体现“我说了算”，令求职者处于被动从属地位。
3. 格式合同：	通常做法是在招工时收取风险基金、保证金、抵押金。
	用人单位按照国家有关法律规定和劳动部门制订的合同示范文本事先打印好聘用合同。看起来似乎无可挑剔，可是具体条款用语却非常模糊，一旦发生劳务纠纷，吃亏的还是应聘者。

续表

画 面	解说词
4. 生死合同：	有的用人单位不按《劳动法》的有关规定履行生命安全义务，提出“工伤概不负责”等条款逃避责任。
5. 卖身合同：	如：三年内不得跳槽到同行业的公司工作；有的合同还规定，求职者一切行动都得听从用人单位安排。
6. 双面合同：	就是有的用人单位准备了至少两份合同，一份是假合同，内容按照有关部门的要求签订，以对外应付有关部门的检查，但在劳动过程中并不执行，真正执行的是另一份合同。
7. 口头合同：	受就业压力的影响，求职者往往轻易相信用人单位的种种“许诺”，没有签订书面正式文本。
演播室内，电视教师坐在讲桌前开始讲解。	而在本案中，某同学和企业经理签订的劳动合同就属于口头合同和格式合同的综合版。而导致某同学吃亏上当的根本原因则是过于轻率行事和对法律知识的淡薄。 我们已经说了半天不合法的劳动合同，那么什么样的劳动合同才是合法的，它的具体内容又是什么呢？
……	……
……	……
……	……
演播室内，电视教师坐在讲桌前开始讲解。	总之，在签订劳动合同时，要多听、多想、多看。为稳妥起见，也可以向劳动咨询事务所进行咨询，以利于提高劳动合同的保险系数。 在节目的最后我要提醒广大的应届毕业生，面对劳动合同的时候一定要强化三个意识，即： 签订合同要强化“程序合法”意识； 履行合同要强化“权益保护”意识； 终止合同要强化“责任和补偿”意识。 当我们一旦发觉上当受骗，要及时向招聘单位所在地的人事局、劳动局监察大队或公安局派出所报案，寻求法律保护。 本期法律讲堂节目到此为止，感谢观众朋友的收看。

电视文字脚本主要有两种形式，一种是如普通文章一般的文本，一种是左右结构的文本。在左右结构的脚本中，左面是对画面的描述和要求，右面是对解说词、字幕和音效等的描述。“你的第一份劳动合同”文字脚本的结构是左右结构的。

这是一个有关法律的专题性电视教学文字脚本。专题性电视教材的结构一般由开头、主题展开和结尾三大部分组成。

电视教材的开头就像课程的导入，它的作用是交代主题，提出学习的目的要求，引起学生的学习兴趣，激发学习动机，集中学生注意力。该作品的开头是在电视教师解说的同时，展示“校园招聘填写劳动合同”画面，目的是要给观众一个直观刺激，以突出主题。

接下来是主题展开部分，这部分是电视教材的主要内容。在这个脚本中，主题的展开采取的是扩展结构，即将相关事物的规律，逐层深入、逐步扩展地加以介绍。第一步介绍劳动合同的基本概念，这是最基本的知识；第二步说明劳动合同的订立原则；第三步通过具体实例引出几种不合法合同，引起观众的注意；第四步归纳合法合同的类型，让观众有所比较；最后总结签订合同的经验，达到认识合同的全部属性，获得完整的关于合同的知识。在展开主题过程中，作者通过演示实例提出并解决问题，使学习者不仅能够掌握科学知识，而且能够获得学习的满足和乐趣。

在教学片的结尾部分，作者对有关合同签订的问题进行了总结，使学习者获得对相关知识的结论性的认识，不仅起到培养学生法律意识的作用，而且进一步突出和强化了主题。

"你的第一份劳动合同"教学片主要分成两个部分：一部分是教师讲授，属于讲授型；另一部分是情景剧展示，属于戏剧型。下面分别从这两个部分进行简要分析。

一、教师讲授

对于讲授型教学专题片，采用声画式编写文字脚本，解说词就是教师的讲稿，向学生传达解释教学内容，起主要作用，画面起辅助配合作用。该文字脚本在画面中显示教学内容，教师通过解说词加以强调与解释，如表 7-2 所示。

表 7-2　讲授型文字脚本示例

	屏幕幻灯片	讲解
具体内容	根据《劳动部办公厅关于调入合同有关问题的复函》的规定：只要是劳动者与用人单位为确立劳动关系而订立的以劳动权利与义务为主体内容的书面协议，均应视为劳动合同	也就是说不论该书面协议叫什么名称，只要其主体内容是劳动权利和义务，就是劳动合同

教师的解说词使画面上呈现的教学内容更加明确、易懂，更便于学生理解。

二、情景剧展示

单一的讲授容易使课堂教学枯燥无味，引入戏剧型的实例则可以使课堂变得活泼。在戏剧型的电视节目中，表演者的动作与表情、台词，表演的环境、气氛、解说词起着重要的作用。在戏剧型文字脚本的右侧，解说词就是画面中人物的相互对话，观众听了他们的表演和对话之后就能领会教学内容。在此文字脚本中，电视节目的编制者设计的公司经理前后强烈的情绪反差、应聘者的无奈表情等画面和情节，主要起了两个作用：第一，向观众传达了教育内容，大学生择业时一定要增强法律意识；第二，借此引出各种形式不法合同的案例。这种通过戏剧表演方式的表现手法，不仅能够调动学习者思维的积极性，又可以加深学习者的记忆，突出教学目标，强化教学重点，增强教学的效果。

总之，该文字脚本提供了编制电视教材的课题基本结构和素材，为分镜头脚本的编写提供了基础脚本。

案例二　"牛顿第三定律"分镜头脚本

（资料来源：http://guyihen.blog.hexun.com/19182797_d.html 提取时间：2009-09-25）

本案例的文字脚本如表 7-3 所示。

表 7-3 “牛顿第三定律”分镜头脚本

镜号	景别	技巧	画面	解说词	音响	音乐	
				(题目)牛顿第三定律的应用实例			强快
1	远—全	推		公路上行驶的汽车,流动的人群,平静的河面上人们悠闲地划着小船	牛顿第三定律在生活和生产中应用很广	汽车开动声	
2	全	平摄		岸边,一个游人从船上跳到岸上,船往后退	在船靠岸时人往岸上一跳,船就会后退离开岸		
3	中	平摄		岸边,一个游人从船上跳到岸上,船往后退(慢镜头回放),当人的脚底跳离船面时暂停,在人脚与船的接触面上绘出人和船的受的摩擦力,方向与接触面平行,沿人或船运动方向,大小相等,方向相反	这就是因为人脚往后一蹬,对船施加了作用力,方向向后;而船对人施加了反作用力,方向向前		
4	中	平摄		暂停画面继续,游人跳上岸,游船后退	人就是由于这个反作用力跳上了岸,人对船及船对人的力都是摩擦力		
5	远—特	平摄		公路上行驶的汽车,转动的车轮	汽车能够前进好像只是汽车发动机带动车后轮转动的缘故,果真如此吗?	汽车开动声	
6	特	平摄		用千斤顶将一辆汽车后轮架空,开动发动机	我们试着把汽车后轮架空再开动发动机	发动机声音	
7	特	平摄		空转的汽车后轮	瞧,后轮转动着	发动机声音	
8	特—全	拉		没有前进的汽车	汽车并没有前进		
9	远	俯摄		公路上飞驰的汽车	那么使汽车前进的原因是什么呢?	汽车开动声	
10	全—特	跟		缓慢行驶的汽车,转动的车轮,画面暂停,在车轮与地面的接触面上画出作用力与反作用力,方向与接触面平行,沿汽车运动方向,大小相等,方向相反	它可以用作用力和反作用力来理解车轮向后推地面,地面会给车轮一个向前的反作用力		
11	特—远	跟		暂停画面恢复,汽车继续缓慢行驶	就是这个反作用力使汽车前进的,它是用摩擦力来充当的	汽车开动声	

续表

镜号	景别	技巧	画面	解说词	音响	音乐	
12	全—特	平摄		海面上行驶的轮船	轮船的螺旋桨推进器也是利用了反作用力，具体地说，它是靠水流对螺旋推进器的反作用力而前进的	轮船开动声	
13	全—远	拉		平静的河面上人们悠闲地划着小船，流动的人群，公路上行驶的汽车	牛顿第三定律普遍存在于我们的日常生活中，只要我们善于观察，积极思考，我们会发现更多的真理	舒缓	

分镜头脚本是将文字脚本上描述的画面意义分成若干个镜头，并将它们组成镜头组以表现文字脚本的内容。分镜头脚本的作用是为电视教材的摄制提供依据。

此案例是关于图解型电视教材“牛顿第三定律”的分镜头脚本，该电视教材主要说明牛顿第三定律在生活中的应用。此分镜头脚本采用的是左右格式，脚本按照左右格式分别在文稿的左、右栏目里，将镜号、景别、技巧、画面、解说词、音响和音乐表达得很清楚。

首先是景别。在实际生活中，人们依据自己所处的位置和当时的心理需要，选择最佳观察事物的方式，因此在影视艺术上就产生了镜头的不同的景别。本案例根据要表现的不同景物范围需要，包含了全景、远景、近景、特写以及各种景别的交叉使用。例如6、7号镜头运用特写镜头来说明“后轮转动着”、“汽车却没有前进”，特写镜头给观众留下深刻印象，强调了汽车的前进与后轮是否转动并不存在关系，从而提出“使汽车前进的原因是什么”的问题。

除了适当地使用了景别，在这个脚本中，我们还看到它利用了推、拉、跟、平摄等运动镜头表现画面特征。例如10、11号采取“跟”的运动镜头，突出表现了汽车能够前进，从力学原理上看，主要的原因是“地面会给车轮一个向前的反作用力，就是这个反作用力使汽车前进的”。这样不仅突出了问题的实质，同时也使学生看清了这种作用力和反作用力的关系。

图解型电视教材尽管是以图形、动画和活动的画面来表现教学内容的，但是，解说的作用也不可小视。在这个案例中，解说词便起到了重要的作用。如：10号镜头的解说词“它可以用作用力和反作用力来理解车轮向后推地面，地面会给车轮一个向前的反作用力”起到了提示画面和画龙点睛的作用；12号镜头的解说词则起到了补充画面的作用。解说词具有概括、提示、强化画面的作用，学习者在实践中必须把握好使用解说的分寸，利用好解说词。

应当特别强调一点：分镜头所采用的景别与拍摄技巧要根据观众的心理规律，还要注意依据蒙太奇组接的原则，恰当地运用这一艺术手法。

通过对本案例的分析，可以看到：要写好分镜头脚本，还必须做到以下几点：

第一，钻研文字脚本，彻底弄清教学对象、教学目标、内容的广度和深度以及结构特点。

第二，需钻研有关的资料，如课程的教学大纲与文字教材，同类课题的影视资料等，以帮助我们更好地把握教学内容和教学目标。

第三，在拍摄之前，主创人员（编导和摄像员）要深入教学第一线听课、与讲课教师和教研员交流、参加研讨会等，以帮助自己在拍摄过程中，更好地把握和通过镜头展现教学的重点、难点、教学的关键环节和教师的教学特点，以提高我们的摄制质量和水平。

案例三　美国儿童教育节目《芝麻街》

（资料来源：http://www.hudong.com/wiki 互动百科，提取时间：2009-09-30 略有改动）

一、节目简介

《芝麻街》是美国一套著名的幼儿教育系列专栏电视节目。该节目通过活泼、可爱的人物形象和生动、有趣的故事，寓教于乐，深受社会各界特别是小朋友的欢迎。该系列专栏电视节目于1969年10月10日在美国国家教育电视台（National Educational Television）首次播出，当年底，即转到公共电视台（Public Broadcasting Service）播出。它是迄今为止，获得艾美奖奖项最多的一个儿童节目。

二、节目内容

此节目综合运用了木偶、动画和真人表演等各种表现手法向儿童教授基础阅读、算术、颜色的名称、字母和数字等基本知识，有时还教一些基本的生活常识，例如，怎样安全过马路、讲卫生的重要性等。除此之外，这个系列的节目能够根据时代的发展和变化，加入很多流行文化元素。在该栏目长达40年的编制、播出过程中，能够根据社会和孩子需求的变化，及时添加新人物，使观众感到常看常新，不仅深受幼儿的喜爱，而且深受各个年龄段观众的欢迎。由于构思巧妙、形象生动、故事有趣、参与性强，该系列电视节目中的许多滑稽短剧和小栏目，都已成为其他电视节目竞相模仿的典范。

三、节目特色

节目制片人根据学龄前儿童以看电视为乐的事实，关注儿童的知识与技能、价值观和社会道德等问题的教育，用生动有趣的电视节目作为教育手段，不仅为儿童提供成长阶段必要的智力和文化启蒙，而且达到了寓教于乐的效果。这个节目针对不同民族和不同宗教信仰的儿童设计角色，角色形象和蔼可亲，具有亲和力。

四、节目评价

《芝麻街》工作团队首创了CTW（Children's Television Workshop）模式。该模式要求节目内容专家、教育学者和节目制作者在《芝麻街》项目运行的每一个阶段都进行合作。每集节目制作前和制作过程中须进行过程性评估研究（Informative Research），提供指导新节目制作的有用信息。节目制作后则进行总结性评估研究（Summative Research），检验节目内容是否达到既定教育目标，以及儿童观众的收看效果。

根据皮亚杰的认知发展阶段理论，学龄前的儿童符合前运算阶段的后一个阶段——直觉思维阶段，出现表象性思维。在现实生活中，他们只能把注意力集中到事物变化的一个方面或一个维度，因此人物和字等形象在儿童的头脑里占据了牢固的地位，采用直观形象的刺激能够使儿童的记忆深刻。这个电视节目的对象主要是儿童，我们不论从节目的内容还是特点，都不难看出，此节目紧紧抓住儿童的学习特点——在娱乐中学习这个重点，这样做符合儿童的认知特点和学习需求，为儿童提供了一个学习和娱乐的平台。该节目还特别重视教育目标的实现，并形成一个完整的评价系统，在利用形成性评价指导节目更新，利用总结性评价检测教学目标是否实现等方面，也是一个成功的案例。

五、项目成果展示与交流

（一）小组总结交流：摄制组内部召开总结、交流会，由各成员对于各自负责的工作进行汇报，包括编导，摄录技巧，后期剪辑与处理，对作品的自我评价，填写项目汇报表等，如表 7-4 所示。

表 7-4　项目汇报表

<table>
<tr><td colspan="2" rowspan="2">项目</td><td>选题</td><td></td><td>项目组成员及分工</td><td></td></tr>
<tr><td colspan="4">具体内容</td></tr>
<tr><td colspan="2">具体内容</td><td colspan="4"></td></tr>
<tr><td colspan="2">选题意义</td><td colspan="4"></td></tr>
<tr><td colspan="2">拍摄计划</td><td colspan="4"></td></tr>
<tr><td colspan="2">分镜头脚本撰写情况</td><td colspan="4"></td></tr>
<tr><td colspan="2">技术方案</td><td colspan="4"></td></tr>
<tr><td colspan="2">拍摄、编辑过程</td><td colspan="4"></td></tr>
<tr><td colspan="2">后期数字化处理</td><td colspan="4"></td></tr>
<tr><td colspan="2">制作过程中的难题
及解决方法</td><td colspan="4"></td></tr>
<tr><td rowspan="5">作品评价</td><td>教学性</td><td colspan="4"></td></tr>
<tr><td>科学性</td><td colspan="4"></td></tr>
<tr><td>审美性</td><td colspan="4"></td></tr>
<tr><td>思想性</td><td colspan="4"></td></tr>
<tr><td>技术性</td><td colspan="4"></td></tr>
</table>

（二）小组研讨：以摄制组为单位，各小组之间相互交流教育电视节目设计的步骤以及在编制过程中遇到的技术难题，并相互解决问题。

（三）全班交流与评价：本班级同学一起观看各小组的作品，并根据评价量规表，完成自评和互评。

（四）修改完善：根据其他小组的建议，修改、完善作品。

六、推荐资源

[1] 江北站，李经天. 教育技术项目实践[M]. 武汉：湖北科学技术出版社，2005.
[2] 李运林，徐福荫. 电视教材编导与制作[M]. 第二版. 北京：高等教育出版社，2007.
[3] 邹建，洪代星，贾志珍. 电视节目编导[M]. 上海：华东师范大学出版，2008.
[4] 南国农电化教育论文集——教育现代化的必由之路[M]. 高等教育出版社，2000.
[5] 高素敏. 试论教学案例电视教材的设计与制作[J]. 中国电化教育，2006(8)：83-84.
[6] 互动百科. 芝麻街. http://www.hudong.com/wiki.
[7] “牛顿第三定律”分镜头脚本. http://guyihen.blog.hexun.com/19182797_d.html.
[8] “你的第一份合同”文字脚本. http://blog.163.com/mingdao214/blog.

模块三　教育技术应用类项目

2000年10月,教育部召开了具有里程碑意义的“全国中小学信息技术教育工作会议”,会上教育部部长陈至立同志明确指出：今后五年中小学信息技术教育工作的三大任务是：信息技术课程开设、信息技术与课程整合、校校通工程的建设。

教育部于2001年6月8日颁发了《基础教育课程改革纲要(试行)》(教基[2001]17号文件),在明确提出新课程改革必须体现时代精神、必须突出以学生发展为中心、必须改变过于强调知识学科性的倾向等要求之后,又明确指出：必须“大力推进信息技术在学科教学过程中的普遍应用,促进信息技术与学科课程的整合,逐步实现教学内容的呈现方式、学生的学习方式、教师的教学方式和师生的互动方式的变革,充分发挥信息技术的优势,为学生的学习和发展提供丰富多彩的教育环境和有力的学习工具”。

在“全国中小学信息技术教育工作会议”召开十年之后,我国的教育信息化得到了迅速发展。在农村,农远工程方兴未艾,成效显著;在全国,教育信息化的后网络时代特征,使得大规模的网络硬件环境建设退居其次,完善教育网络系统、保障和扩展网络功能、强化终端设备的交互性、教师信息素养和技能的提高、信息技术应用成效的提高等,不仅成为发达地区教育信息化发展遇到和必须解决的共同问题,也成为西部地区和农村地区已经或将要面临的共性问题。

教育部在2010年2月发布的《国家中长期教育改革和发展规划纲要》(征求意见稿)中指出：要“加快教育信息基础设施建设。信息技术对教育发展具有革命性影响,必须予以高度重视。把教育信息化纳入国家信息化发展整体战略,超前部署教育信息网络。到2020年,基本建成覆盖城乡各级各类学校的数字化教育服务体系,促进教育内容、教学手段和方法的现代化。充分利用优质资源和先进技术,创新运行机制和管理模式,整合现有资源,构建先进、高效、实用的数字化教育基础设施。加快终端设施普及,推进数字化校园建设,实现多种方式接入互联网。重点加强农村学校信息基础建设,缩小城乡数字化差距。加快中国教育和科研计算机网、中国教育卫星宽带传输网升级换代。制定教育信息化基本标准,促进信息系统互联互通”。要“强化信息技术应用。提高教师应用信息技术水平,更新教学观念,改进教学方法,提高教学效果。鼓励学生利用信息手段主动学习、自主学习,增强运用信息技术分析解决问题能力,加快全民的信息技术普及和应用”。

国家对于加快教育信息化进程的这些举措,为教育信息化的深入发展指明了方向,也为现代教育技术的应用实践与研究,提出了新的课题。

现代教育技术是在教育实践过程中形成、发展的一门实践性很强的学科。现代教育技术的推进与普及工作,只能在广泛应用的基础上进行;教育技术促进教育教学改革、带动教育现代化的作用,只能在应用中实现和检验。本模块针对我国现代教育技术推进中遇到的主要问题,设计了农村远程教育工程、新媒体和新技术的应用与推广及信息技术与课程及学科教学整合三个典型的应用类项目，以帮助学习者学习、掌握教育技术应用项目的设计与实施方法。

项目 8 农村远程教育工程项目的实践

我国信息技术教育的“农村中小学现代远程教育工程”（以下简称“农远工程”），于2001年2月24日启动，当时称为“教育部、李嘉诚基金会西部中小学现代远程教育项目”。同年，经教育部、外经贸部和联合国儿童基金会批准，中央电化教育馆又启动了“中国——联合国儿童基金会现代远程教育扶贫示范工程项目”。2003年中，这些项目被统一称为“农村中小学现代远程教育工程”。

“农远工程”是我国基础教育信息化发展过程中的一大壮举。工程实施10年来，有效提高了农村地区中小学教师的信息素养、技能和教学能力，有力地普及了信息技术教育，明显缩小了农村地区与城镇地区的教育差距，促进了教育的均衡化发展，使数以亿计的农村中小学师生从中受益，可以算得上是我国教育发展史上规模最大、影响人群最多的教育信息化工程。

进入我国国民经济发展第十二个五年计划后，大力推进农村教育现代化，迅速提升“农远工程”的效益与水平，仍然是农村中小学实现教育现代化的主要任务。本项目将重点从“农远工程”的基本概念和应用，“农远工程”三种模式及其应用，“农远工程”的选择、组织、整合与利用，以及“农远工程”的教学实践等这几方面，对“农远工程”项目的实施作一个详细的介绍，以提高学习者对实施“农远工程”项目的实践能力。

一、学习目标

（一）了解“农远工程”项目的基本内容和实施的基本情况。

（二）学习、掌握计算机的基本知识、技能和在教育教学中的基本应用方法。

（三）重点学习、了解、掌握“农远工程”三种模式的特点及其应用方法。

（四）学会选择、组织、整合、利用“农远工程”资源，用于教育教学实践。

二、环境与条件

（一）农村复式教学点：配备DVD播放机，较大屏幕的电视机，以及与教学点学生年龄段相匹配的DVD或VCD光盘。

（二）农村完全小学：除上述设备外，还配备卫星接收天线、一台电脑、一台打印机。

（三）农村初中（或条件较好的完全小学）：除上述环境和条件外，还装备一间拥有12或24台计算机的多媒体教室。

上述三种环境，实际就是“农远工程”推动的三种教学环境和基于这三种环境的三种教学模式。

三、项目的任务

根据上述环境和条件中介绍的三种应用模式，设计相应的教学方案。

四、实践过程

(一)项目准备

1. 了解什么是“农远工程”三模式

“农远工程”的三种模式,不是一般意义上的教学模式,而是建设和应用模式。

(1)“农远工程”模式1

① 模式1的构成及技术特性。“农远工程”模式1即教学光盘播放点模式。该模式中的设备和资源,主要由电视机、DVD播放机和教材配套教学光盘构成。

这种模式的技术特性有:操作使用简单方便,易维护。以光盘形式保存的资源可以随时播放使用,容易实现资源的重现。使用成本低,易于普及。

其存在的主要问题有:人机交互性差,信息只能单向传递。由于教学光盘的开发周期较长,因而信息更新速度慢。

② 模式1的教学特点及功能。第一,能够开阔学生的视野。教学光盘的再现功能,能突破时间和空间的限制,将过去的或外界的事物重现于课堂,以大量信息的传递,开阔学生视野。第二,能够提高教学效率。音、视频教育资源的应用,改变了传统的教学环境和教学方式,使更多的人可以享受教学光盘提供的优质教育资源,进而提高教学质量和效率。

能够帮助农村教师树立新的教育教学观念、掌握新的教育教学方法,提高自己的教育学技能。

(2)“农远工程”模式2

“农远工程的”模式2是根据地区适用性和学校的差异性,主要为农村完全小学设计的农村远程教育的交涉与应用模式。该模式是在模式1的基础上,增加了卫星接收等设备而配置构建的。其硬件环境构成及相对应的教学特点和功能如下。

① 模式2的技术特性。模式2又称为卫星教学收视点,主要由卫星接收系统、计算机、电视机、DVD播放机、IP卫星资源和教材配套教学光盘构成。

这种模式的技术特性主要有:资源多样,既可利用现有的光盘资源,又可通过卫星接收系统接收国家教育部门提供的包括图像、文本、声音及多媒体信息等丰富的教学资源,还可收看“空中课堂”节目。成本较低,能够实现基本的数字化学习环境。信息更新及时,可以每天接收教学资源,时效性较高。

其主要的问题是:操作相对复杂,需要专人接收整理资源,且教师要有一定的资源整合能力。交互性差,信息传递也是单向的。

② 模式2的教学特点及功能。模式2的教学功能主要表现为:拥有模式1的所有教学功能。利用空中课堂和在线IP资源,可以进行同步教学和在线学习。资源多样化,能促使教学手段多样化。

(3)“农远工程”模式3

该模式主要由卫星接收系统、网络计算机教室、多媒体教室、教学光盘播放设备、互联网资源、IP卫星资源及教材配套教学光盘构成。在“农远工程”实施初期，模式3主要是为农村初中设计的。随着经济的发展，现在农村的一些完全小学也已经具备了模式3的条件。

模式3的技术特性主要有：多媒体资源非常丰富，除了可用模式1和模式2的资源外，还可以通过网络分享互联网上的海量资源。信息更新速度快。交互性好，信息传递多向且多维度。能实现网络教室的功能。

其主要问题是：操作应用相对比较复杂，教师不仅要具备一定的计算机操作能力，而且要有较高的信息技术与学科教学及课程整合的能力。建设和维护成本相对较高。

2. 掌握教学设计的基本原理

(1) 教学设计的定义

教学设计是运用系统观点和方法，根据教学内容和教学对象的特点，确定教学目标、选择教学策略、组合教学资源、制定学习评价方法的理论与实践。

教学设计的三个基本要素是：教学目标、教学策略与资源、学习评价。

① 教学目标。教学目标为国家、教育工作者和教师，要求学生通过学习过程获得学习成果和实现预期行为变化。

《基础教育课程改革纲要(试行)》(以下简称《纲要》)中的“课程标准”部分中指出：国家课程标准“应体现国家对不同阶段的学生在知识与技能、过程与方法、情感态度与价值观等方面的基本要求”。《纲要》还指出：国家课程标准“规定各门课程的性质、目标、内容框架，提出教学和评价建议”。由此可见，“知识与技能”、“过程与方法”、“情感态度与价值观”三个维度的教学目标，是国家对不同阶段的学生的基本要求。在进行教学目标设计的时候，必须体现三个维度的目标要求，并使之明确、具体、可操作、可检测。

② 教学策略与资源。教学策略包括教学方式、方法和教学程序。教学策略是在对教学目标、教学内容、教学对象综合分析的基础上确定的。

教学资源是指一切教学资源及其来源。在选择教学资源的时候要注意：不同教学资源必须为实现教学目标服务。多种教学资源的组合，必须有利于调动多种感官的参与。多种教学资源的利用，必须加大信息的容量。多种教学资源的利用必须突出交互性。

③ 学习评价。学习评价是通过反馈对教学目标实现的情况、学生的学习态度和发展水平做出科学判断，以保证教学过程有效进行的必不可少的教学环节。

(2) 教学设计的基本原则和基本步骤

① 基本原则。教学目标的整体性原则：现代教育资源的使用目标必须为教学的整体目标服务。

多种媒体组合的优化原则：必须实行现代教学资源与传统教学资源的有机结合，形成为实现整体教学目标服务的优化媒体组合群。

交互性原则：现代教学资源不应只是教师手中的教具，更应当成为学生手中的学具。

及时反馈的原则：运用现代教学资源反馈即时、真实、准确的优势，及时获得学生学习情况的真实信息，以便教师根据这些反馈信息调整教学方法。

② 基本步骤。基本步骤为：钻研教学大纲——分析学生情况——确定教学目标——制定教学策略、选择组合教学资源——设计学习反馈。

(3) 教学系统

在教学设计中，将为达到一定的教育、教学目的，实现一定的教育、教学功能的各种教育、教学组织形式称之为教育系统或教学系统。

3. 掌握基本的学习理论

① 建构主义学习理论。

② 认知主义学习理论。

③ 行为主义学习理论。

以上理论知识，建议参考相关教材，在此不再赘述。

(二) 项目实施

1. 进行学习者分析

了解学习者的基本特征，是使教学过程更加有的放矢，使学习结果更有成效的基础。进行学习者分析是教学设计的第一步。这种分析主要是对学习者以下问题的分析。

(1) 认知发展特征分析

认知发展是指学习主体(学生)获得知识和解决问题的能力随时间的推移而发生变化的过程、表现和变化程度。

(2) 学习者的起点水平分析

任何一个学习者在进行新知识的学习时都会把他原来所学的知识、技能和态度带入新的学习过程中，因此教学系统设计者必须了解学习者原来具有的知识、技能和态度，我们将之称为起点水平或起点能力。

(3) 学习者学习风格的分析

学习风格是学习者持续一贯的带有个性特征的学习方式，是学习策略和学习倾向的综合。学习风格中的学习策略是指学习方法，学习倾向是指学习者的学习情绪、态度、动机、持久性，以及对学习环境、学习内容等方面的好恶倾向。有些学习策略和学习倾向会随着外界的一些变化而变化，而有些则表现出一种固定性，成为一种相对稳定的个性特征。那些表现为持续稳定状态的学习策略和学习倾向，就构成了学习者的学习风格。

2. 进行学习需要分析

学习需要是指在某一特定情境下，学习者在学习方面目前的状态和应该或期望达到的状态之间的差距。正是有了对缩短这种差距的渴望，才使学习者产生了学习的需要。学习需要常常与学习动机相联系，是学习动机的具体体现，有主动和被动之分。主动的学习需要是以内在的、积极的学习动机为基础的，因此具有持久性。被动的学习需要，是由于外在压力而产生，以被动的学习动机为基础的，所以很难持久。如果教师处理得好，消极、被动的学习需要能够转化为积极主动的学习需要。反之，如果教师处理得不好，积极、主动的学习需要，也会转化为消极、被动的学习需要。

3. 进行学习目标分析

学习目标是对学习者通过教学后应该表现出来的可见行为的具体的、明确的表述。

4. 进行教学内容的编排

教学内容的编排可根据学科特点，采取以下几种方法：

第一种，由整体到部分，由一般到个别，不断分化。

第二种，确保教学内容从已知到未知。

第三种，按事物发展的规律排列。

第四种，注意教学内容之间的横向联系。

5. 选择、确定教学方法

选择合适的教学方法方能达到学习目标。常用的教学方法有：讲授法、演示法、讨论法、训练和实践法、合作学习法、示范模仿法、强化法。

教师可根据教学目标、学生特点、教学环境等诸多因素考虑如何将以上教学方法有机地结合在一起，达到预期教学目标。

6. 选择恰当的教学资源

多媒体教学一般有两种含义，一种是多媒体组合教学，一种是多媒体教学。

多媒体组合教学是将多种教学媒体，依据最优化的原则，根据教学需要组合为媒体群，共同为实现教学目标服务。多媒体教学则是指利用多媒体计算机，在多媒体或网络教室开展的教学。在实际教学中，不存在单一媒体的教学，即使在多媒体教室，也不是单一媒体在发挥作用。之所以产生多媒体教学的概念和现象，完全是为了突出教学过程中数字化信息技术的应用。

教学资源是由三部分组成的。第一部分是物化形态的硬件与环境；第二部分是智能形态的技术与软件；第三部分是进行教与学活动的人。在学校教育中，教师和学生基本上是已经确定的，一般情况下（特别是在中小学校）是不能互相选择的。因此，教学过程中的资源选择，主要是对教学媒体、教学软件的选择。

在选择教学资源时，要注意以下原则：

(1) 目标控制原则

目标不同选择的多媒体教学资源也不同。以外语教学为例，让学生掌握语法和掌握读音，是两种不同的教学目标。前者不用过多地利用多媒体资源，传统教学媒体即可。而后者则需要选择音频或视频等多媒体资源进行课堂教学。

(2) 内容符合原则

不同知识领域的学科教学，由于内容的差异性（如，理科侧重于逻辑思维训练；工科侧重于技能掌握和操作；文科侧重于理解与表述，等等），在选择教学媒体资源时也略有不同。例如：对教学内容为散文或小说体裁的语文教学，在选择媒体时，最好选择那些能够营造与学习内容相一致的氛围，为学生创设一种身临其境般的学习情境，以帮助学生加深对课文理解的教学媒体。对数学中的公式推导等内容的教学，就要选择那些能够清晰地将推导过程详细地展现出来的媒体。

(3) 对象适应原则

在选择教学媒体时，一定要考虑不同年龄学习者的认知特点。例如，低年级的学生思维是以具体形象思维为主的，抽象思维相对较弱。因此，应多采用图形、图画、动画、视频之类的媒体资源。高年级的学生比较喜欢进行逻辑思维，教师就可以采用一些相对抽象的文字、图表等媒体资源或具有启发性的形象化资源，以给学生留有进一步思考的余地。

7. 教学设计方案的评价

教学设计方案的评价可引导教学设计工作沿着预定的目标进行，回答教学设计方案是否能带来理想的教学效果，教学目标的设计是否具体明确，教学策略设计是否合理，教学媒体选择是否有效等一些问题。

8. 依据教学设计，搜集、选择、制作教学课件资源

教师在搜集、选择和制作教学课件资源的时候，要注意以下几个问题：

第一，该资源是否有适当的激发动机方面的内容。

第二，该资源是否包含了必要的教学内容。

第三，该资源内容安排的顺序是否合理。

第四，该资源是否提供了全部必要的信息。

第五，该资源是否包括了适当的反馈。

第六，该资源教学内容是否能满足不同层次学生的需求。

9. 根据教学设计实施教学活动

10. 进行教学反思

教学反思主要包括：学生是否喜欢这节课；有没有达到预期的教学目标；有没有合理地运用多媒体教学资源。

11. 总结

根据这节课学生的反馈和自身的表现，对“农远工程”三模式应用设计的方法和经验进行总结。

(三) 参考案例

案例展示

案例一 “声音的产生”教学设计(模式1)

陕西宝鸡相家庄中学　南建校

一、教学目标分析

(一) 知识与技能

1. 通过实验探究初步认识声音产生的条件。

2. 通过实验探究和观看视频资料，知道声音是由物体的振动产生的。

(二) 过程与方法

1. 通过观察发声体与不发声体的差异，能总结发声体的共同特征，培养对比观察能力。

2. 通过观察、分析振动与声音的关系，初步形成进行因果分析的能力。

3. 通过实验，初步了解化抽象为具体，化细微为显著的科学观察方法。

（三）情感态度与价值观

1. 通过对声现象的初步学习和对乐音美的感受，激发学生乐于探索自然现象和日常生活中的物理现象的兴趣。

2. 激发学生学习科学的求知欲望，培养学生热爱科学的积极情感。

3. 在活动中培养学生乐于与其他同学交流的意识。

二、教学内容及重点、难点分析

（一）知识点内容

1. 主要知识点：声音的产生，声源等。

2. 基本理论观点：一切发声的物体都在振动，振动停止发声也停止。

（二）教学重点：探究声音产生的条件。

（三）相关难点问题：研究方法的渗透。

（四）热点问题：发声体都在振动。

三、教学对象特征分析

八年级学生对物体发声的现象并不陌生，但对发声体都在振动则缺乏科学认识，需要观察、讨论加深印象，更需要通过实验、探究、感知来领悟声音的奥秘。学生的科学探究意识和能力还不是很强，需要教师的引导和帮助，需要从身边的简单事例及简单器材开始，进行规范培训。

四、教学策略分析

本节课主要让学生知道声音是由物体的振动产生的。这个知识点比较简单，关键是通过学生由熟悉的生活情境进入物理知识的探究中，在观察、感知、举例和实验等活动中，让学生去领悟声音的奥秘。通过媒体创设情境，使学生能对声音现象提出问题，并用心去探索，能充分发表自己的看法和见解，注重全体学生的发展。最后再通过媒体视频，帮助学生进一步将生活与物理联系在一起，另一方面也可以锻炼学生的表达能力。

五、教学媒体设计（媒体类型为视频、图片、动画等，按照教学实际需要依次填写）

教学媒体设计的具体细节如表 8-1 所示。

表 8-1 教学媒体设计表

	媒体类型	媒体内容要点	教学作用	使用方式	使用时间	备注
媒体的选择	音频	流水声	创设情境，引入新课	音频播放	24″	
	视频	古代编钟演奏音乐	创设情境，引入新课	视频播放	1′6″	
	图片	击鼓图	引起学生思考			
	视频	发声的音叉轻轻接触悬挂在铁架台上的乒乓球	验证发声的物体在振动	视频播放	3′	
	视频	各类乐器演奏模拟	感知发声体在振动	视频模拟	6″	
	视频	发声的喇叭靠近点燃的蜡烛	验证发声的物体在振动	视频播放	20″	
	视频	蜜蜂发声视频	观察蜜蜂翅膀的振动	视频播放	17″	

六、教学流程图

教学流程如图 8-1 所示。

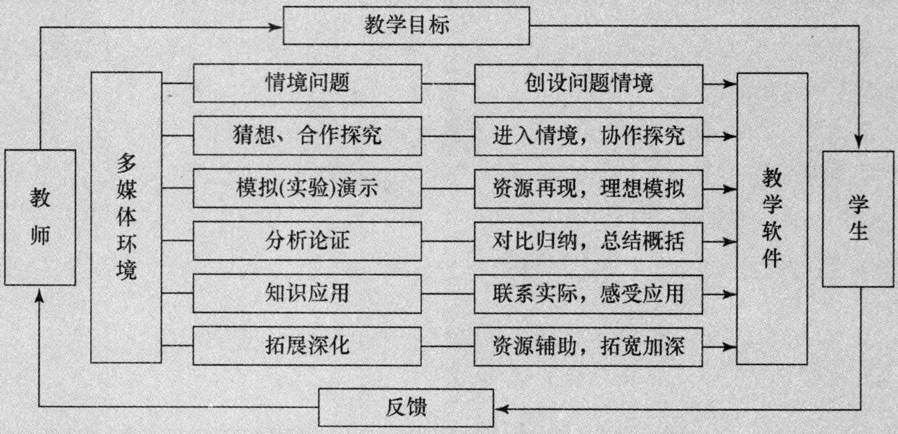

图 8-1 教学流程图

七、教具与学具

吉他、笛子、橡皮筋、尺子、音叉、铁架台、乒乓球、鼓、水槽、多媒体设备、上网搜索的图片及声音、视频文件等。

八、教学过程(略)

九、板书设计

板书设计如表 8-2 所示。

表 8-2 板书设计

<table>
<tr><td colspan="2">声音的产生</td></tr>
<tr><td>1. 声音是由物体的振动产生的。
2. 一切发声的物体都在振动，振动停止，发声停止。
3. 声源：发声的物体。</td><td>科学探究的方法：
提出问题→进行假设、猜想→探究实验→归纳结论</td></tr>
<tr><td colspan="2">物体 弹 直尺
吹 瓶子
拨 皮筋 振动产生声音
敲 音叉
敲 鼓</td></tr>
</table>

十、教师的课后反思

本节课的特点是把学习权完全交给了学生，让学生亲自动手实验，模拟物理知识发现的过程，并依托媒体资源的播放，让学生通过亲历、体验、感悟，达到语言所无法达到的效果，让学生从一个个具体的、真实的物理图景，感受到物理学的美与物理知识的无处不在，激发了学生学习物理的兴趣，培养了学生观察实验、分析实验的能力。适应了当前新课程标准的要求。

（编者对本教学设计进行了一些删改，未能及时征求作者意见，请原谅）

案例二　《美丽的小兴安岭》教学设计（模式2）

湖北省恩施市龙凤小学　胡座平

一、教学内容分析

《美丽的小兴安岭》是人教课标版语文第五册第六单元的一篇讲读课文。本课描写的是我国东北小兴安岭一年四季美丽的景色，抒发了作者热爱祖国壮丽山河的感情。全文围绕"美丽"、"诱人"，按春夏秋冬的顺序来写，字里行间流露出作者对小兴安岭的热爱之情，文章思路清晰，段落分明，语言生动，用词准确，是对学生进行"用词准确"训练的典型文章。课文采用总分总的结构形式。第一自然段概括叙述了小兴安岭的特点——绿色的海洋；第二至五自然段分别具体叙述了小兴安岭的四季景色，属于并列段落；第六自然段做总结，首尾呼应，紧扣题目。课文的语言生动、形象，贴切地运用比喻、拟人等修辞方法，使文章充满感染力。

二、教学设计思路

（一）教师以虚拟旅游者的身份和学生们一起到我国的最北方小兴安岭，进入课文内容的学习。

（二）尊重学生的阅读个性，充分利用课后问题："如果我们有机会去小兴安岭，你会选择哪个季节去，为什么？"来讲授第二至五自然段的内容。针对学生的发言，从大部分学生想要去旅游的季节的那段文字，展开分析课文内容。这样就打破了以前的那种课文要按顺序讲解的讲课方式，完全随着学生的意愿来进行新授内容，体现学生的主体地位。

（三）利用小组讨论交流的方式，让学生自主或者合作学习其余三个季节的主要内容。

（四）最后安排了一个课堂小练笔作为扩展练习，让学生以导游的身份带着自己的情感为小兴安岭写一句广告词。

（五）课后安排学生回家认真观察家乡的一处景物，抓住景物的特点，学习作者的写法，写一段话。

（六）构建和谐、轻松、愉悦的课堂氛围，促进师生、生生平等对话，让学生有话可说，有话要说，有情可抒。

（七）师生合作学习获得方法后，学生采用自主合作探究的学习方式，结合多媒体等直观教学手段，从而达到"教是为了不教"的目的。

（八）读写结合，学以致用。

三、教学目标

（一）知识与能力

引导学生学会10个生字，掌握生字新词。

（二）过程与方法

指导学生有感情地朗读课文，背诵自己喜欢的小节，指导学生学习抓住景物的特点进行观察的方法。

（三）情感态度与价值观

引导学生了解小兴安岭一年四季的美丽景色、丰富的物产，激发学生热爱祖国大好河山的思想感情。

四、教学内容及重点、难点

（一）主要知识点

1. 体会作者抓住每季特点观察的方法。

2. 体会课文中用词准确、生动的优美句子。

（二）教学重点

1. 体会作者抓住每季特点观察的方法。

2. 体会课文中用词准确、生动的优美句子。

（三）教学难点

文中介绍的景象及动物、物产等，学生不够熟悉，可能感到生疏，理解会有一定的困难。

体会课文中用词准确、生动的优美句子。

热点问题：假设学生就是旅游公司的导游，请学生为小兴安岭这个旅游胜地写一条广告，宣传一下小兴安岭。

五、教学对象特征分析

三年级的语文教学处于由低年级的识字教学向高年级的阅读教学的过渡阶段，在小学语文教学中起着承前启后的作用。其主要任务是进行段的训练，并在段的训练中培养学生理解词语，运用词语的能力。然而，准确地运用词语和恰到好处地表达，对于刚升入三年级不久的学生来说，还是一个比较薄弱的环节。他们还处于学习和积累经验的阶段，他们的观察能力和表达能力也比较有限。因此，在教学中应当提倡教师和学生平等对话，学生进行自主、合作、探究的学习；提倡在想象形象中感知形象，引导学生结合多媒体等直观教学手段，感悟课文。

六、教学媒体设计（媒体类型为视频、图片、动画等，按照教学实际需要依次填写）

教学媒体设计如表 8-3 所示。

表 8-3　教学媒体设计表

	媒体类型	媒体内容要点	教学作用	使用方式	使用时间	备注
媒体的选择	视频	课文朗读	整体感知	链接到幻灯片播放	3 分钟	
	图片	春夏秋冬各种景物的图片	直观领略景物	幻灯片图文呈现	3 分钟	
	动画	春天冰雪融化、万物复苏的动画	直观感受春天生机勃勃万物复苏的景象	链接到幻灯片播放	2 分钟	

七、教学过程设计

（一）导入设计

问题导入：读课题设疑“作者主要写小兴安岭的什么特点?”之后听听课文朗读，看看学生还有什么感受?

（二）教学过程设计（各行按照教学步骤、教师、学生、设计意图、教学时间依次填写）

教学过程设计如表 8-4 所示。

表 8-4　教学过程设计表

教学步骤	教师	学生	设计意图	时间
复习导入	1. 师：同学们，这节课我们继续走进如诗如画的小兴安岭。 2. 师：齐读课题，说说作者主要写小兴安岭的什么特点?（板书：美丽）	1. 作者主要写小兴安岭的美丽。 2. 小兴安岭是个美丽的大花坛，小兴安岭景色太诱人，小兴安岭是一座巨大的宝库……	1. 从课题入手，让学生明白全文以“美丽”为主，围绕“花园、宝库”展开的	2 分钟
整体感知理清文章脉络	1. 师：下面我们走进文本，听听课文朗读，看看你还有什么感受? 2. 师：除了“美丽”，小兴安岭还给你留下什么印象? 3. 师：同学们真会学习。作者用一个自然段写了小兴安岭总的特点，是哪个自然段? 4. 师：对，让我们也来读读，小兴安岭是个怎样的地方（根据学生的回答，板书：花园 宝库）。 5. 师：那么课文哪些自然段又在具体写小兴安岭是“花园”与“宝库”? 这四个自然段又是按什么顺序来具体写的?	1. 课文最后一个自然段写了小兴安岭总的特点。 2. 小兴安岭总是一座花园，也是一座宝库。 3. 第二至五自然段在具体写小兴安岭是“花园”与“宝库”。 4. 这四个自然段按春、夏、秋、冬顺序来具体写的。	1. 直指课文最后一个总结段，体会课文的叙述顺序	6 分钟
走进春夏秋冬领略	（一）走进夏天领略美景 1. 师：小兴安岭的春夏秋冬各有特色，如果你去小兴安岭，你会选择什么季节去?（根据学生的意见引导学生学习） 2. 师：同学们认为这篇课文中写得最优美的要算夏天，让我们一起走进夏天的小兴安岭。 3. 师：让我们赶快读读，在描写的景物下面画上圆圈。 4. 师：主要写了什么景物。 5. 师：请同学们再读读，找一找夏天美在哪里? 把自己最喜欢的句子用横线画出来。 6. 师：夏天美在哪里? ①（灯片）“夏天，树木长得葱葱茏茏，密密层层的枝叶把森林封得严严实实，挡住了人们的视线，遮住了蓝蓝的天空。”	1. 我会选择夏天去，因为我觉得夏天最美…… 2. 夏天主要写了树木、阳光、雾、野花。 3. 夏天的树木很美，你看树木长得葱葱茏茏…… 4. 夏天的雾很美，你看整个森林浸在浓雾里，仿佛是天宫。 5. 夏天森林里的阳光很美，你看阳光像一把把利剑。 6. 夏天的野花更美，你看草地上盛开着各种各样的野花……	1. 以学生的意见为主选择夏季开始教学，体现以生为本的理念。 2. 图文呈现，避免枯燥单调的咬文嚼字、斟字酌句的语文教学活动	8 分钟

续表

教学步骤	教师	学生	设计意图	时间
美景	师：这句话让你感受到了什么？你觉得哪儿美？特别是哪些词语让你感受了树木很多，很茂盛？ （葱葱茏茏、密密层层、封、严严实实、挡住、遮住） 师：这里怎么用“封”这个字，枝叶把森林封住是什么样的呀？ 师：还有喜欢这句话的吗？你有什么体会？把你的感受也送进去读好这句话。 ②（灯片）“早晨，雾从山谷里升起来，整个森林浸在乳白色的浓雾里。” 师：想看看森林浸在雾中的美景吗？我们来直观欣赏一下。 师：哇，是个怎样的情景？整个森林简直泡在雾中，“整个森林浸在浓雾里”说明了什么？ 师：如果这时你在这个森林中，你会觉得像在哪里？喜欢吗？ 师：把你的感受也送进去读好这句话。 ③（灯片）“太阳出来了，千万缕像利剑一样的金光……” 师：我们来直观欣赏一下。 师：千万缕金光现在成了什么？这是什么写法？ 师：这情景你有什么感受？把你的感受也送进去读好这句话。 ④（灯片）“草地上盛开着各种各样的野花……大花坛。” 师：为什么喜欢这句话？ 师：花一直是美丽的象征，各种颜色的花聚在一起当然美丽。我们带着最美的语气读好这句话？ 4. 浏览了夏天，你想送个什么词给夏天的小兴安岭。	7. 我给夏天的小兴安岭送个词语：枝繁叶茂、五彩缤纷、树木茂盛、葱葱茏茏……	3. 先引导学生理解词句、领略美景、学会观察、积累语言，再总结学习方法，最后利用方法自主合作学习，师生共同经历一个探索学习方法的过程	
	（二）总结迁移 自主合作学习 1. 师：浏览了夏天的小兴安岭，收获还真不小。下面我们一起来总结刚才的学习方法。 2. 师：小兴安岭的春天、秋天与冬天同样迷人，选取自己最喜欢的一段，按照我们的总结方法进行学习。可以自主学习，也可与兴趣相同的伙伴合作学习。	1. 我们来总结学习方法：(1) 初读，画出写了些什么景物？(2) 研读，找出自己喜欢的词句，研究体会。(3) 品读，读出自己的情感。 2. 自选一个季节，按照总结的方法，可以自主学习，也可与兴趣相同的伙伴合作学习。		2 分钟

续表

教学步骤	教师	学生	设计意图	时间
	（三）交流汇报 1. 师：提示交流汇报的方法：可以说景物、谈美景、诵读、表演解说。 春天： ①“春天，树木抽新的枝条，长出嫩绿的叶子。山上的积雪……涨满了春水。” 重点指导：说说你感受到了什么？把你的感受送进去读好这句话。 ②“小鹿在溪边散步，它们有的俯下身子喝水，有的侧着脑袋欣赏自己映在水里的影子。”读着这句话，你的脑海里会浮现出一幅怎么样的画？你觉得画中的小鹿是怎么样的？把你的感受送进去读好这句话。 ③ 我们送个词语给春天的小兴安岭吧。 秋天： 1. 说景物　主要写了什么景物。 2. 谈美景　诵读、交流自己最喜欢的句子。 ① 你找到了秋天的美吗？你有什么体会？ ② 还有吗？ 3. 你想送个什么词给秋天的小兴安岭？	春天： 1. 说景物　主要写了树木、积雪、溪水、小鹿。 2. 谈美景　诵读 ①“春天，树木抽新的枝条，长出嫩绿的叶子。山上的积雪……涨满了春水。” 我感受到了一种生机勃勃的生命力。我想读读这句话…… ②“小鹿在溪边散步，它们有的俯下身子喝水，有的侧着脑袋欣赏自己映在水里的影子。”读着这句话，我的脑海里浮现出小鹿活泼可爱的样子。我想读出我的感受。 ③ 我送个词语给春天的小兴安岭：生机勃勃、山清水秀。 秋天： 1. 说景物　主要写了树木、落叶、山葡萄…… 2. 谈美景　诵读 ① 我找到的美的句子“秋天……”我想在一片树林中，既有黄色又有绿色，它们相间在一起一定会很美。 ② 我认为这个句子也很美“秋风吹来……”这里“飞舞”一词用得很好，有动感，有美感，使人感觉像纷飞的彩蝶。 ③ 我喜欢“这时候，森林向人们献出了酸甜可口的山葡萄……名贵药材”这句话。是啊，小兴安岭的物产多得让你乐得合不拢嘴。我把感受送进去读好这句话。 ④ 我想送个词给秋天的小兴安岭：五彩缤纷、绚丽多彩、物产丰富。		15 分钟

续表

教学步骤	教师	学生	设计意图	时间
	冬天： 1. 说景物　主要写了什么景物。 2. 谈美景　诵读、交流自己最喜欢的句子。 ①“冬天，雪花在空中飞舞……” 说说喜欢的原因。我们把感受送进去读好这句话。 ②“紫貂……” 说说喜欢的原因。我们把感受送进去读好这句话。 3. 你想送个什么词给冬天的小兴安岭。	冬天： 1. 说景物　主要写了雪和动物。 2. 谈美景　诵读 ①“冬天，雪花在空中飞舞……”小兴安岭的冬天简直就是雪的世界，白茫茫的一片，实在很美。 ②“紫貂……”我觉得这些动物过冬真有意思。 3. 我想送个词给冬天的小兴安岭：雪花纷飞、大雪纷飞。		
读写结合学以致用	1. 师：小兴安岭一年四季景色诱人，读着读着我仿佛看到了各个季节不同的景色。但四季中描写了相同的景物，是什么？ 2. 师：课文有一个自然段只写了树木，在哪儿？ 3. 师：我们一起读读。有什么感受？ 4. 师：小兴安岭几百里连成一片，一碧千里，这该是一幅多么壮观的景色。带着这种感受读读这段话。 5. 师：学了课文，你一定被小兴安岭的景色迷住了。你就是旅游公司的导游，请你为小兴安岭这个旅游胜地写一条广告。 6. 师：下面我们一起分享你的作品。	1. 四季中描写相同的景物是树木。 2. 课文第一自然段只写了树木。 3. 我的感受是树木太多了，成了绿色的海洋。 4. 小兴安岭，人间仙境。大花园，大宝库，旅游好去处。 小兴安岭，雾海仙境。 小兴安岭风光，养生度假天堂……		
总结升华课外拓展	根据板书总结 回家认真观察家乡的一处景物，抓住景物的特点，学习作者的写法，写一段话。		读是为了写，学习作者的写法，运用积累的语言进行小练笔，为书写观察作文起好步。	1分钟

（编者对本教学设计进行了一些删改，未能及时经征求作者意见，请原谅）

案例三　《木兰诗》教学设计（模式3）

湖北省天门市九真中学　袁利军

设计者的话：本案例是关于“远程教育资源在农村中小学教学中的二次开发和应用”研究的教学实施案例。该案例使用了三个从网络上下载的音、视频资料，分别用于课前的导入、课中的赏析、课后的诵读，以体现将远程教育资源与传统的教学模式整合所达到的效果。

一、教学目标

（一）知识与技能

1. 培养学生借助工具书等自主阅读文言文的能力。

2. 掌握文中词句的意义，理解文章内容，巩固、增加文言知识。

3. 指导、训练朗读，学习有感情朗读课文。

4. 欣赏文章美点，体会古体诗独特的艺术魅力。

5. 背诵，增加语言素材积累、提升学生文学素养。

（二）过程与方法

学会利用注释、工具书以及多种阅读方式，结合教师的引导、点拨，讨论、欣赏文章内容和美点。

（三）情感态度与价值观

了解诗中女英雄木兰的形象，体会古代劳动人民的爱国精神和对和平的向往。

二、教学内容及重点、难点

（一）主要知识点

1. 了解乐府民歌形式上的特点，体会修辞运用给文章增加的美感。

2. 了解叙事诗内容上的特点，学习本文详略得当的叙事方法，领会故事情节曲折性、戏剧性的特点。

3. 理解木兰的形象及塑造人物的手法。

基本理论观点：欣赏民歌，语言是不可忽视的方面，本文多用修辞，应着重体会修辞运用给文章增加的美感。叙事类的古体诗，情节的安排和人物形象的塑造是赏析的切入点。

（二）教学重点

《木兰诗》的结构美、形象美、语言美。

（三）教学难点

《木兰诗》的主题：木兰代父从军，可见悲剧性的现实——北朝战争给民众带来的沉重负担；木兰功成身退，是封建社会男尊女卑思想影响的必然结果。

（四）热点问题联系

由于教材内容本身的局限，联系社会热点比较困难。可从两个方面来拓展：第一，探讨男尊女卑封建思想的残余，对比当今社会男女平等的进步；第二，搜集古今中外巾帼英雄的故事，使学生受到更多榜样人物精神力量的感染与激励。

三、教学对象特征分析

本课是七年级上册的一篇文言课文，上一节课已经讲解了字词音形义、文章结构。这一课，就不能只是简单的重复，应有新意。七年级学生想象力丰富、好奇心强、喜欢看动画片，但他们的文学理论知识欠缺。因此，可以将生涩难懂的文言文用多种媒体形式来轻松表现文章的含义。

四、教学策略

运用多媒体教学手段，可以很好地创设情境、激发学生兴趣，消除重复上课带来的反感。从文学作品欣赏的角度来把握课文内容，在原有基础上提升了一个层次，使学生能真正学有所得。

五、教学媒体设计(按照媒体类型 、媒体内容要点、教学作用、使用方式、使用时间、备注的顺序来描述)

音视频文件:《花木兰》动画片;激趣导入:正式上课前播放一次用时3分钟。

音视频文件:《木兰诗》名家导读:帮助学生抓住教学重点;穿插播放三次,每次时间2分钟。

音视频文件:《木兰诗》名家朗读:用做范读、朗读实例指导;重复播放两次,每次时间3分钟。

六、教学过程设计

导入设计:录像导入式——播放动画片《花木兰》片断。

教学过程设计

(一) 激趣导入

创设情境、激发兴趣、落实文体知识 6 分钟。

教师:播放动画片《花木兰》片断——陈述导语——播放幻灯片:解题,文学常识。

学生:观看动画、听导语、齐读文学常识。

(二) 检查预习

检查预习效果,疏通文义 10 分钟。

教师:指错纠错,适当评点。

学生:朗读、翻译、质疑、讨论。

(三) 品读鉴赏

结构美、语言美、形象美;教学的主要环节,突出教学重点 20 分钟。

教师:播放名师导读视频,提问,引导讨论,点拨评论,播放幻灯片明确知识。

学生:观看视频、思考讨论、回答问题、作好笔记。

(四) 朗读背诵

训练朗读、当堂成诵 9 分钟。

教师:播放名家朗读视频。

学生:观看视频、体会、学读、背诵。

七、教学过程

(一) 激趣导入

1. 播放动画片《花木兰》片断。

2. 教师导语:动画中的花木兰,就是我们今天要学习的这篇课文的主人公。她代父从军,驰骋疆场;她鄙弃荣华,谢绝高官;她眷念故土,毅然返乡。她的经历传奇浪漫,一千多年来,她成了家喻户晓的英雄人物。现在我们一起来学习北朝乐府民歌《木兰诗》,看看木兰最初的形象。

3. 教师解题,讲解相关文学常识:《木兰诗》选自宋朝郭茂倩编的《乐府诗集》,是北朝乐府中篇幅较长的叙事歌辞。它和《孔雀东南飞》一起,并称为乐府诗中的"双璧"。《孔雀东南飞》写哀艳感人的爱情悲剧,而《木兰诗》是一曲传奇式女性英雄的赞歌。

(二) 检查预习

1. 正音:指名朗读,师生共同指错纠错。

2. 释义:自由译,难点标记,举手说,学生质疑。

3. 全班齐读全诗。

（三）品读鉴赏

话题一：结构美

1. 播放名师导读视频。

2. 概括情节，明确详略，探讨原因。

A. 木兰纺织　　B. 木兰从军（从军缘由、征前准备、征途思亲）

C. 木兰征战　　D. 木兰还乡（凯旋辞官、还乡团聚）

略写 C. 战场生活，百战情况，详写 ABD。

3. 这样处理的原因在于：这首诗不是重在表现木兰怎样作战取胜，而是重在表现木兰这个年轻女子深明大义、代父从军、性格纯真、品质高贵。所以诗中扣住从军故事的始末，着重描写她的内心世界，表现她的思想感情，刻画出了这个血肉丰满的年轻女子的英雄形象。这样根据人物特点、诗篇主题来处理题材的详略，非常恰当。

4. 小结：详略得当，繁简相宜。

话题二：形象美

1. 想一想，说一说：

这是一首赞颂木兰（　　　　）的诗，从句（　　　　）中可以看出。

2. 播放名师导读视频（从作为女性和英雄两个方面来补充提示）。

3. 讨论木兰之美：勤劳，善良，淳朴，美貌，活泼，富有生活情趣，是个普通女子。她爱家，爱国，这是忠孝两全。她机智，勇敢，这是智勇双全。她代父从军，深明大义。她驰骋沙场，建功立业，又是个金戈铁马的英雄。

4. 小结：女儿情怀，英雄气概。

（学生回答若涉及相关内容，可顺带探讨一下诗歌主题，木兰代父从军，可见悲剧性的现实：北朝战争给民众带来的沉重负担；木兰功成身退，是封建社会男尊女卑的思想影响的必然结果。）

教师播放名家朗读视频，学生边观看边思考。

话题三：语言美

1. 想一想，说一说：

诗中运用了（　　　　）的修辞手法，从句（　　　　）中可以看出。

2. 播放名师导读视频。

3. 明确：民歌风格。

妥帖恰当的修辞，生动形象的描写，使语言活泼明快，让人百读不厌。

朴质俚语的语调，押韵响亮，音节整齐，富有节奏感和音乐美，读来朗朗上口。

4. 修辞方式：采用复叠、对偶、问答、顶真、排比、夸张、比兴等修辞方式。

5. 小结：多用修辞，音韵和谐。

6. 朗读：要求学生有感情地背诵全诗。

（四）板书设计

木兰诗

——《乐府诗集》

结构美——详略得当，繁简相宜

形象美——女儿情怀，英雄气概

语言美——多用修辞，音韵和谐

（五）拓展延伸

1. 收集资料：巾帼英雄。

2. 改写诗歌：写成故事。

（六）资料来源

1.《花木兰》动画视频：http://www.tudou.com/programs/view/gUUKN6A7mis/.

2. 名家朗读视频：http://you.video.sina.com.cn/b/790949-1264317285.html.

3. 名师导读视频：http://v.ku6.com/show/RE-KB0hRGPYULgpc.html.

八、教师的教学反思和自我评价

这是一节典型的文学作品欣赏课，教案设计版块清晰、重点突出，知识都得到了落实。这也是一节成功的远程教育示范课，多媒体教学资源与课堂教学环节整合比较成功，所选音视频资料恰当且有效地促进了教学，真正体现了本次课题——远程教育资源在农村中小学教学中的二次开发和应用。

存在的不足之处：为了发挥音、视频资料的运用，在教学时间和教学环节方面有些受到牵制；对于设备操作不够熟练，顾此失彼，细节方面欠严谨流畅。

改进措施：应补充、精心设计穿插语；细化教学环节，改进课件；分解操作步骤，增加选项；熟悉多媒体教学设备的使用和操作，使整个教学实施更加灵活、流畅。

五、项目成果展示与交流

将设计好的针对不同远程教育模式的三份教学设计方案，在小组内展示并交流，讨论、评价三份教学设计方案的不同之处及其优缺点，讨论这些教学设计是否体现出不同远程教育模式的优势。

六、推荐资源

[1] 顾明远，谢邦同，乌美娜. 教育技术[M]. 北京：高等教育出版社，2003.

[2] 江北战，李经天. 教育技术项目实践[M]. 武汉：湖北科学技术出版社，2005.

[3] 何克抗，李克东. 教学系统设计[M]. 北京：北京师范大学出版社，2003.

[4] 王继新，张屹. 远程教育原理与技术[M]. 北京：北京大学出版社，2008.

[5] 杨晓宏，孙新领. 农村中小学现代远程教育教学应用模式研究[J]. 中国教育信息化，2008(2)：62-65.

项目 9　新媒体、新技术的应用与推广

随着信息化教学工具慢慢走入课堂，许多教师都可以将传统的教学工具与新型的教学工作结合使用。实验证明，使用这些新媒体和新技术在一定程度上能提高学生的学习兴趣，改善教学效果。那么到底如何在教学过程中穿插使用新技术呢？本项目将对此做较详细的阐述。

一、学习目标

（一）熟悉交互式电子白板和互动反馈系统的性能和特点。

（二）掌握交互式电子白板和互动反馈系统的使用方法。

（三）能够进行基于交互式电子白板和基于互动反馈系统的教学设计。

（四）能够根据教学设计，熟练地运用这些新媒体和新技术进行教学。

二、环境与条件

配备了交互式电子白板和互动反馈系统的多媒体网络教室。

三、项目的任务

（一）根据教学需要，设计基于交互式电子白板或互动反馈技术的教学设计。

（二）按照教学设计实施教学。

（三）对交互式电子白板和互动反馈技术的应用进行评价。

四、实践过程

（一）项目准备

1. 交互式电子白板

交互式电子白板（Interactive Whiteboard）是电子感应白板（Whiteboard）及感应笔等附件（硬件）与白板操作系统（软件）的集成。它融合了计算机技术、微电子技术与电子通信技术，成为计算机的一种输入输出设备，成为人（用户）与计算机进行交互的智能平台。简而言之，交互式电子白板是一个按照一定规格制作的、在计算机软硬件支持下工作的，既具有普通白板和多媒体网络计算机功能，又可以实现普通白板功能与计算机功能、软硬件功能与教育资源以及人机与人际多重交互的电子感应屏板。

交互式电子白板的核心功能和教学特征是多媒体技术、网络技术优势与学习主体性特征的有机融合。其在教学中的主要功能有以下几点：

第一，非常方便地获取并整合教育教学资源。

第二，非常方便地以多媒体和网络方式呈现教育教学资源，非常有效地激发学生的学习兴趣，提高课堂的教学效率。

第三，通过交互性功能，非常方便地突出教学重点、突破教学难点，帮助教师更加有效地“教”，使学生更加有效地“学”。

第四，通过交互性功能，非常有效地创设学习主体积极主动参与的环境、条件和机会，为促进学生的发展奠定基础。

第五，及时、准确、全面地记录学生的学习过程资料，形成再生性资源，为教学资源的再利用和有效开展过程性评价奠定基础。

上述教学功能，是交互式电子白板天生具有的，要想科学有效地发挥这些技术功能的优势，则需要广大教师的不断钻研和探索。

2. 互动反馈系统

互动反馈系统（Interactive Response System，简称 IRS）可以将课堂所有学生或观众的积极性调动起来，每个人都可以直接参与到每个活动中来，进行记名或不记名作答和表决，让每一次课堂或会议演示就像电视竞猜节目一样精彩。

互动反馈系统的主要教学功能有以下几点：

（1）激发学习兴趣

基本教学功能是让每个学生通过IRS进行互动参与，提升学习注意力和兴趣。拓展教学的用途是挑战思维——通过行为参与诱发思维参与。

（2）双基强化训练

基本教学功能是针对基础知识、基本技能，利用IRS的选择、判断进行巩固练习，强化掌握。拓展教学的用途是分层教学——在强化训练的基础上，根据知识掌握程度对学生进行课堂即时分层，给予不同层次学生不同的教学内容，满足其个性化的学习需求，更好地做到因材施教。

（3）教学效果检测

基本教学功能是教师可通过IRS做小测验，快速诊断每个学生起点或即时检测课堂教学效果。拓展教学的用途主要体现为进行各类诊断性测查，例如，前馈性测查：测查学生学习新知前需要掌握的基础知识或检测学生对将要学习内容的掌握情况，前馈性检查可以科学地确定教学起点，从而决定教学内容的取舍与轻重；形成性测查：即对教学过程的每个环节进行测查，以决定是否转入下一个环节学习及查漏补缺；终结性测查：是在单元或阶段教学后了解学生状况，以帮助教师验证、修改教学设计。

（4）思维过程引导

基本教学功能是利用IRS结合具有认知冲突的问题设计（选择/判断），教师以反馈后的差异显性化为支架，进行课堂互动提问，引导学生深入思考。拓展教学的用途是同侪小组合作教学——根据教学内容编制含有冲突的IRS问题，通过学生反馈生成冲突，让不同选项之间的学生彼此阐述并说服其他同学，通过分组合作讨论化解冲突。

（5）有效调控教学

显性化差异让教师具有调整教学的敏捷性，便于教学反思。拓展教学的用途是分步教学——将教学内容划分为几步，每步都提出相关问题，几个步骤形成递进关系，从而引导学生思维逐步深化，同时可以了解每个学生的思维过程，并开展相应的有针对性的教学。

（6）课堂教学评价

教师通过即时反馈（训练、检测、引导等前置性IRS应用），有效开展课堂教学评价。

（7）学生自我评价

通过学习满意度调查，差异结果观察，培养学生的评价意识。

（8）媒体整合应用

有效提高教室内的计算机、投影仪等多媒体设备的使用率。

在课堂上，教师利用教师遥控器在投影上讲解内容，设置互动问题对学生提问；学生利用自己手中的遥控器发表自己的看法，计算机软件自动做出判断并输出结果统计图，教师立即知道学生对课题知识的掌握情况，学生也会知道自己理解上的偏差。当然，还可以记录考勤和应答测试、抢答游戏、淘汰比赛、投票选举、问卷调查、打分评选、口头出题、电子举手等。

（二）项目实施

1. 学会进行学习者分析

在这个阶段，教师要认真分析学生的认知发展水平、学习风格等因素。教师在备课前要考虑学生的学习基础。如小学低年级的学生在学习时可适当添加图片、视频、动画和声音；而高年级的学生和初中的学生则不宜过多使用上述内容，但这个年级的学生具有一定的信息搜集能力和表达能力,所以教师可布置一些相关任务。

2. 学会进行学习需要分析

如在教学中,学生的成绩达不到教学大纲的要求,教师就要反思一下是哪个教学环节出了问题,并尝试借助交互式电子白板或互动反馈系统等新技术解决问题。

3. 学会进行教学目标与任务的分析与设计

(1) 知识与技能目标

在教学过程中,可以通过使用交互式电子白板展示知识和技能目标,让学生在教师创设的情境下利用电子交互白板讲解自己搜集的资料和内容,以达到使学生掌握这节课预定的知识与技能目标。如果使用的是互动反馈系统,教师可以利用 PPT 或其他教学手段展示知识与技能目标。

(2) 过程与方法目标

利用交互式电子白板和互动反馈系统,为学生创造行为、思维和情感参与的环境和条件,使学生通过观看、倾听、思考、比较、分析、概括、归纳和推演的学习过程,学会科学有效的学习方法和思维方法。

(3) 情感态度与价值观目标

激发学生健康的兴趣、情感,培养学生愿意独立思考、协作学习和进行探究学习的愿望等。

4. 学会运用科学、有效的教学方法

一般的教学方法主要有:讲授法、演示法、讨论法、训练和实践法、合作学习法、示范模仿法和强化法。

教师应根据学生的年龄来选择和确定教学方法。如:对低年级的学生,比较适合采用讲授法+演示法;对于高年级学生,则可以用讨论的方法和协作学习的方法。

在任何年级段的教学中,都不是一种教学方法在起作用,而是多种教学方法在交替着发挥作用。所以,在教学过程中,教学方法都不是单一的,而是多种教学方法混合到一起的。例如:教师可以在一节课开始的时候利用讲授法讲解这节课的学习目标,也可以直接让学生上台来演示自己搜集的相关资料和内容。在讲解教学内容时,教师既可以利用交互式电子白板或互动反馈系统进行教学,也可以利用合作学习法,让学生组成小组自行讨论。

5. 学会进行教学过程的设计

(1) 基于交互式电子白板的教学设计

基于交互式电子白板的教学设计除了应遵循我们已经讲过的设计要素、原则、方法之外,还应特别注意体现和发挥电子白板的交互性技术优势。这些优势可以用一个词来概括,这就是交互。因此,在基于交互式电子白板的教学设计中,一定要充分发挥其书写功能、拖拽功能、播放视频动画的功能、书写功能及图片与 PPT 的切换兼容功能等,让学生直接操作媒体进行学习。

例如:为了让学生更快地融入课堂学习的气氛中,同时又可以复习知识,设计一些小的动画或游戏可吸引学生的注意力,并能有效地帮助其回忆所学知识。利用电子白板的交互特点,让学生亲自参与到课堂中去,使学生在交流讲解的过程中更好地理解所学知识,增强自信心,培养学习兴趣和与他人的合作能力。教师则可在最后总结时,整体梳理所学知识。

教师引导学生回顾前面所学过的知识(利用课堂提问或使用多媒体展示的方式),也可以让学生上前来用白板操作，进一步回顾所学知识。随后，教师结合学生的特点，利用电子白板进行教学。如果教师布置了汇报性作业，可让学生分成小组进行汇报。最后，教师总结此次课的内容。

总之，一定不要将交互式电子白板当做传统的黑板来使用，一定不要将交互式电子白板只当做教师展示教学内容的工具来使用，要将白板当做学生的学习工具和认知工具来设计和使用。

(2) 基于互动反馈系统的教学设计

互动反馈系统的核心功能是：在学生积极主动地参与下，教师可以及时、准确地获得学生的反馈信息，以调整自己的教学方法；学生可以通过对反馈信息的对比，找到自己学习中出现的问题和与其他同学间的差距，以调整自己的学习方法。

基于互动反馈系统的教学设计，必须充分体现和发挥互动和反馈的功能。

互动反馈教学模式是多种多样的，例如：随堂评测模式、分层教学模式、分步教学模式、冲突教学模式、双循环讨论教学模式、螺旋式讨论教学模式等。

(3) 课堂教学设计参考要素

① 教学目标分析，包括：知识与技能，过程与方法，情感态度与价值观。

② 教学内容及重点、难点分析，包括：主要知识点，教学重点，教学难点，热点问题。

③ 教学对象特征分析。

④ 教学策略分析。

⑤ 教学媒体设计（媒体类型为视频、图片、动画等，按照教学实际需要依次填写，如表9-1所示）。

表 9-1 教学媒体设计表

	媒体类型	媒体内容要点	教学作用	使用方式	使用时间	备注
媒体的选择						

⑥ 教学过程设计与分析。导入设计：根据教学实际给出课堂导入的示例，包括：问题导入式，名言导入式，录像导入式。

⑦ 教学过程设计（各行按照教学步骤、教师、学生、设计意图、教学时间依次填写，如表9-2所示）。

表 9-2 教学过程设计表

教学步骤	教师	学生	设计意图	时间

6. 能够对学生的学习反馈进行分析，对学生的学习效果进行评价

学会从学生的课堂参与情况、回答问题情况、协作学习情况、作业反馈情况等方面来进行评价。也学会通过课下与学生的交流反馈，掌握学生的学习情况。

7. 能够对自己的教学情况进行自我评价及反思

通过学习效果的评价及学生的学习反馈，教师进行自我评价和反思。如本节课的教学方法是否有效生动；教学方法是否得当；教学语言组织是否连贯；学生课堂参与的积极性是否很高，如若不高，是什么原因造成的；教师的教学内容是否照顾到所有学生的认知能力等。

(四) 参考案例

案例展示

案例一　《会变的瞳孔》教学设计(基于交互式电子白板)

《会变的瞳孔》教学设计如表 9-3、表 9-4 所示。

表 9-3　《会变的瞳孔》教学设计表

学校	北京市大兴区第三小学	设计者	许俊岭
学科(版本)	北京市义务教育课程改革实验教材	章节	第八单元
学时	第二学时	年级	一年级
教学目标	知识目标： 1. 学会生字“线”。 2. 能读会写课后练习中的词语。 能力目标： 1. 能正确、流利地朗读课文，读出 1、3 自然段情绪的变化，读出第 2 自然段猫咪瞳孔变化的情趣。 情感目标： 1. 感受文文是个仔细观察生活的小朋友。 2. 培养学生观察探究的欲望		
教学重点难点以及措施	教学重点： 1. 学会生字“线”。 2. 能正确、流利地朗读课文，读出 1、3 自然段情绪的变化，读出第 2 自然段猫咪瞳孔变化的情趣。 教学难点： 能正确、流利地朗读课文，读出 1、3 自然段情绪的变化，读出第 2 自然段猫咪瞳孔变化的情趣		
学习者分析	本堂课的教学对象为一年级第二学期的孩子，他们能够借助拼音正确地朗读课文，并能根据课文内容，回答浅显问题。在识字写字方面，由于前一阶段的学习，孩子们能够运用已有的识字经验识记汉字，部分学生能够正确书写所学生字的笔顺。本堂课为第二课时，学生在第一课时中已学会六个字，会读课后的词语并能够正确地朗读课文		

表 9-4 《会变的瞳孔》教学设计详表

教学环节	教学内容	活动设计	活动目标	交互式电子白板使用设计
一	谈话激趣引入新课	通过上节课的初步学习，我们知道了小花猫的瞳孔是会变的，小花猫的瞳孔是怎样变的呢？今天我们和文文一起去观察观察		
二	出示词句复习巩固	淘气的字词朋友和我们玩起了捉迷藏，我们一起把它们都找出来吧！ 1. 养猫 抱着 拉着 一条线 枣核 又大又圆 你能用其中的一个词或几个词说一句话吗？ 2. 觉 (1) 晚上要睡觉时，妈妈关上灯，抱起小花猫让文文看。 (2) 文文觉得很新奇。 这个字是多音字，大家要注意它的读音	用捉迷藏的形式复习词语，孩子兴趣盎然，提高了学习积极性	用聚光灯显示一个个词语，增加了趣味性
三	深入阅读理解感悟	(一) 读首尾两段，整体感知情绪变化。 1. 自由读第一自然段，妈妈是怎样说的呢？指名读(第二句)，教师抓住是否符合妈妈的语气评价，指导朗读。 2. 回到第一自然段整体读。 3. 妈妈对文文说小花猫的瞳孔会变，文文新奇极了，板书"新奇"。 最后文文又对妈妈说了些什么？出示最后一个自然段，读一读。文文还觉得新奇吗？(不新奇了)文文为什么不感到新奇了？(因为文文对小花猫进行了细致观察，看到了小花猫瞳孔的变化。) 4. 文文是怎么观察小花猫的呢？自由读第二段	板书强调文文最初的情绪	在隐藏图形中拖拽出文文头像，板书时，由手写的字变为印刷体的字，规范书写，适合一年级的学情
		(二) 阅读第 2 自然段。 1. 小声读第 2 自然段，边读边思考，文文都什么时间观察小花猫的瞳孔了？用笔圈出表示时间的词语。 2. 指名回答，板书：早上、中午、傍晚、晚上。 3. 在这些时间里，小花猫的瞳孔都什么样啊？请你边听边思考，用横线画出猫咪瞳孔变化的词语。指名读书	从一年级开始练习批注。 强调文文观察小花猫的时间	板书，由手写的字变为印刷体的字，规范书写

续表

教学环节	教学内容	活动设计	活动目标	交互式电子白板使用设计
		4. 课件出示第2段，教师标出画线部分。画不对的同学改正。 5. 再读小花猫瞳孔的变化，想象瞳孔的样子。 6. 谁能把小花猫的瞳孔画一画？指名到黑板上相应的时间处画。 7. 练习说话：对照板书或插图说一说小花猫的瞳孔是怎样变的。 8. 在书中的插图旁标一标观察的时间。 9. 出示图片，判断时间：我给小花猫照了几张照片，你想猜一猜我是什么时间照的吗？ 10. 出示句子："他早上起来，抱着小花猫仔细看，猫咪的瞳孔像枣核。"通过评价，引导学生读出仔细看、像枣核这些重点词语。 11. 像读这句一样，流利地读一读第2自然段	教师现场标画。 练习说话，利用书中插图，知识内化。 通过朗读突出重点词语	教师用绘制中的直线，现场标画，体现思考过程。 在隐藏图形中拖拽出小猫头像，学生用绘制中的圆，画瞳孔。让学生接触白板，感受白板。 拉幕出示句子。并用笔标画出重点词语。 接着拉幕出示第二段，体现完整性
		（三）观察拓展，内化写法。 1. 小花猫的瞳孔为什么会变？能结合上节课老师介绍的说一说吗？ 可用上这样的句式：当光线强时______；当光线弱时______。 2. 其实不只是猫咪的瞳孔随环境的变化而变化，动物中还有许多这样有趣的现象呢？你们愿意像文文那样观察观察吗？ 出示变色龙图片。谁发现变色龙藏在绿叶中和趴在树干上有什么变化吗？ 3. 把你的发现用完整话说一说	内化写法。 培养学生观察探究的欲望。 练习说话	从隐藏图形中拖拽出变色龙图片
		（四）阅读第3自然段。 1. 练读第3自然段。 结合自己观察发现后的喜悦，想一想文文会怎样和妈妈说自己的发现呢？自由读一读，读出文文当时的心情。 2. 指名读。板书"喜悦"，投影第三自然段，看看是否读出了叹号的语气。 （五）回读全文	板书强调文文最后的情绪	板书，由手写的字变为印刷体的字，规范书写

续表

教学环节	教学内容	活动设计	活动目标	交互式电子白板使用设计
四	识记生字 规范书写	用心观察，就会有发现的喜悦。上节课我们学习了前6个生字，今天我们学习最后一个生字，看看你在学习过程中，又有哪些新的发现。 1. 出示"一条线"，你用什么方法来记住"线"这个字呢？ 2. 跟师书空笔顺。 3. 教师故意写不好看，学生纠错。 4. 观察在田字格中的占位，看左右部件的高矮，说一说这个字哪笔最重要？（即斜钩要写舒展） 5. 学生在田字格中写一写，教师巡视。 6. 展示小朋友的字。结合评价所获得的收获再写一个	体现多种识字方法、自主识字 激起识字兴趣 自主识字 评价反馈	利用书写功能写字
五	布置作业	小花猫的瞳孔真是很奇妙，会随着环境的变化而变化。请你回家搜集一下，有关动物、植物随环境变化的资料，读一读		

案例二 几个交互式电子白板的教学应用片段

片段1：牛津小学英语3A Unit 10 *Thank you*

执教教师：江苏省常州市武进区政平小学 陆丽英

教学目标：学习并运用句型"A/Some...? Yes, please. /No, thanks."。

教学应用：利用电子白板创设了一个Snack Bar（快餐店）的情景，给学生菜单，菜单上列出很多食物：a hamburger（汉堡），a cake（蛋糕），an egg（鸡蛋）……可供学生自由选择。学生可以用白板拖动的功能选择自己喜爱的食物，这种身临其境的感觉让学生像是真地走进了快餐店点餐一样，能很自然地运用句型。

片段2：牛津小学英语6B Unit 5 *The Seasons*

执教教师：江苏省常州市武进区政平小学 陆丽英

教学目标：学习单词spring（春），summer（夏），autumn（秋），winter（冬）。

教学应用：教师利用电子白板可以绘图及涂色的功能，现场画出蓝天、太阳、小鸟、嫩草、鲜花等丰富的画面，以此呈现了一幅形象的春天图，引出教学内容"spring"（春天）。在教授"summer"（夏天）时，利用电子白板播放了描绘夏季景象的动画：知了声声，蜻蜓点水……随后，布置学生以小组为单位展开讨论"What can you do in summer? I can..."（你在夏天能做些什么？我能……）学生上台展示时，不仅说得绘声绘色，还可以用感应笔在白板上画出他们的各种活动，让学生既有形象的感知，又有实际的动手操作，更有效地激发学生的学习兴趣，提高学生的学习效率。

片段3：初中几何"平行线、角平分线和等腰三角形的基本图形"

执教教师：江苏省太仓市沙溪实验中学 张春霞

教学目标：掌握平行线、角平分线和等腰三角形的基本图形三推二的方法。

教学应用：设计引例后，教师可以在白板上用彩色笔描出基本图形，也可以通过复制、拆分或擦除分离出基本图形，供学生认识复杂图形的本质。课堂上还可以请学生到"黑板上"亲自动手画图演示，以增强学生的参与意识，加深理解。

片段4：诗《长征》

执教教师：广东广州市越秀区云山小学 高梅花

教学应用：教师让学生在课前搜集有关"长征"的一些文字和资料，保存到交互电子白板资源库中。上课时，让学生打开电子白板中的资源库，调用他们的资源进行汇报。课后教师继续让学生以小组为单位，围绕"长征"内容进行小组探究，并把探究的成果保存到电子白板的资源库中，作为下一次语文综合实践活动的资源。学生通过搜集资料、整理资料，开阔了眼界，拓展了知识面。

案例三 《猫头鹰能当劳动模范吗》(互动反馈系统应用教学设计)

北京崇文区教学研究中心教研员 宋浩志

一、设计理念

（一）通过角色的转变，实现文本对话，在交际中体会到看问题"要全面，不表面，不唯一"的道理。

（二）通过对教材的延伸拓展，体现创造性地使用教材。

（三）通过"导入激趣"、"人机互动"等方式，发挥互动反馈技术的优势，体现信息技术与学科教学的整合思想。

二、教学目标

（一）学习课文，了解内容，在角色的转变中，实现文本对话，在交际中体会看问题"要全面，不表面，不唯一"的道理。

（二）在口语交际中，培养学生的表达能力。

（三）能有感情地朗读课文。

三、教学过程

（一）课件导入，激发兴趣

1. 教师导语：今天，老师给大家带来了一个故事，想听吗？让我们边看边听，想一想这个故事讲了一件什么事？播放课件1(动画)。

2. 教师检测：猫头鹰到底能不能当劳动模范呢？老师给大家几种选择，请同学们拿起遥控器选择一下你认为正确的答案。

(1) 出示问题(课件2文字投影)：猫头鹰到底能不能当劳动模范呢？请学生操作遥控器来选择。

① 当然能当 ② 就它能当 ③ 调查后评 ④ 不能当

(2) 投影显示选择结果。

(3) 针对不同的选择,教师引导学习:同学们选择了不同的答案,没关系,让我们在学习中解决。下面我们就先来读读课文。

(二) 教师:请同学们自己出声音读课文,注意要把字音读准确

(三) 教师指名读课文,学生自选读第几自然段

1. 在他们读课文的时候请同学们认真听。

① 听一听他们是不是把字音读准确了。

② 想一想,这个故事主要写了谁?

2. (课件3按自然段出示课文):学生读书,教师巡视,发现问题纠正读音,请读错的同学再读一遍。

(四) 理解“耻笑”的含义

1. 教师提问:刚才读课文的时候,老师发现一个词语,我都弄不明白是什么意思,你们能不能帮助我理解一下。

2. (课件4)出示课件4(如①②)并提问:“耻笑”中的“笑”在文中指什么?下面哪个意思更准确?

同影片文字:如果让它当劳动模范,会损害我们鸟国的形象,让外国耻笑。

①“笑”指声音和表情。 ②“笑”指心里的想法。

3. 学生利用互动反馈遥控器选择答案。

4. 银幕上自动显示选择的结果。

5. 请学生谈自己选择的理由。

6. 学生再次选择(课件5)

(五) 解决读书前的提问

1. 文字投影课件6:课文中主要写了谁?(凤凰 猫头鹰 乌鸦 麻雀)

2. 教师:这些词语你会读吗?让我们一起来读。

推荐 劳动模范 调查

3. 教师:你能用上这七个词语,说说课文的主要内容吗?(同时提示,在叙述时要把这些词语都用上)

4. 教师:结果怎么样呢?你们想不想也参加这次调查,看看结果怎么样?

(六) 转换角色,学习课文,理解语言

1. 学生自选角色,变换角色:扮演乌鸦、麻雀、猫头鹰的分别起立,明确自己的身份。

2. 教师变换角色,担任“大王”并发布命令。

(1) 乌鸦和麻雀,请你们分别读一读自己说的话,做好准备,一会儿向我汇报。

(2) 猫头鹰,请你把乌鸦和麻雀说的话都读一读,想想它们的汇报,你满意吗?

3. 乌鸦汇报。

(1)“大王”:请乌鸦汇报。

(2) 出示句子。(课件7:文字投影)这样一个懒汉,怎么能当劳动模范呢?

(3) 你说的这句话是什么意思?猫头鹰到底能不能当劳动模范?

(4) 那你们就再重复一遍这句话,告诉我和其他鸟儿:猫头鹰不能当。

(5) 指名多读几遍,我听出来了,你不同意。

4. 麻雀汇报。

(1)“大王”：请麻雀汇报。

(2)“大王”：我听出来了，你们也不同意。

(3)“大王”：你们不同意的理由跟乌鸦一样吗？

(4)“大王”：哪只麻雀再出来汇报一遍。

(5)“大王”：我听明白了，你们也不同意。

5.“大王”表示不满，并发布命令。

(1) 我对你们的这次调查，可不太满意。请乌鸦起立回答我的问题。

① 猫头鹰在夜晚干什么？你调查了吗？

② 你们的调查存在什么问题？

教书板书：要全面

(2) 请麻雀起立回答我的问题。

①“大王”：你怎么能以貌取人呢？

②“大王”：我说的话是什么意思？

③“大王”：我不需要你们回答。我也指出了你们在调查中的一个问题呀！

教师板书：不表面

(3)“大王”：乌鸦、麻雀，你们说怎么办？我发布二号命令：“你们再去调查！”

（七）拓展延伸，进行交际

1. 现场调查猫头鹰：请猫头鹰站到前面，由乌鸦、麻雀进行采访。其他人对他们的采访和结果作出评价和评选。教师要求：我们的评选要公平公正，不能只听猫头鹰自己介绍自已，怎么办呢？

2. 人机对话，调查邻居：(课件8)兼听则明，偏听则暗，我们要多方调查，才能准确判断，乌鸦、麻雀，你们快向邻居调查吧。

3. 播放实景录像(课件9，加解说词)突出“百闻不如一见”、“耳听为虚，眼见为实”，提问：你们说怎么办？

4. 最后判断，再次汇报。

(1) 教师提问：我们听了猫头鹰的介绍，又调查了邻居，还亲眼看到了猫头鹰捕鼠的情景，你们说经过这样的调查，猫头鹰能成劳动模范吗？

(2) 教师观察学生对评选过程和结果的反应，并作出评价。

(3) 教师：你们都同意猫头鹰当选为劳动模范了，但是，这样表达不行(演示课件10)。请你们用“猫头鹰”和“劳动模范”两个词语，并选择下面的标点符号说一句话，来表达猫头鹰能当劳动模范的意思。

句号(。)　　感叹号(!)

① 选择　② 练说　③ 汇报

5. 教师：请同学到讲台前谈感受。

(1) 猫头鹰当上劳动模范了，有什么要对大家说。

(2) 乌鸦、麻雀也可以向他们提出问题，让猫头鹰回答谁问得好，就让谁来颁发奖章。

(3) 教师提问：别的鸟能当吗？引导学生讨论，并形成“谁表现好谁就能当劳动模范”的认识，得出“劳动模范的人选不是唯一的”的结论。

教师板书：不唯一

(4) 教师：请大家推荐其他的劳动模范。怎么才能当劳动模范呢？

课件11文字投影：谁　能　（干什么）

6. 教师：请大家评价“大王”：(1) 给“大王”提提意见；(2) 下次竞选大王。

四、板书设计

猫头鹰能当劳动模范吗

要	不	不
全	表	唯
面	面	一

案例四　初中数学《K字之谜》(基于交互式电子白板和互动反馈技术)

指导教师：上海普陀区教育学院　黎亮　陈慧珍

执教教师：常文武　赵霞

一、学习目标

(一) 知识与技能

1. 了解历史上K字之谜这一著名数学谜题及其作者。
2. 认识正方形和正三角形互相转化所需的拼图板构造。
3. 掌握从定义出发用叠合法判断线段相等。
4. 理解并会应用线段中点的定义。
5. 通过观察发现隐藏在图中的等量关系。
6. 掌握用刻度尺精确测量线段长度的方法。
7. 学会通过画弧求交点来确定中点位置的方法。
8. 了解问题解决的分治法思想。
9. 学会将正方形通过剪切转化为已知等面积的等边三角形。

(二) 过程与方法

1. 完成正方形和等边三角形的拼图过程。
2. 通过对拼图的比较和分析，寻找正方形与等边三角形之间对应边的等量关系，完成工作单的各项任务。
3. 用尺规作图法，确定剪切正方形的各点，并用几何画板演示画法。
4. 运用互动电子白板和互动反馈系统作为协同学习工具。

(三) 情感态度与价值观

1. 尊重别人的意见主张，勇于表达自己的思想，平等积极地与人交流。
2. 客观全面地评价同伴的工作，
3. 体验团队合作的头脑风暴。
4. 勇于挑战难题的意志品质，体验解决数学难题给人带来的快乐。
5. 通过趣味谜题认识数学的含义与价值。

二、教学重点与难点

1. 认识拼成正方形、等边三角形的杜登尼拼板构造
2. 寻找正方形与等边三角形转换中存在的等量关系。

3. 确定将正方形剪切为四块构成等边三角形的条件与步骤。

三、教学资源

（一）常规资源

杜登尼拼板、工作单、拼图辅助框架纸、剪刀、刻度尺、圆规、量角器、胶水等。

（二）数字化资源

多媒体教室、交互式电子白板、互动反馈系统、几何画板及其他相应教学课件

四、教学过程

（一）课前准备

将全班分成若干个4人小组(20人的小班分五组)，每组发一套杜登尼拼板、一张切割图形用的框架纸和一张工作单。

（二）课堂教学过程

1. 用杜登尼拼板进行拼图游戏

(1) 各组完成用杜登尼拼板拼成一个正方形的拼图游戏，并用红色对正方形描边。

(2) 各组完成用杜登尼拼板拼成一个等边三角形的拼图游戏，并用绿色对等边三角形描边。

(3) 在电子白板上同时展示经过描边的正方形和等边三角形，请各组谈谈用杜登尼拼板拼图的窍门。(反馈一、反馈二、反馈三、反馈四)

(4) 讲一个故事，是谁在何时最先发明了这一拼板，问题的原始描述。明确已知，未知，条件。引出具有更高挑战性的新任务：制作一副精确的杜登尼板。

2. 通过观察发现隐藏在图中的等量关系，并完成工作单的各项任务，理解为什么可以通过切割完成图形转换，以及揭示其中的等量关系。

(1) 利用白板交互技术做一次反馈，了解学生的参与度以及有无明确的解题思路或线索。(反馈五)

(2) 提出“先弄清楚问题是什么”的建议。即分清已知数、未知数和条件各是什么。各组进行讨论，得出问题的严格表述：已知一个正方形和一个面积相等的正三角形，要求寻找将正方形切成四块杜登尼拼板的切法。

(3) 通过正方形内部三条切线，寻找各切线与等边三角形边长相互之间的等量关系，并将结果填入工作单中。运用电子白板的拖拉功能，将等量关系揭示出来。

$$c1=b2+d3\ ;c1+b2+d3=n\ ;b3=a1\ ;b3+a1=n\ ;a2=d2\ ;a2+d2=n$$

(反馈六、反馈七、反馈八)

(4) 通过等边三角形内部的三条切线，寻找各切线与等边正方形边长相互之间的等量关系，并将结果填入工作单中。运用电子白板的拖拉功能，将等量关系揭示出来。

$$a4=b4;\ a4+b4=m\ ;b1+a3=c2+d1\ ;b1+a3+c2+d1=2m;\ c3=d4;\ c3+d4=m$$

3. 用尺规作图法，确定剪切正方形的各点，完成剪切。

(1) 引导学生确定解决问题的流程：解决正方形切割问题。规定先从C块入手，接着解决B块、A块的顺序(教具演示)。

(2) 在解决C块切割线时，引导学生先从一个端点入手，即 $d3$ 与 $d4$ 的分界点入手。从工作单记录上观察分析得出这是一边上的中点。提问：另一点可以依样画葫芦吗？尝试失败后引导学生转而求 $c1$ 边的长。观察分析并计算得出 $c1$ 长恰为正三角形的半边长。至此可用交轨法切下C块(教具演示)。

(3) 启发学生找出B块的切法，同样找A块的切法(几何画板的电子白板演示)。

(4) 引导学生回顾解题过程，发现可改进之处。设问：A块与D块的分割法可以更简便地获得吗？引导学生重新审视上述解题过程，得出总共只要做两段弧的方法(反馈九)。

(5) 对易发问题的反馈，利用技术再做一次反馈(反馈十、反馈十一)。

(6) 由教师在几何画板中实现这个解法。学生动手作图并切割。

(7) 了解学生的目标达成度，反馈学生对整堂课设计及教师的表现的满意度，让学生谈感受。共享学习心得。

(8) 展示一个磁性的四块相连的杜登尼板，暗示探索可以深入探究的方向。

4. 布置课后作业(略)；下课。

五、课堂协同教学与互动生成设计

白板教学互动载体设计，对构成杜登尼的拼板各边进行处理，使每个边都成为可互动操作的单元，便于在白板上对其进行深度互动。根据互动的情境和教学的需求进行情境化问题体系设计。在学科方面，注重问题的科学性；在教学策略方面，确定白板互动形式与过程，确定反馈节点。让问题成为互动教学深化的驱动力，促进知识的建构。让全员实时形成性反馈成为互动教学的风向标。本课的课堂协同教学与互动生成设计表如表9-5所示。

表9-5 课堂协同教学与互动生成设计表

活动一，拼图游戏			
问题内容	教学活动	反馈互动	白板互动
1. 你可以用四块拼板拼成一个正方形吗？并将四边着成红色。	动手拼图	观察拼图	白板拼图
2. 你可以用四块拼板拼成一个正三角形吗？并将四边着成绿色。	动手拼图	观察拼图	复制、拼图
3. 在四块拼板中直角有几个，60°有几个？	观察、推理	表决反馈	标注、书写
4. 你认为一个正方形是否可以通过切为四块，变为等面积的等边三角形？	观察推理	表决反馈	标注、书写
5. 下面你想听一个有关拼图的故事，还是继续探究？	过渡、陈述	表决反馈	展示、激趣
活动二，探究等量关系			
问题内容	教学活动	反馈互动	白板互动
1. 观察杜登尼拼板构成的正方形，分析切割正方形的关键因素？(反馈五)	观察、推理	引导讨论 即时反馈	提问、记录
2. 观察正方形中的切割线段，分析与等边三角形之间的关系，推理获得相关的等量关系？(反馈六、反馈七)	观察、推理	讨论归纳 即时反馈	提问、记录
3. 观察等边三角形中的切割线段，分析与正方形之间的关系，推理获得相关的等量关系？	观察、推理	讨论归纳	配对操作
4. 归纳在推理过程中的方法？(反馈八)	观察、推理	讨论归纳 即时反馈	再现白板记录

续表

	活动三，切割正方形			
	问题内容	教学活动	反馈互动	白板互动
	1. 通过红色线段的等量关系能确定哪几个点？通过绿色线段的等量关系能确定哪几个点？如何确定？	作图分析	讨论归纳	白板标注
	2. 反思已有的画法，思考能否有另外的画法？（反馈九）	作图分析	讨论归纳	白板标注
	3. 对画法中出错的地方进行总结？（反馈十、反馈十一）	剪切作图	观察作图	几何画板作图
	活动四，拼板展示			
	问题内容	教学活动	反馈互动	白板互动
	1. 能够完成对等边三角形向正方形的转换切割吗？	学习迁移	即时反馈	遮屏、再现
	2. 只给出正方形的拼图，你能完成上述的切割吗？	展示问题	作业	课后批改
	3. 如果没有给出拼板，你能完成上述任务吗？	展示问题	作业	课后批改

问题预设（课前根据教学需要和学生的情况预先设计的问题）：

1. 如果我们拿到的是一个还没有切开的正方形或等边三角形，如何做出那个神秘的切割呢？

2. 假如我们选择了正方形，如何来叙述我们的问题呢？

本课给的已知是什么？（正方形与等边三角形的面积）

要做什么？（完成对正方形的条件切割）

未知是什么？（上面的三条线）

条件是什么？（这三条线可以分原正方形为四块，并能拼成正三角形）

我们借助的方法是什么？（杜登尼的拼板）

6. 如何建立正方形与等边三角形之间的联系？

7. 看着拼好的两个图形：左边是正方形，右边是正三角形。

8. 其实切割的大致走向就是现在的拼接线，对吗？

9. 在左边的正方形最终变成右边的三角形的过程中，什么变了？什么没有变？

10. 总面积变了吗？

（略）

五、项目展示与交流

小组成员间轮换扮演教师和学生，体会利用新媒体、新技术设计的教学方案实施情况，反馈实施过程中遇到的问题，重新修订教学实施方案，并撰写教学心得。

六、推荐资源

[1] 江北战、李经天. 教育技术项目实践[M]. 武汉：湖北科学技术出版社，2005.

[2] 何克抗，李克东. 教学系统设计[M]. 北京：北京师范大学出版社，2003.

[3] 顾明远，谢邦同，乌美娜. 教育技术[M]. 北京：高等教育出版社，2003.

[4] 丁兴富. 交互白板及其在我国中小学课堂教学中的应用研究[J]. 中国电化教育，2006(3)：44.

[5] 百度百科. 互动反馈教学系统. [2009-10-08]. http://baike.baidu.com/view/1654356.htm.

[6] 百度百科. 互动反馈教学系统. [2009-10-08]. http://baike.baidu.com/view/1654356.htm.

[7] 黄鸿志. 互动反馈系统活化创意游学活动[J]. 中小学信息技术教育，2007(2)：19.

[8] 马宗振. 互动反馈系统的教学功能和应用设计[J]. 中小学信息技术教育，2007(2)：12.

[9] 李京. 交互式电子白板在地理学科教学中应用的研究——以《复习地理环境整体性和差异性》为例[J]. 中国科教创新导刊，2008(10)：82.

[10] 陆丽英. 交互式电子白板让我的英语课堂越来越 Modern[J]. 中国信息技术教育，2009(10)：96.

[11] 张春霞. 交互电子白板为数学教学插上腾飞的翅膀[J]. 中学数学月刊，2008(11)：27-28.

[12] 高梅花. 利用交互电子白板提高小学语文课堂效率[J]. 中小学信息技术教育，2007(12)：22.

[13] 李蕾. 应用互动反馈技术开展有效教学的探索[J]. 中国电化教育，2008(5)：69-70.

[14] 林建祥，潘克明. 互动反馈技术课堂教学百例(小学语文卷)[M]. 北京：现代出版社，2009.

[15] 林建祥，潘克明. 互动反馈技术课堂教学百例(小学数学卷)[M]. 北京：现代出版社，2009.

[16] 林建祥，潘克明. 互动反馈技术课堂教学百例(中学综合卷)[M]. 北京：现代出版社，2010.

项目 10　信息技术与学科教学整合的实践与绩效评估

2000 年 10 月，教育部部长陈至立同志在全国中小学信息技术教育工作会上，第一次以政府官员的身份，提出了“要重视在开设信息技术课的同时，加强信息技术教育与其他课程的整合”，“要从传统的课件制作转移到各个学科的学习过程中应用信息技术与学习信息技术"。同年 11 月，在教育部《关于在中小学普及信息技术教育的通知》(教基[2000]33 号)的文件中，又进一步明确提出："努力推进信息技术与其他学科教学的整合，鼓励在其他学科的教学中广泛应用信息技术手段并把信息技术教育融合到其他学科的学习中"。2001 年 6 月 8 日在教育部颁发的《基础教育课程改革纲要(试行)》中，再次明确提出：要"大力推进信息技术在教学中的普遍应用，促进信息技术与学科课程的整合，逐步实现教学内容的呈现方式、学生的学习方式、教师的教学方式和师生互动方式的变革，充分发挥信息技术的优势，为学生的学习和发展提供丰富多彩的教育环境和有力的学习工具"。陈至立同志的讲话和教育部的文件，为我们明确指出了信息技术与课程及学科教学整合研究、推进和发展的方向。

经过十年的努力，我国东部和中部的大多数省份和西部一些比较发达的地区，中小学校已经基本具备了全面推进信息技术教育的基本硬件环境和条件，尽管这些环境和条件还存在一定的差异，但是，无论是经济发达地区还是经济欠发达地区的学校，将信息技术教育工作的重点逐步转向资源建设与应用，已是不争的事实。在教育部和各地教育科学研究"十五"、"十一五"规划重点课题中，"信息技术与课程及学科教学整合"的课题研究都占据了重要位置；许多学校和教师也都把"信息技术与课程及学科教学整合"作为自己研究与实践的重点；"信息技术与课程及学科教学整合"也成为教育类著作、报刊中出现频率最高的词句之一；"信息技术与学科教学整合"的教学设计和教学实践评优活动也此起彼伏，层出不穷。

大力普及与推进信息技术与学科教学整合，已经成为今后信息技术教育的主攻方向，也已经成为广大教师重要的教育技术实践活动。因此，如何帮助教师开展信息技术与学科教学整合的实践，也必然成为教育技术专业学生在校学习的重要内容和走进中小学校后的主要工作。

本项目将从如何掌握信息技术与学科教学整合的核心思想、整合的设计、实施与评价等几个方面，学习和研究信息技术与学科教学整合的问题。

一、学习目标

(一) 领会和掌握信息技术与课程及学科教学整合的基本概念和主要目标。

(二) 了解和运用信息技术与课程及学科教学整合的基本原理。

(三) 能够初步掌握信息技术与课程及学科教学整合的设计与实施方法。

(四) 能够对信息技术与课程及学科教学整合的设计与实施进行绩效评估。

二、环境与条件

环境与条件是指在实施信息技术与课程及学科教学整合的实践与绩效评估项目过程中，必备的物理环境、基本知识储备和合作条件。

(一) 硬件环境：多媒体教室或多媒体网络教室。

(二) 软件条件：各种教学应用软件平台，包括教学平台、资源平台、管理平台。

(三) 对教师的要求。

1. 具备基本的信息素养和技能。

2. 具备基本的学科知识。

3. 具备教育学和教育心理学的基本知识。

4. 具备与他人合作的精神。

三、项目的任务

（一）运用整合的思想和方法，完成一节课的教学设计。

（二）根据这个教学设计实施一节课的课堂教学。

（三）能够设计对整合教学实践的评价工具，并以此进行自评和互评。

四、项目的准备与实践

（一）项目准备

1. 学习、掌握信息技术与课程及学科教学整合的基本原理

（1）整合的核心思想是“融”

从系统科学方法论的角度看，整合就是将本属于不同范畴但又有关联的事物（从系统科学的角度看，这些不同范畴的事物，如：信息技术与课程、信息技术与学科教学就是构成某个系统的要素），通过多向互动的方式有机地融为一个整体的思想和方法。

根据系统科学的整体性原理，整合是系统科学整体性原理在应用过程中的具体体现，也是系统科学方法论的核心。因此，整合不是一般的应用，也不是一个纯技术性的学科教学方法和手段，而是系统科学的方法论。这种方法论包括系统科学整体性原理的理念、思想和方法。

尽管对于信息技术与课程及信息技术与学科教学而言，由于不同的研究者和实践者对“整体”的指向不同，这个“有机地融为一个整体”的过程与最终结果，也应当有所不同。它可以是编写出的某一学科的新教材，也可以是一个单元或一节课的教学设计（包括软件设计），还可以是一节完整反映教学全过程的课。但是，无论这个整体的表现形式如何，都必须在现代教育教学思想的指导下，遵循系统科学的整体性原理，将教学的基本要素（教学内容、教师的教、学生的学、信息技术）融为一个整体。因为，“融”是整合思想方法论的本质。

（2）信息技术与课程及学科教学整合的实质

信息技术与课程及学科教学的整合，是将信息技术既作为意识，又作为内容、工具、方法和手段，融于课程及学科教学之中的理论、实践与结果。

① 将信息技术作为意识融于课程及学科教学之中。将信息技术作为意识融于课程及学科教学之中，就是在所有新课程的建设中，在所有学科的教学设计与教学过程中，都要自觉地将对师生信息意识的教育融进去。当然，这种“融”主要不是靠直白地提要求，而是要靠潜移默化、持之以恒的渗透。因为意识不是靠不厌其烦的讲、靠提要求就能形成的。

② 将信息技术作为内容融于课程及学科教学之中。将信息技术作为内容融于课程及学科教学之中，就是根据不同课程、不同学科的特点，将信息技术作为课程及学科的教学内容恰当地融进去。例如，在小学语文“四结合”课题的研究中，信息技术（计算机的应用，网络的应用，五笔字型、全拼、双拼、智能 ABC 汉字输入方法，Word 工具平台的应用等）就是小学语文汉语拼音、识字、阅读和作文学习过程中必不可少的学习内容。不学习这些内容就无法在信息技术环境下学习语文。

③ 将信息技术作为工具、方法和手段融于课程及学科教学之中。将信息技术作为工具、方法和手段融于课程及学科教学之中，就是将信息技术既作为教师教学的工具、方法和手段，又作为学生学习的工具、方法和手段融于所有课程及学科教学之中。例如，在音乐教学中，工具软件“音乐大师”就是学生学习作曲的工具。在几何学习中，工具软件“几何画板”也成为学生学习几何的重要工具。尤其是那些各式各样的应用软件（多媒体课件、专题知识网页），更是融知识、工具、方法和手段于一体，受到了教师和学生们所喜爱。

过去，一些教师经常将上述的第三点（工具、方法和手段）作为整合的主要或唯一内容来研究，而对此问题的研究又常常集中于对教师的“教”的研究，这是很片面的。

在今后的教学设计中，我们必须将信息技术既作为意识，又作为内容、工具、方法和手段，将其体现于我们的教学设计方案之中，融于课堂教学过程之中。

(3) 信息技术与课程及学科教学整合的基本目标

① 促进师生信息意识的建立。树立计算机文化的意识，优先发展大力普及信息技术，利用信息技术促进教育的跨越式发展。

② 促进学科内容结构的变革。改变课程与教材内容的单一学科性，将信息意识教育融入学科知识之中，将信息技术应用融入学科教学之中。

③ 促进学生学习方式的变革。由单纯依赖书本的学习转向利用资源学习，由记忆式学习转向探究性学习，由依靠老师的学习转向协作学习和自主学习，由按部就班的线性学习转向非线性的跨越式学习，由局限于校内的学习转向超越学校围墙的学习。

④ 促进教师教学方式的变革。更新教育观念，突出以人为本、以学生发展为中心的思想，将帮助学生学会学习作为重要的教学目标，将信息媒体由教师展示教学内容的工具变为学生的学习和认知工具，发挥现代信息技术的交互性功能，充分调动学习主体的主动性和积极性。

⑤ 促进传统教学模式的变革。由过去依托于传统的课堂和传统的媒体的讲授式教学模式，转向依托于数字化信息技术环境的自主学习、协作学习和研究学习的发展式教学模式。传统学习模式与新型学习模式的比较如表 10-1 所示。

表 10-1 传统学习模式与新型学习模式的比较

传统学习模式	新型学习模式
以教师为中心	以学生发展为中心
单一感官刺激	多重感官刺激
单一媒体	多种媒体
孤立学习	合作学习
传递信息	交流信息
被动学习	主动学习
对于事实与知识的学习	研究性与问题解决的学习

2. 学会运用信息化辅助教学工具软件

信息化的辅助教学工具软件是信息技术与学科课程整合中不可或缺的一部分，尤其是多媒体课件制作和学习主题网站制作软件。在多媒体课件制作过程中，常用的工具包括 PowerPoint、Authorware、Flash 等创作工具；在学习主题网站制作过程中，常用 FontPage、Dreamweaver 等网页开发工具，Photoshop、Flash 等图形、动画素材制作工具，Cuteftp 等文件的上传下载工具。

3. 学会设计评价工具，能够对整合教学进行绩效评价

学会设计信息技术与学科教学整合实践的评价工具，特别是评价的目标体系，能够对整合教学进行绩效评价。

绩效评价是指：在教育评价理论中，使用一整套特殊的标准来测量学习者运用先前所获得的知识解决新问题或完成具体任务的能力，测量支持学习者学习的引导者和周围环境等的利用效率的一系列评价。

实施教育绩效评价要以学习活动的绩效为基础，评价者要尽可能地搜集教育现场的素材，从经济效益和社会效益两方面进行评价，评价时要避免使用绝对、划一的标准。

评价的对象主要有：学生学习活动（过程）的评价，学生学习效果的评价，教师指导活动的评价，学习资源质量的评价，支撑服务系统的评价。

信息技术与学科教学的整合，不只是信息技术在教学过程中的简单应用，也不仅仅是媒体和技术层面上的操作问题，而是涉及教学过程诸多要素的系统科学的方法论问题。

在利用校园网推进信息技术教育与应用的时候，我们必须应用整合的思想和方法，把握信息技术教育、应用与整合的目标，加强资源建设和教师的培训，才能使我们的校园网得到最充分的利用。

（二）项目实施

1. 确定实践的教学内容、选择合作的执教教师，统一合作的思想和目标

2. 分析学习者特征

学习者是学习活动的主体，是意义的主动建构者。对学习者特征分析的结果直接影

响着学习目标和教学起点的确立、教学策略的制定和媒体的选择。对学习者特征进行分析便于教师设计出适合学生能力和水平的学习情境。此步骤中项目的实施者应与班主任或学科教师合作，了解并分析学习者的一般特征、学习风格以及在学习教学内容之前所具有的初始能力。建议通过听课、课下观察和直接与学生交谈的方式进行。

学习者特征的分析应包括对智力因素和非智力因素两个方面的分析。学习者的学习特征中，与智力因素有关的特征主要包括知识基础、认知能力和认知结构变量；与非智力因素有关的特征包括兴趣、动机、情感、意志和性格等。由于我们现在所实施的是信息技术与学科教学整合的项目，因此，在对学习者特征进行分析的时候，我们还应重视信息技术环境下学习者的技能要求、认知心理特点和个性心理特征，例如，学习者是否具备基础的计算机、多媒体网络的知识和操作技能；学习者在网络环境下的心理特征如何；等等。

例如，7 至 8 岁的一年级小学生，在语文学习方面的主要心理特征是思维活跃，课堂上喜欢表现自己，对语文学习有浓厚的兴趣。在学习中随意性非常明显，渴望得到教师或同学的赞许。多数学生在幼儿园已经学过汉语拼音，已有一定的拼读能力，能借助汉语拼音阅读拓展材料。识字兴趣很高，已在一定程度上掌握了简单的识字方法。能采用自己喜欢的方式来识记生字，并且能在教师所创造的情境或自己创设的情境中来巩固、应用生字……

学习者特征分析的方法有：观察、采访（面试）、填写学生情况调查表、开展态度调查、查阅学习者的人事或学习档案等。

3. 分析学习内容、确定学习目标

对学习内容进行分析就是把学习目标进一步分成很多具体目标，确定这些具体目标的类型，再根据学习目标的类型选定相应的学习内容，安排好学习内容的顺序，最后对所选择的学习内容进行初步评价。

教学的目的是使学习者朝着学习目标所规定的方向发生变化，教学目的和教学目标贯穿于学生学习活动的始终，也是教学评价的依据。与教学目的相比较，教学目标更加具体，更加便于操作。确定教学目标，必须根据教学大纲的要求，在将学习内容具体化，确定基本概念、基本原理、基本过程或基本方法的有关知识内容基础上进行。关于教学目标的问题，本书的其他部分已有阐述，在此就不多论述了。

4. 设计学习情境

最有效的学习是产生于有意义的情境中的学习。所谓有意义的情境是指与当前学习主题有关的，能够激发学习者学习兴趣与知识建构的尽可能真实、完整的学习背景。在此步骤中，项目实施者要选择运用恰当的媒体来建构学习情境。

在学习情境创设时要注意：学习情境的创设要有利于学生学习兴趣的培养。学习情境的创设应与学生的特征相适应。学习情境的创设应从学生身边的现实生活进行取材和酝酿。不同学习内容，不同学习目标对情境创设的要求不同。

例如，对于刚接触到英语的小学生来说，看到各式各样的生活用品不知道怎么用英语表达，那么可以创设一个帮助他们学习这些用品英语表达的学习情境。尽管课堂上不可能把许多的用品都集中起来，但可以运用网络创设真实情境，学生通过欣赏卡通、情景对话、游戏操练等掌握日常生活中的常见用品。另外，学生还可以通过儿歌演唱、编演故事，实现知识的延伸和拓展。

5. 设计、选择学习资源

学生的学习(包括听教师的讲授，进行自主学习、协作学习、探究性学习等)都是在大量信息资源的基础上进行的。对于学生的学习资源，教师的责任就是先进行学习资源的筛选，把符合教学大纲规定、有助于学生解决问题、开阔视野，又具有较强的交互性功能的学习资源挑选出来，以便在教学过程中使用。根据《教育资源建设技术规范(征求意见稿)》的相关规定，这些数字化的学习资源主要有：媒体素材(包括文本、图形/图像、音频、视频和动画)，课件与网络课件，专题学习网站，网络课程，试题库，案例库等。

上述教学资源类型都是基于数字化环境的，是在进行信息技术与学科教学整合时，使用最多的教学资源。但是，这并不意味着传统的学习资源(教科书、图书、图表、挂图、幻灯片、博物馆等)不再被大家所使用。实际上，在现代教学过程中，这些传统的教学资源仍然为广大教师所使用，有的甚至仍然是最主要的学习资源，如教科书。所以，在进行教学资源的设计与选择时，不能将传统的教学资源抛到一边。不管是数字化的教学资源，还是传统的教学资源，只要是有助于且最适合学习者学习的，都在我们的设计与选择的范围之中。

6. 选择、确定教学模式

教学模式的选择与确定，要综合考虑教学内容、教学对象、教师的教学特点和教学环境、条件等诸多因素。在教学过程中，教学模式也不是一成不变的。但是不管怎样变，教师所选择和确定的教学模式，必须能够有力地促进学习者的有效学习、促进学生的发展。在信息技术与学科教学整合实践中，常用的教学模式有：情境探究模式、主题研究性学习模式、协作学习模式、任务驱动模式、WebQuest 模式等。

(1) 情境探究模式

情境探究模式的教学结构表现为根据教学要求和学生的认知水平，创设一定的教学情境，以引起学习者对问题的思考，在充分思考的基础上，借助一定的学习资料，形成创新性问题的解决思路，并在实践中探索问题解决的具体方法，最终实现问题解决。

(2) 主题研究性学习模式

主题研究性学习模式特指以学生感兴趣的问题或主题为中心，遵循科学研究的最基本的规范和步骤，展开研究性学习活动的模式。主题研究性学习模式让学生通过自己收集、分析和处理信息，把学到的知识加以综合应用，解决实际问题，并在实践中获得积极的情感体验的教与学的方式。

(3) 协作学习模式

协作学习是通过小组或团队的形式组织学生进行学习的一种策略。小组协作活动中的个体(学生)可以将其在学习过程中探索、发现的信息和学习材料与小组中的其他成员共享，在此过程中，学生之间为了达到小组学习目标，个体之间可以采用对话、商讨、争论等形式对问题进行充分论证，以期获得达到学习目标的最佳途径。

(4) 任务驱动模式

任务驱动模式的特点之一就是围绕综合性的任务展开教学，它适用于学习操作类的知识和技能，是将所要学习的新知识连同学过的知识都隐含在一个或几个任务之中，学生通过对所提的任务进行分析、讨论，明确它大体涉及哪些知识，在教师的指导、帮助下找出解决问题的方法，最后通过任务的完成而实现对所学知识的意义建构。整个过程并不是简单的给出任务就了事，重要的是要让学生学会学习。

(5) WebQuest 模式

WebQuest 模式是在 1995 年初由圣地亚哥州立大学的 Bernie Dodge 和 Tom March 开发的，他们对 WebQuest 的定义是这样的：这是一种面向探究的活动，在这个活动中，学生们所用到的所有或大部分信息都来自网络。一般都由导言、任务、过程、资源、评价和结论 6 个模板组成。

① 导言。导言的主要目的是激发学生研究的兴趣，吸引学生作好研究的准备，先让学生充分感受到需要探究的缘由，并创设一个问题情境。

② 任务。任务使学习者把注意力集中于他们将要进行的活动上，特别是那些推动所有学习活动顺利进行下去的最终表现或成果。

③ 过程。过程略述学习者将如何完成学习任务，为学习者设置完成任务的“脚手架”，其中包括将完成任务的过程分解成循序渐进的若干步骤，以及就每个步骤向学习者提出建议与策略等。

④ 资源。资源完成任务所必需的信息导航资源，通常预设于互联网的网页中，并被“嵌入”在 WebQuest 文档中。

⑤ 评价。罗列出需要完成这个任务相符合的评价标准，并为学习者描述他们的行为将受到何种评价。

⑥ 结论。结论用来对活动进行小结，总结学习者通过完成这项活动或课程将会学到的东西，同时也鼓励他们对问题进行深入思考。通过提出一些引导性问题，以促进学生把这种探究的经验扩展到其他领域。

例如，深圳南头小学的教师设计的低年级“拼图作文”的学习模式。拼图作文是让学生在网络中查询自己喜欢的图片，发挥各自的想象力，将毫不相关的图片拼成一个完整的故事，写出内容丰富的作文。教学模式设计为：网络查询，选择图画—组合画面，创设情境—指导观察，弄清图意—看图描述，训练语言—输入作文，及时辅导—反馈评价，修改作文。

7. 全程跟踪教学过程

该过程了解在实际教学中整合的情况，并对教学过程进行记录、分析、评价，提出合理化的建议，修改教学设计中的不足之处，对记录进行整理归档。

8. 进行绩效评估(本书已有介绍,在此不再赘述)

(三) 参考案例

案例展示

案例一 "为动画配乐"的教学实践

(根据北京市西单小学教师的课堂教学整理)

一、学习目标

(一) 学会利用模仿重复的方法进行片段旋律创作

(二) 学会借助"音乐大师"运用情绪、节奏、旋律、音色进行自主创作

(三) 提高创作音乐的兴趣和对音乐的理解能力,激发创作的欲望,增强自信心

二、教学过程

(一) 感受与鉴赏阶段

1. 观看无配乐动画。

2. 感受音乐片段,讨论无配乐动画与有配乐动画效果的差异,激发创作欲望。

(二) 师生互动展示

1. 师:选择片段音乐提供基本旋律。

2. 生:创作旋律、唱作品、谈创意。

3. 师:通过自己的示范和演示,介绍模仿和重复的创作方法。

4. 师:将上述音乐插入动画并播出。

5. 生:谈感受。

(三) 学生进行创作实践

1. 师:板书出音高范围。

2. 生:① 为无配乐动画创作4~8小节旋律;② 将各自的旋律进行配器;③ 用自己的创作为动画配乐。

3. 师:自己根据要求进行创作。同时,巡视与指导学生进行创作。

(四) 展示交流与评价

1. 每组推荐1名代表演播并介绍自己的作品。

2. 学生评价这些作品。

3. 教师展播自己的作品。

4. 学生欣赏教师的作品并评价。

(五) 小结(板书)

为动画配乐

模仿　　　　重复

旋律　节奏　　　变化　音色

（六）评价

本节课的教学设计和教学实施，能够将信息技术的应用融于学习过程之中，使信息技术不仅是教师展示教学内容、实施教学的工具，而且成为学生的学习、认知和交流工具。本节课还充分调动了学习主体的积极性，使学生在比较的基础上感受配乐创作的作用和乐趣，激发起学生强烈的创作欲望。教师能够充分发挥多媒体技术和网络技术的优势，给学生创造了充分展示自己才能的机会。网络技术使教学资源得到充分共享。教师还特别重视学生评价能力的训练，在展示交流作品的时候，特别要求学生对这些作品做出自己的评价和判断。因此，这节课确实是将信息技术融于整个教学过程之中，将信息意识的教育渗透于整个教学过程之中，有效地帮助学生提高了自己的综合素养和综合能力，有力地促进了学生的发展。

案例二　小学语文《趵突泉》

广东省广州市东风东路小学　张红

（提取时间：2009-09-30；提取网址：http://www.jswl.cn/course/kczh/IT/IIS/klfx/baotuquan/index.asp?top=top2.htm&main=jxsj.htm&scroll=yes）

课文《趵突泉》的教学实践详见表 10-2 所示。

表 10-2　《趵突泉》的教学实践

一、教材分析
《趵突泉》是九年义务教育人教版小学语文第八册第一组的看图学文课文。这一组课文有一个新的训练要求——读文章，想画面。这篇看图学文，图上画的是趵突泉公园，突出了泉池中的三个大泉，大泉冒出水面，在不断翻滚；小泉眼冒出的水泡隐约可见。泉池中的水清澈见底，池中有游鱼，池边有凉亭、垂柳。课文的三、四段是叙述并丰富图画的内容部分，因此，这两部分就是本次教学的重点部分。 看图学文课文，学生不是第一次学习，而这次的教学是要在原有的基础上，培养学生读文章，想画面的能力。书上的画面只是静止的画面，趵突泉那活泼的动态景观从图上是看不出来的，必须凭借对语言文字的理解展开想象的翅膀，把课文中对大泉、小泉的具体描写转化成活动的画面，边读边想象，才能有如临其境之感，才能对课文的思想内容有更深的理解、思考和发现。 另一方面，由于老舍先生是在 20 世纪 30 年代写下这篇文章的，那时的“趵突泉”的确是“趵突腾空，声如隐雷”为“天下奇观”。但大半个世纪过去了，由于现代工业的迅速发展，时事的变迁，“趵突泉”已势不如前，甚至还停喷了近两年之久。因此，为了拉近课文与学生生活的距离，布置了课前让学生收集有关趵突泉今昔对比的图片和相关的资料，并且使学生在上课时能有机会运用资料，更好地理解课文内容，更深刻地感受到趵突泉的神奇美丽。同时，当学生了解到今日趵突泉的现状时，不禁为此而担忧，从而加强了学生的环保意识，使他们更加懂得要珍惜宝贵的水资源。
二、学习者特征分析
所任教的班级学生有较好的朗读能力，初步懂得欣赏词句；学生学习的积极性和主动性很高，能踊跃参与到教学的各个环节中；具有初步的上网浏览、查找信息的能力。
三、教学内容与学习水平的分析与确定
1. 知识点的划分与学习水平的确定

续表

课题名称	知识点	学习水平			
		知识	理解	应用	品评
趵突泉	1. 字：冒、妩、媚、昼、夜、碎等。	√			
	2. 词：妩媚、摇曳、没昼没夜、五光十色、晶莹、不知疲倦等。	√	√	√	
	3. 句：① 假如没有趵突泉，济南会失去它一半的妩媚。 ② 在阳光照射下，大大小小的水泡五光十色，没有哪一种珠宝能比得上。 ③ 三个水柱都有井口大，没昼没夜地冒、冒、冒，永远那么晶莹，那么活泼，好像永远不知疲倦。 ④ 有的不断地冒泡，均匀的小气泡连成一串，像一串珍珠，随着水流摇曳。 ⑤ 有的半天冒出一个气泡，那些气泡比较大，大都扁扁的，一边往上升，一边摇晃，碰着水面就碎了。 ⑥ 要是冬天来玩就更好了，池面腾起一片又白又轻的热气，在深绿色的水藻上飘荡着，会把你引进一种神秘的境界。		√		√
	4. 大泉眼和小泉眼的位置。	√			
	5. 大泉眼和小泉眼的特点。		√		
	6. 按照景物特点描写的方法。		√	√	
	7. “读文章、想画面”的读书方法。			√	

2. 学习水平的具体描述

知识点	学习水平	描述语句	行为动词
字：冒、妩、媚、昼、夜、碎等。	知识	读准字音，认清字形	读准、认清
		正确辨音	辨音
		正确辨形	辨形
词：妩媚、摇曳、没昼没夜、五光十色、晶莹、不知疲倦等。	知识	能正确读、写这些词语	读、写
	理解	正确解释这些词语的意思	解释
	应用	能用这些词语造句	造句
句：① 假如没有趵突泉，济南会失去它一半的妩媚。 ② 在阳光照射下，大大小小的水泡五光十色，没有哪一种珠宝能比得上。 ③ 三个水柱都有井口大，没昼没夜地冒、冒、冒，永远那么晶莹，那么活泼，好像永远不知疲倦。 ④ 有的不断地冒泡，均匀的小气泡连成一串，像一串珍珠，随着水流摇曳。 ⑤ 有的半天冒出一个气泡，那些气泡比较大，大都扁扁的，一边往上升，一边摇晃，碰着水面就碎了。 ⑥ 要是冬天来玩就更好了，池面腾起一片又白又轻的热气，在深绿色的水藻上飘荡着，会把你引进一种神秘的境界。	理解	找出这些句子中的重点词语	找出
		理解这些重点词语对表达语句和作者感情的作用	理解
		说出这些重点词语是怎样表现大、小泉眼的特点	说出
		能正确回答这些句子的含义	回答
	品评	说出这些句子描写的精美之处	说出
		体会这些句子字里行间所流露出作者的思想感情	体会

续表

大泉眼和小泉眼的位置	知识	准确找出大、小泉眼的位置	找出
大泉眼和小泉眼的特点	理解	找出描写大、小泉眼特点的句子	找出
		有感情地朗读这些优美的句子	朗读
		理解这些句子的含义	理解
按照景物特点描写的方法	理解	找出描写大、小泉眼特点的词语和句子	找出
	应用	用一句话赞美趵突泉	赞美
“读文章、想画面”的读书方法	应用	通过读文章，品析词句，联想画面	读、品析、联想

3. 分析教学的重点和难点

教学重点：读文章，想画面，品味词句，体会大泉与小泉的不同特点。

教学难点：① 联系上下文，体会含义深刻的句子，体会大、小泉的特点。

② 初步掌握“读文章，想画面”的读书方法。

四、教学媒体的选择与运用

知识点	学习水平				媒体类型	媒体内容要点	资料来源	媒体在教学中的作用	媒体使用方式
	知识	理解	应用	品评					
2	√	√	√		网络课件	气泡的形态	自己开发	A. 展示事实 B. 创设情境	D. 边播放，边讲解
3		√		√	网络课件、视频录像	(1) 趵突泉的概貌 (2) 趵突泉冒泡的情景 (3) 池面腾起热气的情景	自己开发和从视频库中收集	B. 创设情境 D. 呈现过程，解释原理	A. 设疑—播放—讲评

注：1. 媒体在教学中的作用分为：A. 展示事实；B. 创设情境；C. 提供示范；D. 呈现过程，解释原理；E. 设疑思辨，解决问题；F. 其他。

2. 媒体使用方式包括：A. 设疑—播放—讲评；B. 讲解—播放—概括；C. 讲解—播放—举例；D. 边播放，边讲解；E. 复习巩固；F. 其他

· 板书设计 ·

趵突泉　　大泉　　冒　　涌　　翻滚

（清浅　鲜洁）{　　　　　　　　}大自然伟大

小泉　　大大小小　五光十色

续表

五、课堂教学过程结构的设计

1. 画出流程图

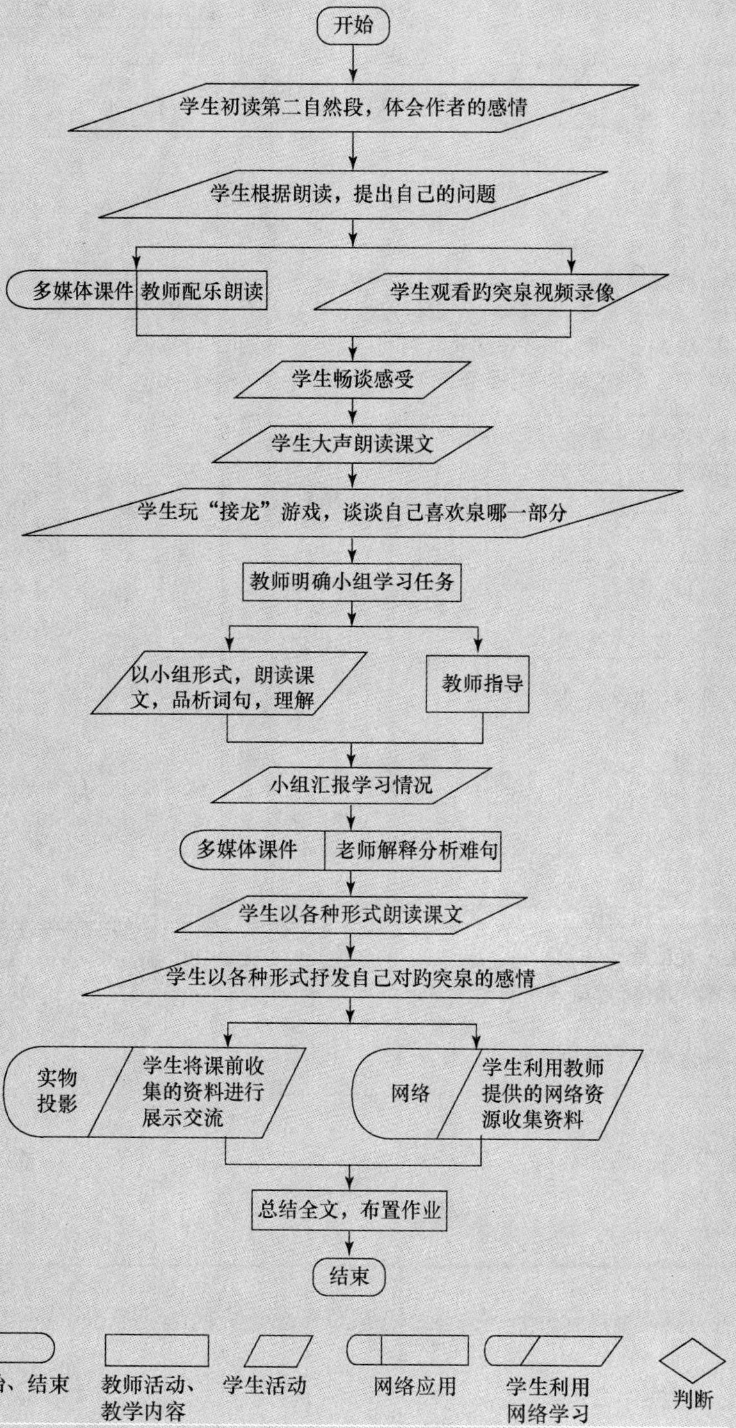

续表

2. 对流程图作简要的说明 教师首先让学生初读课文第二自然段，体会作者的感情，提出问题。接着利用趵突泉的视频录像创设学习情境，激发学生的学习兴趣和积极性，让学生从整体感知趵突泉的美，教师根据视频录像的音乐有感情地朗读课文。学生通过仔细听教师的朗读、观看视频录像和大声朗读课文，自由发表自己的感受。 教师让学生以小组的形式，朗读课文，相互之间交流读懂了什么，想到了什么和发现了什么，教师对学生进行个别指导。然后小组汇报学习情况，教师利用多媒体课件帮助学生理解难句，品析好词好句。教师鼓励学生以自由读、同伴读和对手读等方式有感情地朗读课文，体会作者所要表达的思想感情。 最后教师让学生用一句话赞美、有感情地朗读、在黑板上画画或者创作广告词等不同的形式抒发对趵突泉的感情。将课前收集到的有关趵突泉的资料用实物投影在课堂上展示交流，也可利用教师提供的网络资源当堂收集资料。

案例三　初中生物《小小营养家》

广东省广州市恒福中学　黄　炜

（提取时间：2009-09-30 提取网址：http://www.jswl.cn/course/kczh/IT/IIS/klfx/xiaoxiao/index.asp? top=top2.htm&main=jxsj.htm&scroll=yes）

《小小营养家》的教学实践详见表 10-3 所示。

表 10-3　《小小营养家》的教学实践

一、学习目标与任务		
1. 学习目标描述		
(1) 知识目标：要求学生了解食物中的营养物质和各种营养物质对人体的作用等；了解相关的营养知识，培养良好的饮食习惯。 (2) 能力目标：通过操作电脑和上网搜索，让学生学会制订合理的营养计划，并通过使用相关软件，设计一份营养合理的食谱。从而培养他们通过互联网获取知识的能力和分析问题、解决问题的能力。 (3) 情感目标：养成科学的饮食习惯。学会发现问题、解决问题，学会与他人合作。		
2. 学习内容与学习任务说明		
(1) 食物中含有的六大类营养物质。 (2) 六大类营养物质对于人体的重要性和主要食物来源。 (3) 如何选择和搭配食物，做到合理膳食。		
二、学习者特征分析（说明学生的学习特点、学习习惯、学习交往特点等）		
在平时的生活中，学生已经对营养学的知识有了一定的感性认识，在小学自然课中也学习了一些营养常识，这些知识为本节的学习奠定了基础。另外，学生通过一年的计算机知识的学习，已经掌握了 windows98 和 IE 浏览器的使用方法，可以通过相关软件来学习本节知识。		
三、学习环境的选择与学习资源的设计		
1. 学习环境选择（打“√”）		
(1) Web 教室√	(2) 局域网	(3) 城域网
(4) 校园网	(5) 互联网√	(6) 其他

续表

2. 学习资源类型(打“√”)

(1) 课件√	(2) 工具√	(3) 专题学习网站
(4) 多媒体资源库	(5) 案例库	(6) 题库
(7) 网络课程	(8) 其他	

3. 学习资源内容简要说明

(说明名称、网址、主要内容)
(1) 小小营养学家：http://league2000.y365.com/.
(2) 飞华健康网：http://www.fh21.com.cn/ying/new/need.htm.
(3) 天虎营养在线测评系统：http://61.139.8.8/eat/diet/per_info.htm.
(4) 营养自测：http://www.hangaofood.com/testself/biaozhun.htm.
(5) 课堂讲授用的ppt.

四、学习情境创设

1. 学习情境类型(打“√”)

(1) 真实情境	(2) 问题性情境√
(3) 虚拟情境	(4) 其他

2. 学习情境设计

提出问题：
日本人在古代被称为“倭”，即矮的意思，但根据北京大学季成叶教授的调查，日本青少年的平均身高已经超过中国。为什么在二战后日本人的身高会迅速超过中国人呢？

五、学习活动组织

1. 自主学习设计(打“√”并填写相关内容)

类型	相应内容	使用资源	学生活动	教师活动
(1) 抛锚式√	如何选择和搭配食物，做到合理膳食	(1) 飞华健康网：http://www.fh21.com.cn/ying/new/need.htm. (2) 天虎营养在线测评系统：http://61.139.8.8/eat/diet/per_info.htm. (3) 营养自测：http://www.hangaofood.com/testself/biaozhun.htm.	利用教师提供的在线计算工具分别计算五种食谱的营养含量，并思考究竟哪种食谱更加科学。	(1) 用大屏幕投影展示各种食谱。 (2) 引导学生进行学习，并提供适当的帮助和指导，对学生学习中碰到的问题，作个别辅导。
(2) 支架式				
(3) 随机进入式				
(4) 其他				

2. 协作学习设计(打“√”并填写相关内容)

类型	相应内容	使用资源	分组情况	学生活动	教师活动
(1) 竞争					
(2) 伙伴					
(3) 协同					
(4) 辩论					

续表

(5) 角色扮演√	如何选择和搭配食物，做到合理膳食	(1) 飞华健康网：http://www.fh21.com.cn/ying/new/need.htm. (2) 天虎营养在线测评系统：http://61.139.8.8/eat/diet/per_info.htm. (3) 营养自测：http://www.hangaofood.com/testself/biaozhun.htm.	4人一个小组，有组长	学生以"小小营养家"的身份： (1) 利用教师提供的在线计算工具分别计算五种食谱的营养含量，并思考究竟哪种食谱更加科学。 (2) 自己设计一份科学合理的食谱	(1) 大屏幕投影展示各种食谱 (2) 引导学生进行学习，并提供适当的帮助和指导，对学生学习中碰到的问题，作个别辅导
(6) 其他					

3. 教学结构流程的设计

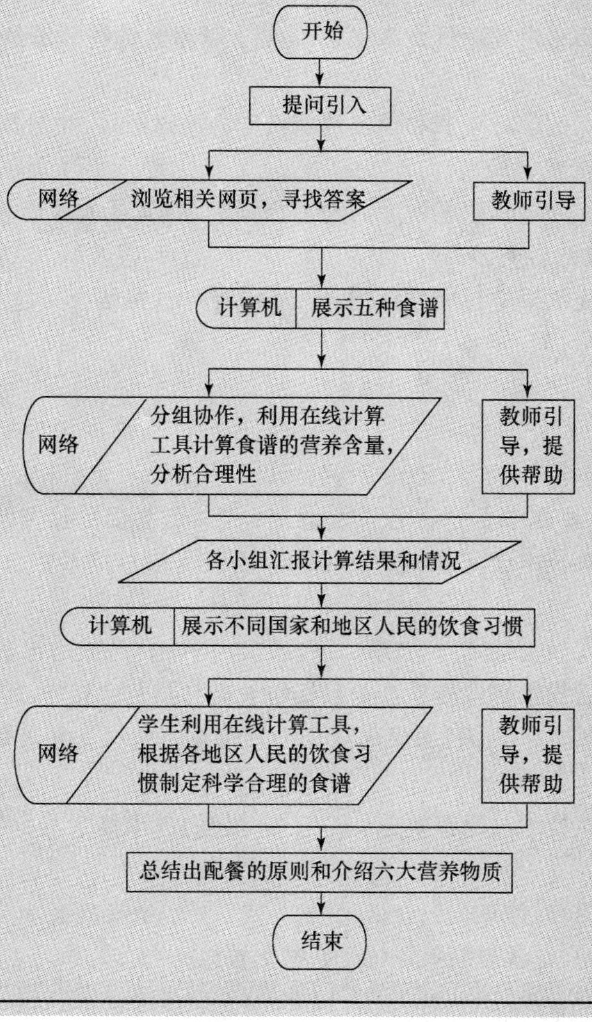

续表

图符说明	开始、结束；教师活动、教学内容；学生活动；网络应用；学生利用网络学习；判断	
六、学习评价设计		
1. 测试形式与工具(打“√”)		
(1) 堂上提问	(2) 书面练习	(3) 达标测试
(4) 学生自主网上测试	(5) 合作完成作品√	(6) 其他√
2. 测试内容		
根据营养配餐工具自己进行营养食谱的设计。		

五、成果展示与交流

在项目结束时，项目实施者进行成果汇报与交流。

(一) 展示项目实施过程中的文字记录，包括：学习者特征分析结果，学科教师教案，听课记录等。

(二) 呈现所组织的学习资源和学习情境设计的最终结果，并与其他的项目实施者或相关教师、专家进行交流、修改。

(三) 提供项目实施过程中学习者的学习档案袋，与其他实施者进行交流，共同研究项目实施对于学习者的影响。

(四) 对项目实施效果进行绩效评估，给出评估结果，并结合其他实施者的意见，对项目活动进行反思、总结。

六、推荐资源

[1] 何克抗，郑永柏，谢幼如. 教学系统设计[M]. 北京：北京师范大学出版社，2002.

[2] 黄荣怀，等. 教育技术学导论[M]. 北京：高等教育出版社，2006.

[3] 罗明东. 教育技术学基础——现代教学理论与信息技术整合的探索[M]. 北京：科学出版社，2007.

[4] 杨九民. 现代教育技术[M]. 第二版. 武汉：华中师范大学出版社，2007.

[5] 余胜泉. 信息技术与课程整合的目标与策略[J]. 人民教育，2002(2)：54-56.

[6] 何克抗. 信息技术与课程深层次整合的理论与方法[J]. 电化教育研究，2005(1)：9-17.

[7] 余胜泉. 信息技术与课程整合——网络时代的教学模式与方法[M]. 上海：上海教育出版社，2004.

[8] 王继新，左明章. 信息化教育概论[M]. 武汉：华中师范大学出版社，2006.

[9] 殷雅竹，李艺. 论教育绩效评价[J]. 电化教育研究，2002(9)：20-24.

[10] 信息化教育量规[DB/OL]. [2009-10-16]. http://www.chinaret.com/rubric/.

[11] 信息技术与课程整合的理论与实践[DB/OL]. [2009-10-16]. http://www.jswl.cn/course/kczh/IT/IIS/index.htm.

[12] 专题学习网站的设计[DB/OL]. [2009-10-16]. http://www.jswl.cn/course/kczh/IT/IIS/llxx/kaifa/4/d4-xu.htm.

[13] 信息技术与课程整合优秀案例展示[DB/OL]. [2009-10-16]. http://yzdj.yzjy.com.cn/Article.asp? articleid=194.

模块四　教育技术科学研究类项目

在教育技术发展过程中,教育技术的科学研究发挥了必不可少的重要作用。这个重要作用主要表现为:对学科的奠基性和对实践的导向性。教育技术是建立在实践基础上的学科,教育技术的理论是在实践的基础上产生、形成、发展和完善的。这种理论上的逐步完善和成熟,为教育技术从一种广泛的教育教学实践活动,逐渐形成并发展为一门学科奠定了坚实的理论基础。而这种理论基础,是离不开广大教育技术工作者、广大教师的教育技术科学研究实践活动的。此外,教育科学研究是对当前教育技术发展进程中出现的共性问题展开的研究,因而具有一定的超前性与前瞻性,对教育技术的推进和发展也具有重要的导向作用。随着教育技术的深入发展,20 世纪 80 年代末期,教育技术的实践活动,也逐渐由一般的应用实践上升到教育科学研究的层次。教育技术科学研究的队伍,也迅速由高校的学者和教育技术机构的专业人员,向广大一线教师扩展。开展教育技术的科学研究,已成为广大一线教师开展教育技术的重要实践活动之一。

为了使教育技术学专业的毕业生在走上工作岗位后,能通过教育技术的科学研究,更好地解决实践中出现的问题,并使自己也获得更快的提高和发展,在本模块中,将就大家在教育技术科学研究过程中遇到的研究方案的设计与实施、研究成果的形成与评估,做简要的介绍。学习者可以根据自己的学习和工作需要选择相关项目,参照实施步骤和相关案例,协作完成学习和实践任务。

项目 11　教育技术课题研究的设计与实施

教育技术科学研究的设计是指:在课题研究正式开始前所做的准备工作,包括研究选题的论证与确定、课题研究方案的设计、课题组的建立、课题组成员培训的组织、课题研究条件的创建等工作。课题研究设计是课题研究的第一步,也是课题研究的基础。课题研究设计的针对性、科学性、可操作性如何,决定了课题研究的成败。因此,在开展教育技术科学研究时,必须首先搞好课题研究的设计工作。任何一个课题研究的设计,都是通过课题研究方案来体现的。

课题研究的实施是指:课题组根据课题研究方案开展的由研究工作开始,直至课题结题的全部研究工作。

本项目旨在通过对教育技术科学研究课题设计与实施全过程的模拟,帮助学习者学习、掌握教育技术课题研究的设计与实施方法,提高自己(或组织他人)开展教育技术科学研究的能力和水平。

一、学习目标

(一) 学习、掌握教育科学研究的基本原理和方法。

（二）能够运用教育科学研究的理论和方法指导自己，设计出切实可行的研究方案。

（三）根据研究方案进行课题研究，并力争取得预期成果。

（四）能够对教育技术研究的成果进行评价。

二、环境与条件

开展教育技术科学研究的基本条件主要有以下几类：

（一）学校领导对研究的全方位支持

1. 重视课题研究工作，担任课题研究工作领导小组领导，经常指导课题研究工作。

2. 对课题研究给予人力、财力、物力的全力支持。

3. 统筹协调全校的教育教学工作，从工作计划、教学计划等方面为课题研究创造更多的方便。

（二）高水平的研究团队

1. 有一个由科任教师、教研员、教育技术专业教师组成的，有较高教育教学和教育科学研究能力的研究团队。

2. 有一支高水平的专家指导队伍。

（三）较为丰富的研究资料

1. 中国学术期刊网、中国硕博士学位论文数据库、万方数据库等中文学术资源平台。

2. INSPEC、EBSCO 学术期刊摘要等英文学术期刊数据库。

3. 相关的数字化多媒体课件和图书、档案资料等。

（四）开展课题研究的硬件环境和条件

能够与互联网连接的校园网、交互式多媒体教室、计算机网络教室、教师电子备课室、电子阅览室、浏览网络资源数据库资源所需的 CAJviewer、Adobe Reader 浏览器等。

三、项目的任务

（一）学会确定研究课题

根据《全国教育科学研究“十一五”规划 2009 年度课题指南》（可登录全国教育科学规划领导小组办公室网站 http://onsgep. moe. edu. cn 的课题管理栏目下载）或本地区、本学校教育技术研究课题的指南，联系本校和自身的教育教学实际，选择、确定有针对性的教育技术研究课题。

（二）学会设计研究方案和争取课题立项

1. 根据确定的研究选题，查阅相关资料，了解国内外同类研究的现状，以保证所确定课题的针对性和创新性。

2. 登录全国教育科学规划领导小组办公室网站 http://onsgep. moe. edu. cn 的课题管理栏目，下载《全国教育科学“十一五”规划 2010 年度课题申请・评审书》，或根据本地区关于教育科学研究课题管理的有关规定，认真填写《课题申请・评议书》，力争在全国或地方教育科学研究规划中立项。

3. 课题立项申请批准后，撰写开题报告，组织开题工作，正式启动课题研究工作。

（三）学会组织和实施课题的研究工作

组织和实施课题的研究工作主要包括以下几方面：

第一，根据课题的选题、背景需求，组建课题研究团队，分配研究任务。

第二，头脑风暴，制定研究方案。

第三，根据课题计划完成时间，制定研究实施步骤，确定各研究阶段的成果形式。

第四，汇总各阶段成果，形成结题报告和成果包。

四、实践的过程

（一）项目的准备

1. 学习、掌握教育科学研究的特性

教育科学研究是以科学的理论为依据，以教育实践中遇到的问题为对象，以探索教育规律为目的的创造性实践活动和认识活动。根据这个认识，可以将教育技术科学研究的主要特征归纳为以下几点：

(1) 针对性

教育技术研究的问题，都是根据学校或研究者本人在教育技术实践过程中所遇到的问题，展开的有的放矢的研究活动。

例如：在信息技术与学科教学整合的实践中遇到的问题；在课件开发和资源建设中所遇到的问题；在数字化校园建设中遇到的问题；在教师专业发展中遇到的信息素养和技能问题；在教育技术实践过程中遇到的与教育技术绩效有关的教育学、教育心理学、教育传播学的理论问题；新媒体、新技术的应用问题，等等。教育技术研究，就是要针对这些问题开展研究。

(2) 理论性

教育技术科学研究是在科学理论指导下开展的实践与研究活动。科学的理论，为课题研究提供了坚实的理论指导，保证了课题研究成果的科学性和正确性。教育技术科学研究依据的理论，除了大家都比较熟悉的教育学、教育心理学、教育技术学、教育传播学等基本理论之外，还有以下几种理论：

① 认知心理学的建构主义学习理论。学生的学习总是与一定的环境相联系的。知识与能力是由学生观察外在事物后的探索、体会与反思等思考活动通过同化与顺应而形成的。

② 学生的自我发展理论。自我发展理论是指：在学生的学习过程中，学生具备的逐步学会运用元认知能力，强化自我意识，逐步主动、自觉地按照社会发展的方向，协同发展自己的知、情、意、行，并尝试实现自我价值的自身条件和能力。一切教育教学活动，都要依据学生的这种运用元认知的能力，以学生为学习主体，挖掘和激发学生的原始动力，以更加有效地发挥教育的作用，促进学生的发展。

在学习过程中，学生的自我发展可以分为认识自我—发展自我—自我发展的前后衔接、互相渗透的三个阶段。

③ 学习控制论。通过对认知主义学习理论的学习，我们可以看到：第一，人的行为（包括外显行为和内隐活动，如思维和符号行为）都是可以认识的。第二，在特定的环境和条件下，人可以根据反馈信息来调节自己的行为。第三，学习者本身就是一个自控反馈系统，一方面，学习者可以通过反馈，使自己的学习活动始终指向特定的学习目标和保持既定的学习方向；另一方面，学习者还可以通过反馈，进行不断的比较和检测，调整自己的学习，纠正错误以保证学习目标的实现。

只要依据人在心理和行为过程中的上述控制特点来发挥现代教育技术的优势，就能够获得事半功倍的教育教学效果。

④ 混合学习的理论。我们知道，在任何环境和条件下，人的学习行为都不是单一的感官、单一的媒体、单一的信息的作用过程，而是多种感官、多种媒体、多种形式的信息的混合作用过程。人在学习过程中的思维过程，尽管在不同的年龄段会以某种思维方式为主，但归根结底总是多种思维方式共同作用的过程，也是多种学习方法混合在一起的认知过程。

⑤ 整合的系统科学原理。整合是运用系统科学的基本原理，将两个或两个以上属于不同范畴，但是有关联的事物融为一个整体的思想和方法。

信息技术与课程及学科教学的整合，就是将信息技术既作为意识，又作为内容、工具、方法和手段，融于课程及学科教学之中的理论与实践。

关于整合的相关原理，在项目 10 中已有介绍，在此就不加赘述了。

(3) 实践性

教育技术的科学研究是由研究者本人亲自实施的实践性很强的教育教学和科学研究活动。因此，教育技术的研究过程，必须体现学校或研究者本人的实践过程。

(4) 推广性

教育技术科学研究的成果，必须有较强的信度、效度和可操作性，能够被广泛应用和推广

(5) 创新性

教育技术科学研究的价值性，是通过研究的创新性体现的。从研究课题本身看，这种创新性主要表现在：前人从未研究过的问题；前人未曾解决的问题；前人未完全解决的问题。从研究结果与结论的角度看，这种创新性主要表现在：形成的新结论、新结果、新见解，与过去已有的结论结果不同；对已有结果、结论、见解的修订、补充或完善。

创新可以分为绝对创新和相对创新两种。绝对创新指的是：从客观上看，从未有过的创造；相对创新指的是：尽管该事物早已存在，但是研究者从不知道或从未接触过，或认为已存在的结论和结果不够完善。

对于工作在教育教学第一线的普通教师而言，创新性是相对的。因为在教育教学实践中，教育工作者所遇到的问题常常是大同小异的，对同一问题的解决方法和解决途径也是多种多样的。所以，即使是曾经有人研究过的问题，或已经有了某种答案的问题，也仍然可以成为教师们进一步研究的课题，也都具有创新价值。

要想使教师们的研究选题具有创新性，基本的前提是必须尽可能多地占有与所研究

课题有关的各种资料,特别是他人的研究资料。如果对他人的研究情况不了解,就无法开展新的研究,也无法确定研究是否真的有价值,甚至会使研究重复别人的研究过程、研究结果和结论。

只有把握准教育技术科学研究的上述几个特征,研究选题的确定才能更具针对性和实用性;研究方法和过程才更具科学性和可操作性;研究的结果和结论才更具可应用性和可推广性。

2. 研究并掌握国内外相关研究的现状

可以通过文献研究、实地考察与访谈、问卷调查等方式了解目前国内外同类研究的现状。

3. 根据课题研究需要组建课题研究团队

在组建课题研究团队时,要注意课题的研究领域和范围、团队成员的教学特长、教育技术特点和学术特长的平衡、团队精神。

4. 清楚课题研究的基本流程

教育技术科学研究课题的研究,通常分三个阶段进行。

研究准备阶段:选择课题、研制方案、申请立项。

实施研究阶段:开题论证、培训教师、实施研究。

形成成果阶段:撰写报告、结题鉴定、成果运用。

(二)项目实施

1. 研究准备阶段:选择课题、研制方案并申请立项

(1) 确定研究选题

选择、确定研究课题是进行任何一项教育科学研究的起点,是整个科学研究过程中最重要、最困难的工作之一。选择研究课题不但是一项十分复杂的工作,而且也是一门重要的艺术。因此,掌握教育技术研究方法,学会进行科学研究,首先就要学会选择研究课题。在确定研究选题的时候,应遵循以下原则:

① 选题必须可以指导实践——价值性原则。教育科学研究选题的价值性是指:所确定的研究选题在本研究领域,要在理论上有所突破,在教育实践上要有指导意义。

选题的价值性取决于选题是否符合社会发展和教育发展的需要,是否有利于提高教育质量、促进青少年的全面发展,是否符合教育科学自身发展的需要,是否符合验证、修正、创新、发展教育理论,建立科学的教育理论体系的需要。

② 选题必须具有现实性——实践性原则。选题的现实性是指:所确定的选题必须源于实践,所研究的成果又必须能够指导实践。

源于实践是指:所选定的选题必须有实践依据,从实践中产生,有明确、具体的针对性,选题必须以一定的教育科学理论为依据。因为,科学的教育理论将对选题起到定向、规范、选择和解释作用。没有一定科学教育理论为依据,选定的课题必然起点低、盲目性大。

③ 选题必须具有独创性——创新性原则。创新性是科学研究的最显著特征。没有创新性的科研选题是没有价值的选题,没有创新性的科研是没有价值的科研。

④ 选题必须具体明确——具体性原则。对于一线教师而言,所确定的教育科学研究

选题，针对性要强，界限要清，范围要小，研究的问题要十分明确具体。

⑤ 选题必须易于操作——可行性原则。选题的可行性是指：所确定的教育科学研究选题，必须是能够被研究的，同时也应当是研究者可以进行研究的。

(2) 设计研究方案

一个有研究价值的问题，当从范围、难度、目标等方面把握之后，就需要对研究问题进行恰当、准确、简明地表述，这就需要设计研究方案。

① 教育技术研究课题的研究方案要能够告诉我们“是什么”。课题的名称是什么？研究的主要内容是什么？研究的目标是什么？研究的主要成果是什么。

例如，在对课题或主要概念进行界定时，“实施新课程背景下发展性评价的研究”方案是这样写的：所谓实施新课程背景下，即根据《国务院关于基础教育改革与发展的决定》提出的“加快构建符合素质教育要求的新的基础教育课程体系”要求和教育部颁布的《基础教育课程改革纲要（试行）》精神，进行广泛性、大声势的新课程改革实验的宏观情势、现实环境之下。

所谓发展性评价是指：对促进学生全面发展的评价，是试图为了改变评价中存在的强调甄别与选拔功能，忽视改进与激励功能；注重学习成绩，忽视全面发展和个性差异；关注结果而忽视过程，评价方法单一的状况而进行的评价改革。教育部《关于积极推进中小学评价与考试制度改革的通知》中的评价改革部分，包括建立以促进学生发展为目标的评价体系、建立有利于提高学校教育质量的评价体系、中小学升学考试与招生制度的改革等。本课题所要研究的发展性评价，主要是在义务教育阶段，尤其是初中阶段，但也与高中招生制度改革密切相关。评价中一个重要而普遍的形式是考试，又由于受到教育部《关于积极推进中小学评价与考试制度改革的通知》主要概念的影响，所以，在本课题的研究中，将评价与考试连在一起，称为评价与考试。

② 教育技术研究课题的研究方案要能告诉我们“为什么”。为什么要开展这个课题的研究？针对性是什么？国内外相关课题的研究状况是什么？其创新性是什么。

例如，在“幼儿自我保护能力培养教育的研究”课题研究方案中，就这样阐述了该课题的研究背景及意义：在幼儿园的多年教学中，经常碰到有孩子把积木塞进鼻孔；手拿剪刀、竹竿在活动室里追逐打闹；爬高爬低，乱挤乱撞，造成呼吸障碍、刺伤、摔伤等事故。电视、报纸等各种新闻媒体也经常报道幼儿被拐、溺水、发生交通事故等严重事件，而且许多事例触目惊心。我们对幼儿园 200 名家长进行了问卷调查，结果如表 11-1 所示。

表 11-1　问卷调查结果

分类	孩子出生以来受过伤的	家长对孩子自我保护能力的培养情况			希望幼儿园对孩子进行全面指导
		没有进行过	孩子出现问题时才进行	有目的、有计划地进行	
人数	98	48	115	37	200
百分比	49%	24%	57.5%	18.5%	100%

表 11-1 说明，幼儿期极易发生突发事故。分析原因，一个重要的因素就是幼儿自身的弱点。幼儿在判断能力、应变能力及体力等方面远不及成人，面对突如其来的意外事故时，很难及时做出正确反应，容易导致意外事故的发生。同时幼儿家长对孩子自我保

护能力的培养还很不够。据资料反映,国外对幼儿此方面能力的培养较为重视,孩子的自我保护能力强于国内孩子。另外,家长希望幼儿园对孩子进行较为全面的指导和教育的人数达100%。这说明家长对幼儿园寄予极高的期望。安全工作是幼儿园工作的重要组成部分。但目前幼儿园大纲对此方面要求不够强调,同时也没有这方面的完整教材。因此,有必要把幼儿自我保护能力的培养教育作为一个重要课题来研究。

③ 教育技术研究课题的研究方案要能告诉我们"怎么办"。在哪些理论的指导下开展研究?怎样组建研究团队?研究的基本思路、基本策略、主要方法、研究的主要过程是什么。

例如,"新课程下农村初中学生'合作学习'策略研究",其操作措施及做法的设计主要有以下几个部分:

合作学习小组的分组方法。初一(1)和初二(1)两个试验班的分组,采用平时以异质分组为主,活动时结合其他分组形式的方法进行。

合作学习的活动形式。小组合作学习讨论,小组合作的操作、演示学习,小组合作的反馈、讲评,小组合作的测试、竞赛。

开展合作学习的操作要领。加强学科之间的合作、沟通;加强组内合作和组间竞赛;选择恰当的教学程序;根据合作学习的特点来备课;注意培养学生的小组意识、集体观念;对学生进行小组合作学习的方法进行指导与训练,防止消极现象的出现;定期调整小组成员以及成员座位,提高交往频度;在范围、时间上适当控制,提高小组学习的质量;小组合作学习从课内延伸到课外。

对研究方法的阐述必须明确具体,使参加课题研究的教师可以按照这些方法进行操作。

④ 研究方案的基本结构主要包括:课题名称的表述;研究目的、意义和研究背景的阐述;研究对象与范围的限定;研究目标和内容的确定;研究方法的选择;实施步骤的设计;预期研究成果及其表现形式;课题研究的组织与管理;经费预算及研究条件的准备;参考文献。

⑤ 研究方案的设计主要包括以下几点:

第一,明确研究方案设计的内容与标准。研究方案设计的基本内容包括:明确研究目的并选择研究对象;选择研究方法与设计方式;确定研究变量与观测指标;选择研究工具与材料;指定研究程序并选择研究环境;考虑数据整理和统计分析的方法。

研究方案设计的评价标准主要有:研究的信度和研究的效度。

研究的信度是指研究所得事实、数据的一致性和稳定性程度。一项好的教育技术研究,其结果必定稳定可靠,即重复研究的结果要保持稳定、一致,否则便不可信。

研究的效度是指研究能真实、正确地揭示所研究问题的本质及其规律的程度,即结果符合客观实际的程度。

第二,研究取样的设计。取样是指从研究对象的全体中抽取一部分作为全体的代表进行研究。研究对象的全体称作总体,所抽取的那部分称作样本。取样的目的在于科学地挑选总体中的部分作为研究对象,并通过这种局部研究的结果说明总体的规律。

样本的选择与确定,是开展科学研究,特别是运用实验研究法开展研究的重要准备工作。只有选准、选好实验样本，通过实验所获得的数据资料才具有信度和效度。

取样一般应遵循代表性原则和随机性原则。代表性原则要求尽可能地使抽取的样本有效地代表总体；随机性原则则要求总体中的每一个体被抽选的机会均等。最佳的样本大小既要满足统计学上的要求，又要考虑实际搜集资料的可能性，并使取样误差减到最低限度。如果要求的精度高，允许的误差值小，研究总体的异质性大，就要考虑使用较大的样本。

完整的取样过程一般包括：规定研究的总体；确定样本的容量（即样本的大小）；确定抽样方法并选取样本；统计推论（从样本的统计数字估算出总体的有关参数）。取样的基本方法有简单随机取样法、系统随机取样法、分层随机取样法、整群随机取样法、多段随机取样法等。

第三，研究变量的确定与操作定义的设计。研究变量是指在性质、数量上可以变化、测量或操纵的条件、现象、事件或事物的特征。根据不同的标准或角度，研究变量可以有不同的分类，如相关变量与因果变量、主体变量与客体变量、直接测量变量与间接测量变量、操纵变量与非操纵变量、研究变量与非研究变量、自变量、中介变量与因变量等。在研究方案的设计中，我们所要确定的变量主要是自变量、因变量和相关变量（或称干扰变量）。研究变量的选择和确定主要包括自变量的选择与确定、因变量的选择与确定和相关变量的辨别与控制三个方面。

在研究方案设计过程中，对研究变量作出明确定义的方式有两种，一种是抽象定义方式，一种是操作定义方式。抽象定义方式是指：对研究变量或指标本质的概括，以揭示其内涵，并将其与其他变量或指标区别开来；操作定义方式是指：用可感知、度量的事物、事件、现象和方法对变量或指标作出具体的界定、说明。操作定义方式的最大特点就是做出的定义具有可观测性。操作定义确定的过程，就是将变量或指标的抽象陈述，转化为具体的操作陈述的过程。

教育技术科学研究是应用性很强的研究，所以对变量的定义的设计方式，以采取操作定义方式为好。

科学地设计操作定义，必须遵循对称性原则和独特性原则。前者指操作定义必须与其抽象定义相对称，不能过宽或过窄；后者指操作定义必须使其具有区别于其他事物、现象的独特特征。

第四，研究方法的选择。进行教育技术科学研究的方法有很多种，如：问卷调查、标准化访谈、结构性观察、相关研究、准实验研究、实验研究、行动研究、文献研究、个案研究等。在研究中采用哪一种或哪几种方法，要视该课题的研究领域、研究内容、研究对象、研究样本的大小等因素而定。教育科学研究总是以一种主要方法为主，辅之以其他方法开展的，没有一种研究是使用单一的方法进行的。我们必须根据研究课题的特点，选择恰当的研究方法来开展研究。

第五，形成课题研究方案。课题研究方案是进行课题研究的依据。研究方案包括：课题的名称，对研究课题目的及意义的简要说明，课题研究的基本内容和要实现的主要目标，课题的研究思路与方法，课题组的组成情况，研究所需环境和条件，课题研究的计划与步骤，预期研究成果，研究经费预算等。

(3) 课题的申报与立项

① 课题申报的条件。课题申报要求有切实可行的研究方案及计划，有科研素养较高的研究人员，具备一定的研究基础、必要的物质条件、经费条件，研究单位的领导必须大力支持。

② 课题申报的程序。申报国家、省、市、县区级科研课题，由个人（或课题组）提出申请并填写相应的申请书，经学校审定，县区教研部门审查，报市教研部门审批，然后向相应的主管部门推荐。

学校课题研究要有一定的梯度，呈“金字塔”形，要多开发一些校级课题，作小课题研究，因为小课题难度不大，研究的周期短。

③ 课题的立项。课题组提出的课题立项申请，经上一级课题研究管理机构批准同意后方为立项。课题立项是保证课题研究能科学、有序进行的重要手段。只有进行课题立项，才能保证课题选择有方向、研究有指导、问题有帮助、评估有价值、推广有保障。

2. 研究实施阶段：开题论证、培训教师、实施研究

① 开题论证。开题论证是对课题立项价值的先行鉴定，也是在课题研究开始时，对课题组成员的培训和动员。进行开题论证，可以促进研究方案更加完善，可以统一课题组成员的思想，可以为提高研究质量提供可靠保障。

课题开题的基本程序是：准备开题报告—召开开题论证会—向专家组和课题组成员做开题报告—听取专家意见—整理专家意见—修稿完善研究方案—正式启动课题研究。

开题论证中最为重要的是做好开题报告。开题报告实际上是对研究方案的详尽阐述（参看本项目案例三）。

② 课题的实施与管理。课题的实施与管理主要包括：明确研究任务并进行分工，修订课题研究方案和研究计划；邀请专家指导；加强课题组成员的培训；举行课题研讨活动；组织阶段性评估；做好课题研究资料的收集与整理工作。

3. 研究成果阶段：撰写报告、结题鉴定、成果运用

① 做好结题的准备。做好结题的准备，首先要撰写研究报告。其次准备好结题所需材料。结题材料的主件主要包括：课题的研究报告（或实验报告）、工作报告。辅助材料主要包括：课题申报表、课题实施方案、立项通知书、开题论证意见、主要研究成果等能够说明研究过程和研究成果的辅助材料。

② 结题鉴定的一般程序。课题单位向主管部门提出申请，填写《结题申请・审批书》，并提交相应的材料（主要是研究报告）。

确定结题方式。目前的结题方式主要有现场结题、会议结题和通信结题三种。

课题管理单位对材料审核并作出明确的答复，对基本合乎要求的课题寄发《关于批准课题结题的通知》。

聘请鉴定专家组，并提前一个月将材料送给专家审核。

签订结题鉴定意见书。

修改研究报告，整理提升研究成果。

公示研究成果。

③ 成果的推广与转化

当前，教育科研存在着重开题、结题，轻过程研究；重成果获奖，轻成果推广的现象。事实上，课题成果的推广与转化是教育科研的重要环节，是把研究成果尽快地转化为现实教育教学改革目标方法的重要途径。教育技术课题研究成果的推广与转化主要包括以下环节：发表研究成果，组织成果评奖活动，召开成果推介会，也可直接应用、作后续研究等。

（三）参考案例

案例展示

案例一　"信息技术环境中利用互动反馈技术提高教学成效的研究"课题研究与实施方案

一、课题名称：信息技术环境中利用互动反馈技术提高教学成效的研究

二、课题的提出

中小学教师关心的核心问题是如何通过有效的教学策略、教学设计实现既定的教学目标。长期的教育研究和教学技术发展表明，在教学领域，新技术的有效应用，对形成实效性强的教学策略起到了积极的促进作用。通过对互动反馈技术在课堂教学活动中的应用研究和实践证明，互动反馈技术确实具有加强课堂教学过程中形成性评价的重要作用。基于现有成果，进一步将互动反馈技术与学科教学更好地进行整合，深入探讨互动教学的理念、模式、策略与方法，圆满达成课堂教学目标，是开展本课题的现实需要，同时也是理论发展的需要。

三、课题研究的目标和思路

（一）课题研究目标

1. 面向中小学教师的实际需求，利用互动反馈技术提升教学策略的实效性，增强形成性评价的有效性，提高教学成效。

2. 加强教学与管理之间，学校与家庭（社区）之间的互动联系与教育合作，促进个性化"因材施教"。

3. 促进教师素质的提高，造就高水平的科研队伍。

4. 探索有效的产、学、研合作新模式。

（二）课题研究思路

1. 研究在课堂上利用互动技术如何有效地开展互动教学，深入探索课堂教学四要素之间的互动联系，优化学习过程，提高学生素质和绩效；深入研究基于课堂互动技术条件下的教学理念、模式、策略、方法、应用绩效。

2. 将互动教学的生成性内容通过网络传输到"EZService 网络学习信息整合中心"工具平台并共享，进一步发挥网络的功效。

3. 依托分学科发布的互动教学内容和随堂评测成效数据，积极开展形成性评价的研究，进而促进家校互动，促进其在"（虚拟）数字化校园网络"中的发展应用。

四、课题研究的内容

（一）互动技术与学科教学的整合研究

1. 研究在不同学科互动技术环境下，开展互动教学，增强学习的基本概念、理论基础、教学理念。

2. 不同年龄段的多媒体课堂教学，互动技术与学科教学整合与绩效的研究。

3. 在互动技术环境下，新的学习模式、教学模式的构建与实现。

4. 在互动技术环境下，教学设计与调控的策略方法创新。

5. 在互动技术环境下，学生数字化成长与综合素质和多元智能发展的研究。

（二）互动技术促进教学评价的研究

1. 利用互动技术及生成性内容，促进学科课堂教学阶段性或形成性评价的解决方案、开展模式、方法创新、实践绩效、评价标准、有效工具的研究。

2. 在互动技术环境下，开展教学评价促进教师反思与专业成长的研究与实践。

（三）网络环境下的应用研究

1. 研究家庭教育与学校教育相结合的需求、目标、功能、原则、内容、方式。

2. 研究如何建立有效的家校合作关系。

3. 研究家庭教育与学校教育相结合促进学生素质发展的方案。

五、课题研究的方法

课题研究采用教学实验法、行动研究法、理论综合法、文献分析法、比较研究法、调查研究法、模式研究法等多种研究方法。采用什么研究方法，以何种方法为主，各子课题可结合要研究的具体问题而定。

六、课题研究的实施步骤

第一阶段（准备阶段）：2006 年 1 月至 2006 年 6 月制定课题研究与实施方案，提出课题研究计划、管理办法，组织子课题申报，评审确认子课题项目，课题正式开题。

第二阶段（实施阶段）：2006 年 7 月至 2010 年 6 月。

1. 2006 年 8 月至 2006 年 12 月，组织开题与项目落实。

2. 2007 年 1 月至 2008 年 12 月，各子课题开展研究，滚动发展，课题组组织相关指导、培训活动。

3. 2009 年 1 月至 2009 年 3 月，课题组组织对子课题的中期评估。

4. 2009 年 4 月至 2010 年 6 月，各子课题开展研究，总课题组组织相关指导、培训活动。

第三阶段（总结与结题阶段）：2010 年 7 月至 12 月，课题组接受子课题的结题申请，开始结题。在各子课题陆续结题的基础上，总课题组整理研究成果，总结研究经验，撰写结题报告，接受全国教育技术规划领导小组办公室的结题验收。

以上仅就一般情况而论。课题组欢迎各子课题早出成果，出好成果。总课题组 2008 年开始接受已完成科研任务的子课题组的结题申请。

七、课题的组织管理

（一）本课题建立总课题组，区（县）课题组，课题实验学校三级组织机构，每一级课题单位接受上一级课题单位的指导。

（二）总课题组设专家组和指导组，全面负责课题研究等领导、组织与实施工作。

（三）实验学校的子课题组由课题成员单位自行组成，子课题组负责人原则上由承担课题实质性研究任务的学校校长担任，或由校长委派的副校长及教学主任担任。

（四）总课题组的组成人员（略）。

（五）组成专家指导组，对课题研究进行全方位指导。院联合成立课题组秘书处，负责课题研究的组织与日常工作指导。课题指导组成员（略）。

（六）设立课题研究秘书处，实施对课题研究工作的日常管理。秘书处成员（略）。

八、课题研究经费的来源与使用

（一）本课题属自筹经费课题，各成员单位自行承担本单位子课题研究过程中所需的一切费用，总课题组实行以会养会、以班养班、收支公开。总课题组的费用由北京松博科技公司提供支持。

（二）各成员单位自行负责的经费包括：课题启动与管理费；派员参加总课题组每年的“一年两会”活动所需费用；课题组有关顾问、专家送教上门所需费用；本课题组科研成果的打印费用；课题鉴定费用等。

（三）课题组的费用主要用于：课题工作研讨会与培训有关专家、学者的讲课费用及有关人员的劳务费用；新闻媒体宣传报道费用；有关资料打印、复印费用；课题组研究工作简报的印刷费用；课题运行必需的其他开支等。

（四）最终科研成果的发表及出版所需费用由各成员单位共同承担。

九、预期研究成果

预期研究成果如表 11-2 所示。

表 11-2　预期研究成果

序号	研究阶段 （截止时间）	阶段成果名称	成果形式
1	2008 年 09 月	学习网络的主题网站	网站
2	2008 年 09 月	课堂教学互动技术应用培训教材	培训教材
3	2008 年 03 月	教学内容及学情数据传输与管理软件课堂教学形成性评价与家校互通管理软件	软件
4	2009 年 12 月	中小学各学科互动课堂教学系列应用案例	文集、VCD 集
5	2010 年 05 月	应用互动技术及数据，进行课堂教学形成性评价，推动家庭教育开展的理论与实践研究	论文集
6	2010 年 05 月	增强学习的（网络化）互动教学软件工具平台	软件
7	2010 年 09 月	《课题研究报告》、主论文及研究专著	报告、论文书籍
8	2010 年 09 月	《课题研究工作报告》	报告
序号	完成时间	最终成果名称	成果形式
1	2010 年 10 月	《课题研究报告》、《课题研究工作报告》、主论文、研究专著（包括产学研的合作配合经验）	报告论文书籍
2	2010 年 10 月	论文集、培训教材、应用课程资源、示范资源库、题库资源	书籍、电子出版物
3	2010 年 10 月	由若干数字化校园联合共同体网站组成的互动学习网络，软件工具平台等	网站软件

案例二 “基于信息技术环境下的学生协作学习模式研究”课题研究方案

北京市朝阳区京通小学课题组

一、课题名称

基于信息技术环境下的学生协作学习模式研究

二、问题的提出

随着时代的发展，以数字技术为新动力的多媒体技术和网络技术，已经成为拓展人类技能的创造性工具，它同发散性思维、问题解决能力、学生学习能力、实践能力、创新精神一起，构成了学生发展的基础。

在数字技术迅猛发展的信息时代，在数字技术为人的个性化学习与个性化发展创造了无穷大的时间与空间的时候，我们也应当清楚地看到，在人的这种个性化的学习与发展进程中，这些学习与发展不是简单、孤立的，它们是广泛联系、互动交互、多向交流的过程。因此，在学会利用信息技术学习与发展时，人们也必须学会分工合作，即学会协作。

早在1995年，在为纪念联合国教科文组织成立五十周年而编撰的《教育——财富蕴含其中》一书中，论述了教育的四大支柱（学会认知；学会做事；学会共同生活；学会生存），同时明确指出：学会共同生活的途径是“本着尊重多元性、相互了解及和平价值观等精神，在开展共同项目和学习管理冲突过程中，增进对他人的了解和对相互依存问题的认识”。

目前，我国独生子女家庭居多，孩子们从小缺少合作伙伴，绝大多数的家庭都是围绕孩子转，全家对独苗呵护万般，使孩子成为小皇帝或是小公主，在这种背景下成长，孩子们多的是支配欲望，少的是合作意识。

因此，无论是人类教育的改革与发展，还是我国社会与家庭的特殊结构，从小学就开始通过协作学习，帮助学生“学会学习”，学会与他人“共同生活”，是十分重要和必要的。

近年来，随着信息技术教育的逐步普及，信息技术教育环境的不断改善，信息技术与学科教学整合研究的广泛推进和深入发展，传统的教学方式得到了改革，这种改革为改变学生的学习方法和实施合作学习提供了强大的技术支持。学生与教师、同学与同学、学生与其他人之间，既可以通过网络实现资源共享，还可以在网上共同进行问题探究与探讨。

在基于信息技术的环境的协作学习过程中，教师通过专题学习内容，为各个学生提供了单独或小组讨论的机会，每个学生可以在有竞争性的讨论中，积极思考问题。学生不仅可以从自己的思考过程中获取知识，还可以从别的学生的观点中获取知识。随着信息量的增加，视野的扩大，学生也将逐步增加对知识的掌握和对社会的了解，从而提高学生的综合素质。这样，不仅可以激发学生积极向上的学习动机，还可以培养学生的信息处理能力和社会交往技能。

本课题的创新性在于，以协作学习方法与模式研究为突破口，通过数字化信息技术优势的发挥，帮助学生学会学习、学会共同生活，进而实现促进学生发展的教育目标。

三、相关概念界定

（一）协作学习

协作学习是指一种通过小组或团队的形式组织学生进行学习的策略。

（二）信息技术

信息技术是基于数字技术的运用多媒体技术和网络技术来呈现、传递、加工和处理教育教学信息的技术。

（三）协作学习环境

协作学习环境主要包括协作学习的组织环境、空间环境、硬件环境和资源环境。组织环境是指协作学习成员的组织结构，包括小组的划分、小组成员功能的分配等。空间环境是指协作学习的场所，如班级课堂、互联网环境等。硬件环境指协作学习所使用的硬件条件，如计算机支持的协作学习、基于互联网的协作学习等。资源环境是指协作学习所利用的资源，如虚拟图书馆、互联网等。

（四）信息技术环境下的协作学习

信息技术环境下的协作学习是指利用数字化环境下一切可用的资源和技术，由多个异质的学习者针对同一学习内容彼此交互和协作，以达到对学习内容和研究问题的理解、掌握与解决的过程与方法。

四、课题研究的理论指导

（一）课程改革以学生发展为中心的理论（略）

（二）合作学习的理论

合作学习（Cooperative Learning/Collaborative learning，简称 CL），又称协作学习，约翰逊和霍勒别克（Johnson，Holubec，1993）将合作学习定义为："一种以小组为学习形式，旨在促进学生合作从而达到最佳学习效果的教学方法。"

美国约翰斯霍普金斯大学的斯莱文认为："合作学习是指使学生在小组中从事学习活动，并根据他们整个小组的成绩获取奖励或认可的课堂教学技术。"

美国明尼苏达大学的约翰逊兄弟认为："合作学习就是在教学上运用小组，使学生共同活动以最大限度地促进他们以及他们的学习。"

我国学者王坦认为："合作学习是一种旨在促进学生在异质小组中相互合作，达成共同的学习目标，并以小组的总体成绩为奖励依据的教学策略体系。"

合作学习的内涵涉及以下几个层面的内容。

第一，合作学习是以小组活动为主体而进行的一种教学活动。

第二，合作学习是一种同伴之间的合作互助活动。

第三，合作学习是一种目标导向活动。

第四，合作学习是以各个小组在达成目标过程中的总体成绩为奖励依据的。

第五，合作学习是由教师分配学习任务和控制教学进程的。

（三）学习控制的理论（略）

（四）混合学习的理论（略）

（五）学生自我发展的学习理论（略）

（六）信息技术与学科教学整合的理论（略）

五、课题研究的主要内容

（一）有利于学生协作学习的数字化校园环境的建设与应用。

（二）基于数字化环境下的学生协作学习的方法与模式。

六、课题研究的目标

（一）促进学校领导和教师牢固树立起“信息技术必须为促进发展服务”的意识，增强教师的现代教育意识，提高教师的信息素养。

（二）探索、总结、归纳基于信息技术环境的协作学习的方法与模式，促进学生的发展。

七、基于数字化环境下的学生协作学习的方法与模式的假设

协作学习强调学习过程中学生之间的交往与合作。因此，必须充分利用人力资源，发挥集体的教育潜能。协作学习的课堂教学结构是以“学生为主体”的课堂教学结构，与以“教师为中心”的传统课堂教学结构有着本质的区别。在开展协作学习的教学过程中，教师应关注协作学习的学习过程，并对协作学习的方向进行有效监控和及时调节。为此，我们提出了由以下四部分构成的基于信息技术环境的协作学习的方法与模式。

（一）明确目标

教学目标是一切教学活动的出发点和归宿，教师要将其转化为学生的学习目标，在这三次小组合作学习完成任务阶段，每次上课伊始教师要明确地给出任务完成的进度，要求掌握和运用的知识和技能。让学生清楚学习所要讨论的要点，了解活动的步骤和方法，明确要达到的目标和努力的方向，预见学习成果，从而唤起学生的参与意识，动员学生的知、情、意的力量以达到教学目标。

（二）任务分析

小组明确了学习目标后，在小组内部的交流和讨论活动中，各成员充分发表个人见解，其间，由于意见的分歧，会引发一些争议，这样反而可以激发学生更大的学习兴趣，学生在交流与转化的过程中，达成共识。小组成员按照各自任务，开展分工合作，成员间共享所学知识和技能。由于组内成员的异质性，可以相互取长补短，变他知为己知，形成优势互补。

在小组交流活动中，教师巡回在各小组之间，可以作为旁听者或参与者深入小组的内部，观察学生的参与情况、学习态度，适时地加以引导。教师应避免合作学习过程中小组意见悬而不绝的局面产生，要及时地对小组合作学习进行调控。当小组意见有了较大分歧时，教师首先作为一个倾听者，了解问题的关键，然后快速准确地对分歧提出可行性的建议，促进小组合作学习的开展。

（三）实践探索

在明确小组任务方向和分工后，在接下来的实践操作过程中，会遇到不同的技术困难，教师要及时地施与援助，使得小组的合作学习能够按预定计划完成阶段性任务。同时亦可发现教学中存在的共性问题。

（四）监督指导

为了确保合作学习任务的最终如期完成，教师将小组任务分为三个阶段性任务。第一阶段：根据小组任务主题，进行层次和内容的细化，构建网站的主体结构。搜集包括文字、图片、声音、动画、视频等素材，将其分类整理，有序加工。第二阶段：利用整理加工好的素材资料充实网页内容，完善网站设计。第三阶段：对网站设计进行精细加工，作进一步的修饰并进行测试和调整，同时撰写演讲稿，演讲稿的内容主要包括网站设计说明、合作学习过程简介、问题分析。如果小组不能在课堂安排的两节课时内完成本阶段任务，小组成员可以利用业余时间，在第二次上课前将本阶段任务完成。

在协作学习的信息获取渠道上，应该尽可能多地引导学生多渠道地利用信息技术获取信息，鼓励小组成员采取不同的渠道获取信息。在组内成员进行沟通交流时，不要局限在传统的面对面交流，还可以利用网络平台交流，这样做可以达到在协作学习中培养学生使用信息技术工具能力的目的。

这个教学模式可以由图 11-1 具体体现出来。

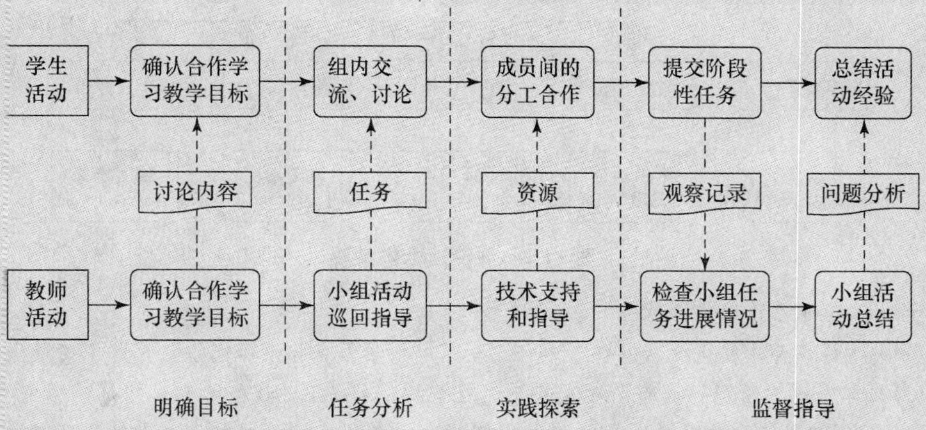

图 11-1　教学模式图

八、课题的研究方法

以行动研究法为主，以实验法、问卷调查法、经验总结法等为辅。

九、课题研究结果的检测

根据本课题的主要研究目标和内容，建立一个有利于学生发展的协作学习评价体系，以检测课题研究结果和成效。

本课题研究协作学习的评价体系，首先要体现协作学习策略中的基本要素：主动的相互依赖，面对面的互动，个人责任，社交协作技能，小组自评。其次，要体现合作学习评价内容、评价主体的多元性。再次，要体现公平公正的原则。

开展协作学习的目的，主要是使学生在学习过程中的合作和分享精神、协作和责任意识得到落实，而不仅仅是为了学习成绩的提高。因此，评价应该包括合作学习过程和学习成果。学习成果主要是指对小组合作学习完成任务结果的评价，而合作学习过程则可通过表现性评价来体现，并且表现性评价应该实行多主体评价的评价方式。

根据以上的目标分析，首先，将合作学习评价目标进行分解，确定结果评价、过程评价两个一级指标；其次，根据评价的对象和评价的维度确定任务成果评价、教师评价、组间评价、组内评价、个人评价等五项二级指标；再次，通过对"协作学习评价指标调查问卷"(调查内容涉及教师评价、组间评价、组内评价、自我评价四项二级指标中的三级指标，及五项二级指标的权重)的统计筛选，建立三级指标；最终，确立了合作学习评价指标体系。

这个评价指标体系的结构见图11-2。

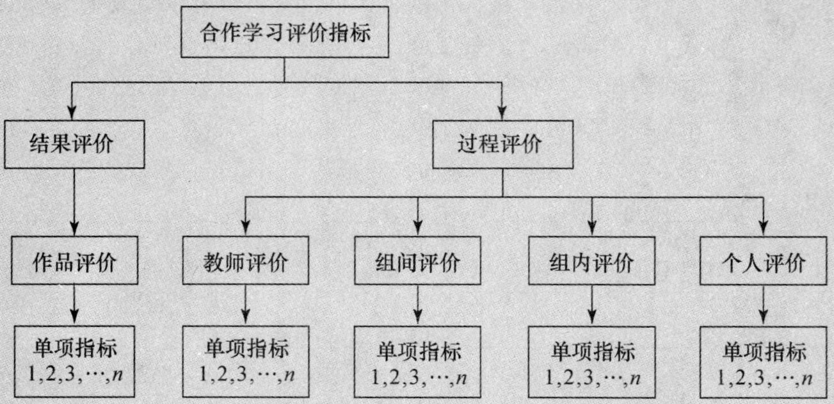

图11-2 评价指标体系图

十、课题研究的组织与管理

（一）本课题为中央电化教育馆“十一五”全国中小学教育技术研究重点课题中的子课题。

（二）本课题的管理：组成课题领导小组统筹课题研究工作；聘请专家组成专家指导组，指导课题研究工作；组成课题组具体实施研究工作。各位专家的具体职责如表11-3所示。

表11-3 专家组成员表

机构	姓名	工作职责
组长	（略）	统筹安排整体工作，把握引进方向，整体调解、指导
副组长	（略）	制订课题方案、课题申报、过程调控管理、信息收集与反馈、接受有关部门中期评估和结题验收、宣传推广研究成果等工作
组员	（略）	落实引进计划、课题研究计划、信息收集、课题阶段性总结等工作
专家顾问	（略）	课题引领与指导、教师群体业务培训、个人培训、课题阶段性总结和课题结题指导等工作

十一、课题研究的运行机制与经费保障

（一）以课题组为龙头，组织各学科教师开展课题研究，制订研究计划，组织实施，做好阶段性总结。

（二）以教师培训为基础，聘请专家进行理论学习与课题指导。

（三）以课堂教学为主渠道，在全校各个年级、各个学科全面开展课堂教学实践研究。

（四）以北京市小学教育技术协会“三优联评”活动为契机，开展六个一活动（上课、说课、评课、课件、案例、论文）。

（五）课题研究经费纳入学校预算和学校人才引进预算专款，由课题研究领导小组按照有关规定严格控制。

十二、课题研究计划

（一）子课题申报阶段：2009年2月

（二）子课题研究阶段：2009年2月—2010年12月

（三）子课题结题验收阶段：2011 年 3—8 月

十三、预期成果

（一）基于信息技术环境的学生协作学习方法、模式研究课例集锦。

（二）基于信息技术环境的学生协作学习方法、模式研究课件集锦。

（三）基于信息技术环境的学生协作学习方法、模式研究论文集锦。

案例三　“信息技术与学科教学整合的策略研究”的开题报告

从系统科学方法论的高度探索信息技术与学科教学整合
——开展课题研究必须思考和回答的五个问题

总课题组组长　2007 年 1 月 11 日

开展课题研究的时候，我们必须回答以下五个问题：所研究的课题的内容是什么？为什么要研究这个课题？怎么办（通过什么方法解决这些问题）？研究效果怎么样（结果与结论是什么）？为什么能够获得这样的研究效果并得出这样的研究结论？

一、我们所研究的课题是什么？

（一）课题名称：信息技术与学科教学整合的策略研究

（二）课题研究的核心和重点：

核心：整合

重点：策略

（三）关键词

1. 信息技术

信息技术是运用以数字技术为依托的多媒体技术和网络技术，来呈现、传递、加工和处理信息的技术。

2. 整合

整合是运用系统科学的方法，将两种或两种以上属于不同范畴，但是有关联的事物，通过动态组合的方式融为一个整体的理论与实践。

系统科学认为：任何事物都是一个系统。若干个子系统构成了上一级的母系统，每一个系统都由若干个要素构成。这些要素，可能是一个由若干个要素构成的子级系统（我们可以称之为复合型要素），也可能是一个单一的要素。但是，不管这些要素各自有哪些特殊的性能，他们都必须形成一个合力，为实现系统的整体目标服务。

3. 信息技术与课程及学科教学整合

信息技术与课程及学科教学整合是运用系统科学的基本原理，将信息技术既作为意识，又作为内容、工具、方法和手段融于学科教学的理论与实践。整合的核心是“融”，不能简单地以为“应用”就是“整合”，整合更强调系统科学方法论的指导和运用。

对于信息技术与学科教学的整合，许多学者曾从不同角度加以论述，这些论述对于我们全面理解和推进整合的实践与研究，都有很重要的学习和指导意义。例如：何克抗教授提出：整合的实质是以教师为中心转向双主；李克东教授提出：数字化学习是实现整合的核心；张际平教授提出：整合的本质是你中有我我中有你；钟绍春教授提出：整合的关键是利用网络技术优势解决学科教学中的困难。

4. 策略

策略是欲达到一定目标而采取的方式、方法的总和。

在本课题中，整合的策略主要指在学科教与学的过程中，通过整合实现增强师生信息意识、改变教学内容、改变“教”与“学”的方法，以全面推进素质教育实施目标的方式、方法和教学模式。

（四）本课题研究的主要内容

第一，在信息技术与学科教学整合中，渗透信息意识教育方式、方法。

第二，在信息技术与学科教学整合中，如何将信息技术作为各学科共同学习的内容；如何既改变中小学学科教学中过分强调学科知识，而忽视知识的综合性的弊端，又要避免过分强调综合知识，而忽视了学科特性的方式、方法。

第三，在信息技术与学科教学整合中，利用数字技术的技术优势，改变教师“教”的方法和学生“学”的方式、方法。

第四，基于数字化环境的自主学习、合作学习、探究性学习模式的研究。

第五，有利于学习主体参与的互动反馈技术、终端显示技术（如交互式电子白板和互动反馈技术）等新技术的研究。

第六，能够充分体现课程改革思想的教学资源的开发与建设研究。

第七，校园网效益的增值研究。

（五）如何明确表述子课题

首先，根据总课题组的研究方案和课题指南，结合本校（地区）的实际，确定自己的子课题。

其次，准确表述子课题，要求言简意赅：用最简捷、最明确的语言表述子课题；目标明确：明确、具体、可操作、可检测。

最后，提倡大题小做，以小见大。确定课题的时候，立意要新、起点要高、落脚点要实，不可好高骛远。

二、为什么要开展这个课题的研究

对于该问题的探讨，主要要回答好研究的背景、必要性和重要性的问题。子课题组可以在参照总课题方案中关于研究背景论述的基础上，从体现信息技术的发展与应用趋势、体现课程改革的基本精神、结合本校的实际需要等方面，思考和回答这个问题。

本课题的研究背景主要有以下三点：

（一）人类社会迈进21世纪后，数字化的信息技术已成为社会前进的强大动力，以多媒体和网络技术为核心的数字化信息技术正在逐渐改变着人们的学习方式、生活方式、工作方式及思维方式，并已成为挖掘、拓展人类创造潜能的智能性工具。运用数字化的信息技术带动社会的现代化，已成为当今世界经济和社会发展的大趋势。

随着知识总量不断扩大，知识的更新越来越快，学习者需要掌握的知识越来越多。随着社会的发展，综合国力的竞争已由物化资源转向智能资源的竞争。是否能够培养出具有实践能力和创造精神的一代新人，已成为国家与民族发展，对教育提出的时代要求。因此，《国家基础教育课程改革纲要（试行）》中提出：“大力推进信息技术在教学中的普遍应用，促进信息技术与学科课程的整合，逐步实现教学内容的呈现方式、学生的学习方式、教师的教学方式和师生互动方式的变革，充分发挥信息技术的优势，为学生的学习和发展提供丰富多彩的教育环境和有力的学习工具。”信息技术及其与课程及学科教学的整合，不仅为学科教学和课程改革提供了数字化的信息技术支持，而且有效地整合并优化了原有的教学要素，为教学方式的改变创造了极为有利的环境和条件，为课程改革和课堂教学改革提供了新的生长点。毫无疑义，信息技术与课程及学科教学的整合，必将引起教育教学领域新的变革。

（二）目前北京市中小学已经基本实现了2001年提出的中小学信息化建设目标。五年来，在实施“新北京，新奥运”战略构想，建设现代化国际城市的背景下，北京市委、市政府高度重视教育信息化工作，基本建成由骨干网、区县区域网和校园网三级网络构成的北京教育信息网。18个区县都建成区域网络中心，并实现了与市教育信息网骨干光纤的连通。1823所中小学建成校园网，全市中小学拥有计算机18.9万台，全市配备多媒体12000套。全部开设了信息技术课，高标准地完成了“校校通”工程，初步搭建了网络化的学校环境。

可以说，在北京市乃至全国一些经济较为发达的地区与城市，中小学的信息技术教育，已经进入了一个新的发展阶段——后网络时代。后网络时代的一个显著标志就是：大规模的硬件环境建设已经退居其次，充分利用数字化信息技术环境和条件，以获得更大的促进课程和课堂教学改革的效益，将成为中小学信息技术教育的主要任务。

因此，如何广泛、充分、有效地运用信息技术并全方位、多角度地与学科教学整合，培养有知识、有素养、有能力的人才，进而全面提升教育质量，是所有中小学和广大教育技术工作者所面临的共同任务。

（三）在北京市和全国“十五”课题研究中，很多中小学校的广大教师围绕着“信息技术与学科教学整合”开展了卓有成效的研究，并取得了很多研究成果。这些研究力求通过整合的途径，提高教学水平，提升教育质量。但是，如果对这些研究成果进行深入分析，我们不难看到，这些研究成果所反映的重点，仍然集中在如何在学科教学中应用信息技术的问题上面，仍然只是在整合与应用之间，画上了一个“等号”。在这些研究成果中，信息技术只是一种工具、一种方法和一种手段。但却忽略了或者说没有很好地研究并解决好信息技术如何与课程及学科教学“融”为一体的问题。

“融”是整合的核心与方法，也是信息技术在教育教学与课程改革进程中的新阶段。在“十五”研究后期，我们已经意识到了这点，但对其深入研究不够。在即将开始进行“十一五”课题研究的时候，需要我们进一步深入地研究，有效地形成适合教育教学自身发展的整合的模式与策略。

2006年北京市教委召开的“北京市中小学信息化工作会议”指出：信息技术在教育管理、教学实践中的应用还不够广泛，利用率较低，远未达到通过信息技术与学科的整合来提高教学质量，全面推进素质教育的目的。日益增长的对信息化的需求与所能提供的资源不匹配，各级各类教育资源统筹不够，共享程度不高。干部、教师队伍的信息素养有待进一步提高，专业队伍建设需要加强。显而易见，探索并更好地解决这些问题，已是我们工作的重点。因此，探索行之有效的整合策略，将信息技术与学科教学整合起来，以全面提高信息技术教育的效益与质量，必将成为后网络时代的重要任务。

三、怎样开展这个课题的研究

（一）在科学理论的指导下开展研究

需要应用的理论有：认知心理学的建构主义学习理论、学生的自我发展理论、学习控制论、混合学习的理论、整合的系统科学原理。

（二）采用科学的研究方法开展研究

1. 实验研究的方法

实验研究方法是对实验变量进行控制，主要通过定量分析的方法验证实验假设的研究方法。

教育科学研究是对人的培养与发展的研究。在人的生活与成长过程中，相当多的变量是不可控制的（如感情、情绪、霍桑效应等心理状态）。所以，教育科学研究是定性与定量相结合的准实验研究，而不是真实验研究。

2. 行动研究的方法

根据预期研究目标，进行“计划—行动—观察—反思—修正—再行动—再观察—再反思……得出结论”的研究方法。

3. 文献分析的方法

对与课题有关的文献（他人的论著和研究成果）进行分析，以得出某种看法与结论的研究方法。

4. 观察法

根据课题研究的要求，通过对研究对象的有目的的观察，获得一些需要的案例与数据，以支持（或否定）研究者的某些观点的研究方法。

5. 访谈法

根据课题研究目标所设定的访谈提纲进行访谈（调查），以获得支持或否定研究者的某些观点的材料的研究方法。

6. 统计分析法

利用教育心理统计的方法，对通过多种方法所获得的数据与资料进行分析，以得出某种看法与结论的研究方法。

注：本课题采取以行动研究方法为主，其他研究方法为辅的研究方法。

本课题是探究性研究，研究的目标是探索信息技术与学科教学整合的有效策略，并证明这些策略对于强化师生的信息意识，对于促进教学内容、教与学的方法的改变，对于新型教学模式的构建，提高课堂教学效率与质量、促进学生的综合发展是否具有明显的作用与成效，进而推动信息技术教育的发展。

（三）确定可操作可检测的自变量

自变量是由研究者控制的要素。

本课题的自变量：有利于学生发展的信息技术与学科教学整合的策略（硬件的、软件的和人文的环境）、数字化的教学资源、教学方式、教学方法和教学模式。

（四）明确研究的因变量——目标

因变量是由于操作自变量而发生变化的要素，也就是研究的目标。

本课题的因变量（研究目标）：强化师生的信息意识，增强知识的综合性，改变教与学的方法，构建新型教学模式，促进学生的全面发展。

(五) 怎样实现研究目标

树立新的观念,构建新的模式,探索新的方法,制定新的政策,实施新的策略。

(六) 组织科研"志愿军"

开展教育技术的科学研究,需要一个为了共同目标而共同奋斗的研究团队。这个研究团队的成员应当是下列三种人组成的"志愿军"。

有识之士:对运用信息化带动教育现代化认识明确、全方位大力支持课题研究开展工作的领导和专家。

有才之士:教育教学理论水平高、运用现代教育技术开展教学能力强、有较高研究能力和表达能力、有创新精神的教育技术专业人员、教师等。

有德之士:兢兢业业、刻苦学习、深入钻研、勇于实践、不计报酬、团结合作、无私奉献的指导教师和实验教师。

四、必须做好回答"研究目标实现了没有的问题"的准备——怎么样?

(一) 建立研究目标评价体系。

(二) 根据研究目标收集、分析研究资料:教学设计案例、教学实况、过程性资料、发展性资料。

(三) 利用目标评价体系对这些资料进行分析。

(四) 得出研究目标是否实现的结论。

五、必须做好回答为什么能够获得这样的研究成果和结论问题的准备

(一) 对结果与结论正确与否进行理论依据的分析。

(二) 对结果与结论正确与否进行实际效果的分析。

(三) 对结果与结论的信度与效度进行分析。

六、结束语

我们必须以严谨认真的态度,用科学的研究方法,开展深入的实践研究,探索信息技术与学科教学整合的策略,摸索教育技术应用的方法和规律,通过教育科学研究引领教育技术发展的方向。

五、项目成果展示与交流

(一) 在启动课题研究之前:写出相应的开题报告,在开题论证会上,阐述所研究课题的研究意义、研究内容、研究方法和预期成果。

(二) 在课题研究过程中:组织交流研讨会、现场观摩会,进行过程性研究成果的交流。这样,一方面可以起到发现问题、纠正问题的作用;另一方面还可以起到形成初步成果、交流经验、宣传课题研究的作用。

(三) 课题研究结束后:通过编辑出版课题研究成果、组织结题验收活动、组织研究成果展示交流活动、总结表彰活动等,宣传推广研究成果。

六、推荐资源

[1] 王继新. 信息化教育概论[M]. 武汉:华中师范大学出版社,2006.

[2] 李克东.教育技术学研究方法[M].北京：北京师范大学出版社，2003.
[3] 曾天山.教育研究的失业与方向[M].北京：教育科学出版社，2009.
[4] 中央教育科学研究所.http://www.cnier.ac.cn/snxx/.
[5] 全国教育技术研究课题管理专栏网站.http://ktsb.e21.cn/tzgg.php? ithd=tzgg.

项目12　教育技术研究成果的形成与评估

开展教育技术研究后，必然会产生许多不同类型的研究成果。这些研究成果，如按照成果形成的时间段分，可分为阶段性研究成果和最终研究成果；如按照成果内涵的类型分，可分为物化形态的研究成果和智能形态的研究成果；如按照表现形态分，可分为硬件成果、软件成果、文字形态的研究成果。为了便于研究者掌握，在这里我们就按照研究成果的表现形态来研究成果的形成问题。因为无论是按成果产生的时间来划分，还是按成果的内涵来划分，都需要通过一定的方式来展现。这些展现方式，归结起来主要有三种，这就是硬件、软件和文字。

教育技术研究的硬件类成果，是对硬件研究课题而言的。硬件研究课题，一般主要由硬件研制企业、高校的教育技术硬件研发专业或研发中心来承担。这类课题，属于新产品开发类课题，需要较长的周期和较多的经费和较为专业的人员，因此，中小学校很少独立承担这类课题，不是我们这个项目学习实践与研究的重点。

教育技术研究的软件类成果：这类成果是在课题研究过程和结束后形成的系统软件、应用课件和音视频资源（包括教学实况录像、教学资料片、教学录音节目等）。这其中，对于中小学校而言，较多的是应用课件和教学音视频资源。

教育技术研究的文字类成果：这类成果主要包括研究过程中产生的研究课教学设计方案、对研究课的评论文章、教师的学习与研究心得体会、研究报告、实验报告等。

对于学校教师而言，硬件类研究不是研究的重点，因此，也不是研究成果的重点，所以我们在这个项目中不进行研究。软件类成果在模块二教育资源建设类项目中，已有详细介绍，在这里也不再进行研究。在个项目中，我们的研究重点是文字类研究成果的形成。这其中，我们将重点研究论文和研究报告的写作。

一、学习目标

（一）学习并掌握教育技术课题研究论文和研究报告撰写的基本要求。

（二）学习并掌握教育技术课题研究论文和研究报告撰写的基本方法和基本格式。

（三）能够根据教育技术课题研究的结果，确定恰当的题目，拟定写作提纲，撰写论文和研究报告，并尝试投稿、正式发表。

二、环境与条件

本项目需要一定的网络资源和图书资源环境和条件，具体如下：

（一）有较为丰富的研究资料，这些资料主要有：

1. 中国学术期刊网、中国硕博士学位论文数据库、万方数据库等中文学术资源平台。

2. INSPEC、EBSCO 学术期刊摘要等英文学术期刊数据库。

3. 相关的数字化多媒体课件和图书、档案资料等。

（二）支持研究论文和研究报告撰写的硬件环境和条件，例如：能够与互联网连接的校园网、交互式多媒体教室、计算机网络教室、教师电子备课室、电子阅览室、浏览网络资源数据库资源所需的 CAJviewer、Adobe Reader 等浏览器。

三、项目的任务

（一）选择一个合适的研究课题，确定一个恰当的主题，拟定一个论文或研究报告的写作提纲。

（二）根据提纲查阅有关资料，完成一篇研究论文的初稿。

（三）根据相关课题的研究资料，完成该课题的研究报告初稿。

（四）初稿完成后，在课题小组内交流、讨论，并根据研讨的意见进行修改并最终完成这篇论文或研究报告。

（五）修改定稿后，按照某期刊要求排版，并投稿。

四、实践过程

（一）项目的准备

1. 弄清研究论文撰写的基本格式

研究论文是在课题研究者的研究实践之后，阐述课题研究成果的文章。这种研究论文有两种：一种是对课题研究的某一研究成果或某一观点的阐述；另一种是对课题研究整体结果与结论的阐述。但是，不管是哪一种类型的研究论文，都应充分体现教育科学研究的针对性、实践性、创新性、科学性，并能够达到一定的学术高度。此外，尽管不同的研究论文所阐述的具体内容不同，论文的结构形式也很难有统一的模式，但是，其基本结构都应遵循“绪论—本论—结论”的逻辑顺序。

一般的论文主要由以下几部分构成：

(1) 标题

标题是文章的“眼”，通过标题可以看到全文的精髓。标题可以在文章写作之前拟出，也可以在文章写成之后确定，给文章拟一个恰当的标题是颇需斟酌的。拟定文章标题应注意以下四点：

① 简明。简明是指用字要少，但少并不等于简陋，它必须确切反映论文的内容。少而明确，才称得上简明。

② 准确。准确是指题目的用字一定要准确，不能使人产生歧义。

③ 具体。题目一定要与文章的内容相符，使人一见标题就知道这篇文章是论述什么的。

④ 传神。传神是指拟定的技巧。同一内容的文章，可以拟出若干个题目，其中必有一个是最能传达文章精神的，它能概括文章的主题，引起读者阅读的兴趣，从而使文章发挥更大的作用。

(2) 署名和单位

署名的目的有三个：一是表明作者付出了辛勤的劳动代价；二是表示作者要对文章负责；三是便于同行或读者与作者联系。为文章署名，只有文章的实际作者才能署名，是个人写作的，署个人的姓名；是集体的成果，署集体的名字，也可以在集体的名义下，分署参加者个人的名字。

单位包括作者的单位、作者的籍贯及作者单位所在地的邮政编码。在署名下一格打上括号，在括号里写上作者的单位，隔一个字写上作者的籍贯，再隔一个字写上作者单位所在地的邮编。

(3) 摘要

摘要是论文内容基本思想的缩影，可作为论文的简要介绍，它一般包括课题研究的意义、目的、方法、成果和结论的高度"浓缩"。写摘要的目的，一是使读者能用较少的时间阅读摘要后，确切地了解论文的主要内容和结果，吸取他想获得的资料信息；二是为二次文献编制提供方便。因此摘要的撰写应力求做到正确、精炼、具体、完备、简明扼要、言简意赅、独立完整、引人入胜。对于摘要的写作要求是：要写得完整，准确，简练；必须对本文作客观介绍，一般不加评论；要短小精悍，一股不超过 300 字；要独立成文，摘要虽排在论文前面，但往往是最后完成的。因此，摘要的措词用语一定注意不要与正文的前言或结论相同，但表达要完整，使其可独立使用。

(4) 关键词

关键词是指文章中最关键、起决定作用的词语，它是文章内容、观点、涉及的问题和类别等方面的标志和提示。一篇文章的关键词的个数根据文章内容需要可多可少，一般 3～8 个为宜。

(5) 引言

引言又称前言、引论、导论、绪论或序言，它的作用是向读者初步介绍文章内容。短篇文章通常在本文前用简洁的语言略述总纲，较长的文章则辟有专章，加以阐述。引言的内容通常包括如下几个方面内容：

① 为什么写这篇文章，要解决什么问题。

② 文章的主要观点。

③ 与课题相关的历史回顾。

④ 写作资料的来源、性质及其运用情况。

⑤ 文章的规划和简要内容。

⑥ 研究中的新发现。

⑦ 课题的意义。

⑧ 概念和术语的定义。

上列各项，并不要求详加阐述，点到即可。

(6) 正文

这是论文的主体部分，也是占篇幅最多的部分。在正文中，作者应重点阐述自己的观点及其形成过程。阐述要有理、有据，要摆事实讲道理，同时也要有一定的理论高度，要从具体的事实和现象中提炼、抽象出事物的本质。

(7) 结论与讨论

结论部分是整篇论文的归结，它集中反映作者的研究成果，表达作者对所研究课题的见解和主张，对全篇论文起画龙点睛作用，读者仅通过结论，能对论文有概括了解，掌握其核心思想，从而初步判定这篇论文的价值。结论部分可以概述自己研究了什么问题，有什么成果，对存在的问题怎样进行深入的研究，还有什么问题尚待解决。因此，结论必须是总结全文，深化主题，揭示规律。写结论部分必须十分谨慎，措词要严谨，逻辑要严密，语句要明确，前后要呼应，文字要简明具体。

有一些论文通过叙述后，感到有些问题需要与读者讨论交流，可用讨论式结尾。讨论式结尾可以包括：由研究结果来回答引言中提出的问题；把研究结果与别人已有的同类研究结果进行比较，提出可供深入研究的问题；提出对某一信息技术命题的猜想，推测；对一些信息技术问题，教育教学问题提出不确定的看法，提出本研究存在的问题等。

有一些论文采用写结束语的形式进行结尾，写结束语就不能像下"结论"那样写得干脆、明确，也不能像"讨论"那样把一些主要问题列出来讨论，而是将两者"合二为一"，兼而有之。既有结论性的意见，又有讨论、推论、建议等。这种结尾方法在信息技术教育学术论文中较为普遍。

(8) 参考文献

写研究论文，需要引用一些别人的科研成果，这是科研工作连续性的表现，是很正常的。列出"参考文献"的目的有三个：一是表明文章作者言之有据；二是表示对他人研究成果的尊重；三是有助于读者对所论课题作进一步探讨。详尽的参考文献实质上是开列了一份参考书目。引用的文献是已经发表的专著或期刊上的论文，也有的是尚未发表的会议记录，手稿或书信等。对此进行引用时均应注明。

罗列参考文献时要按文献在文章中出现的先后、页码的顺序，依次列出。完整的参考文献写法应列出文献的作者(译文注明译者)、名称、出处、页数、出版者、出版时间、版次等。

以上综合的文章结构程序，只是提出了一种供参考的模式而已。就某一篇具体的研究论文而言，作者可以根据自己的不同情况作具体安排。

2. 弄清研究报告和实验报告的基本结构和写作的基本要求

(1) 研究报告的基本结构

研究报告是课题承担者在课题研究结束后，向课题研究管理部门汇报研究工作开展情况和研究成果的文章形式。研究报告是课题研究结题时的主要文件，可以在结题时向专家组汇报时使用；研究报告也是课题研究的主要成果，可以作为正式研究成果发表和出版。

研究报告一般由以下几部分构成：

① 课题名称。

② 课题简介(背景与创新点)。

③ 研究的理论依据。

④ 研究的基本过程(怎样开展研究？怎样操作自变量?)。研究的基本过程包括：研究对象的确定，研究的变量，干扰变量的控制，研究环境的创设，对研究自变量的操作，研

究目标检测体系的建立。

⑤ 课题研究的结果(回答研究结果怎么样,通过案例以及通过目标检测得出的数据说明)。

⑥ 课题研究结论的形成。回答研究结论是什么;这个结论是否站得住脚(进行描述性的定性和数据性的定量分析);站得住脚的原因是什么(从理论与实践两个方面进行归因分析)。

⑦ 需进一步研究的问题。

⑧ 课题组成员。

⑨ 参考文献目录。

⑩ 附件目录。

在上述 10 个部分中,①②③部分由于在课题研究方案中已有阐述,因此在研究报告中可以简略一些,但是一定要十分明确。特别是对一些定义要明确给予界定,以使审阅者能够在你的定义范围内理解你所研究的问题。在这 10 个问题中,撰写研究报告时最重要的是④、⑤、⑥部分,一定要详写。

(2) 实验报告的基本框架

与研究报告一样,实验报告也是课题承担者在课题研究结束后,向课题研究管理部门汇报研究工作开展情况和研究成果的文章形式。实验报告也可以作为课题研究结题时的主要文件,在结题时向专家组汇报时使用,并可以作为正式研究成果发表和出版。

但是,要特别注意:只有明确采用实验研究法开展研究的课题,在结题时才需要撰写实验报告;一般情况下不要写成实验报告,因为我们并没有开展真正意义上的实验,而是开展的准实验。教育技术科学研究采用的研究方法也主要是行动研究法,而不是实验研究法,实验研究法对于教育技术研究只是辅助的方法。

实验报告的结构与研究报告的结构基本相似,主要由以下几部分构成:

① 课题名称与简介(背景与创新点)。

② 研究的理论依据。

③ 课题实验的假设与实验的目标。

④ 课题的实验过程。实验过程主要包括:实验对象的确定,实验的变量,干扰变量的控制,实验环境的创设,对实验自变量的操作。

⑤ 实验目标检测体系。

⑥ 利用实验资料得出结果和结论。

⑦ 对实验结果和结论进行归因分析。

⑧ 课题组成员。

⑨ 实验成果。

⑩ 参考文献及附件。

在上述 10 个部分中,①、②、③部分由于在课题研究方案中已有阐述,因此在研究报告中可以简略一些,但是一定要十分明确。特别是对一些定义要明确给予界定,以使审阅者能够在定义范围内理解所研究的问题。在这 10 个问题中,撰写研究报告时最重要的是④、⑤、⑥、⑦部分,一定要详写。

(3) 撰写研究报告和实验报告的基本要求

① 突出重点,回答好五个问题。这五个问题是:第一,要研究的问题是什么?第二,为什么要对这个课题进行研究?第三,怎样开展的研究?第四,研究的结果怎么样、结论是什么?第五,为什么能够得到这样的结果和结论。

在这五个问题中,第一、二、三个问题已在研究方案中作了详细的描述,因此,不是研究报告的写作重点。第四、五个问题是对研究过程、研究变量的控制、研究结果和结论的叙述、总结和提炼,以及对这些研究结果与结论的归因分析,所以是研究报告的写作重点。

② 一定要用研究资料支持研究结果和研究结论。教育技术研究是一种定性与定量研究相结合的科学研究。教育技术研究假设的成立与否、结论的正确与否、成果质量的优劣与水平的高低,不能靠"是"或"不是"、"好"或"不好"、"高"或"不高"等文字来描述,必须依靠理论、案例、事实和统计数据说话。这些理论、案例、事实和统计数据,可以统称为实验研究资料。要想使我们的实验研究成果达到科学研究成果的水平(而不是一般的工作实践成果的水平),就必须全面应用实验研究资料来形成研究成果。

课题研究资料的基本类型主要有课题研究的背景性资料、课题研究的过程性资料、课题研究的检测数据资料和课题研究的成果性资料。

③ 根据课题研究目标检测体系收集课题研究资料。研究资料是证明课题研究结论与结果的信度与效度的重要依据,也即是证明课题研究目标达成度的重要依据。因此,为了保证所收集到的研究资料的有效性,在收集研究资料的时候,唯一依据就是课题研究的目标。根据课题研究的目标,来确定课题研究资料的收集方向,并决定研究资料的种类和数量。

在课题研究过程中,研究目标应当在研究方案中事先确定。但是,由于种种原因,有些课题组在最初方案中设计的目标不够完善,在研究过程中对研究目标有了一些新的认识,在不违背课题研究大方向和不改变课题研究基本目标的前提下,是允许通过适当调整,使之更加完善的。

④ 利用实验研究资料对结论与成果进行分析,提高结论与成果的整体水平。

证明假设成立与否:通过大量数据和资料说明假设成立。

分析说明结论的效度:通过大量的数据与资料证明,在相同范围和条件下,实验研究所得结论都能够被精确的解释和被广泛推广。

分析说明结论的信度:通过大量的数据与资料证明,在给定的相同条件内,使资料收集、分析和解释能够保持一致性。同时证明,不同实验者在相同条件下重复实验,所得结果与前一实验结果是相同的。

对结果进行问题分析:对实验研究后出现的与假设不一致的问题,通过实验研究资料进行分析,找出不一致的原因,提出解决问题的建议。

对结论进行归因分析:通过理论、案例、事实和统计数据,分析、归纳结论形成的多方面依据,使形成的结论更具说服力。

⑤ 形成研究结论应注意的问题。

弄清研究领域,从实质上掌握研究文献中的内容。

明确实验研究的外在效度,特别重视实验研究成果的普遍推广价值。

搞清实验研究结论、结果与理论根据的关系。

探求本实验研究成果与相似研究成果间的关系,求得它们之间关系的一致性。

探求本实验研究成果与相似研究成果间的关系,探寻它们之间关系的不一致性。

尽可能使推理和论证过程清晰明确,不要假设读者能够很容易读懂作者的想法。

注明未解决和待解决的问题,并为下一步继续科学地进行研究做好准备。

认真推敲。

尽可能形成多种研究成果。

袖手于前(认真思考,做好写作的充分准备),疾书于后(准备充分了再写),尽可能一气呵成(尽可能不要写写断断,这样容易造成文气的间断)。

(二) 项目实施

1. 进行写作的构思

(1) 题目的确定

阐述课题研究整体成果的论文的题目,要根据课题名称、课题研究的主攻方向、主要内容和主要结论来定。一般的研究论文,则要根据该论文所要阐述的主要问题来定。论文的题目在论文中,起到的是画龙点睛的作用。

(2) 论点的确立

论点是论文的灵魂,是研究者研究成果的集中体现。论文的论点是作者从对大量材料进行分析的过程中产生出来的。确立论点的过程,就是对大量材料进行去粗取精、去伪存真、由此及彼、由表及里的研究、提炼、加工的过程。

反应较大课题研究成果论文的论点,常常由一个中心论点和若干个分论点构成。分论点是中心论点的分解或延伸。因此,在确定论文的论点时,要先确定中心论点,然后再在此基础上确立分论点。中心论点一经确立,便起着统帅全文各个部分的作用,材料的取舍,结构的安排,表达的方式,以至标题的拟定都要根据它来考虑。

(3) 进行论据与资料的组织与分配

论点确立以后,便可以根据这个论点阐述的需要,将大量从各种途径收集到的论据、资料,分配到各个论点中去,为论点的论证提供令人信服的依据。

(4) 设计论文的框架结构,编写论文的写作提纲,明确论文的论证方法

编写论文写作提纲的过程,是作者对论文进行构思和设计的过程。拟定写作提纲时,要根据课题研究的目的和主旨,对全文的内容作通盘的安排,对结构作统一的布局,以勾勒论文的轮廓,体现论文的条理和层次。

论文写作提纲的拟定,一般是由大到小、由粗到细,逐渐深入思考后完成的。在拟定提纲时,先要把论文的基本框架设计好,再考虑每一部分的内部层次;然后在各层次下列出要点和事例;最后在提纲的各个大小项目之下记下一些需要用到的具体材料,以备行文时应用。一个好的写作提纲,可以帮助作者从论文的整体性出发,简明具体、一目了然地明确写作的重点和论述的层次,以便更好地进行写作。

可以这样说：论点是论文的心脏与灵魂，结构是论文的脉络和骨架，论据(资料)是论文的血和肉。

2. 撰写论文初稿

收集资料、确立论点、选择材料、编拟提纲之后，就进入研究论文的撰写阶段了。上面已经讲过，研究论文的一般结构形式是由导言、正文、结论这三个主要部分及题目、摘要、参考资料、文献等次要部分组成的，现对它们的写法和要求，进行详细介绍。

(1) 题目

研究论文的题目必须做到确切、中肯、鲜明、精炼、醒目、得体。它既要能准确地表达论文的内容，恰如其分地反映研究的范围和达到的深度，又要能引人注目。有时，为了更好地揭示论文的论点，也可加上副题。但是应当指出，虽然副题有某些优点，但是大部分研究论文还是不用副题，而是直截了当地使用一个简明扼要的题目。

(2) 摘要

摘要的作用是让读者尽快地了解论文的主要内容和思想。它虽然被放在论文的前面，但往往是在论文完成之后再写成的。研究论文的内容摘要要精焊、短小、完整。也就是说，行文要简短扼要，字数通常以两三百字左右为宜；内容要准确、精练，能把全篇论文的主要内容概括出来。

(3) 前言或导言

这是论文的开头、引子，犹如一出长剧的序幕。研究论文的导言部分必须说明进行这项研究工作的缘由和重要性；前人在这一方面的研究进展情况，存在什么问题；本研究的目的，采用什么方法，计划解决什么问题，在学术上有什么意义。一般供学术刊物发表的研究论文，导言部分要力求简单扼要，直截了当，不要拖泥带水。篇幅较长的研究论文，如学位论文的导言则可以详细一些，甚至自成一章。学位论文的导言部分还可以增加历史回顾和背景材料，课题所涉及的问题的分析和工作范围，运用到的基本理论，以及实验的材料等。

(4) 正文

正文的写作，是利用大量的研究资料和文献资料，通对论文论点的论证与阐述，形成论点的过程。正文是论文中最主要、最重要的内容。撰写研究论文的正文，要以论点为核心，用研究资料说明观点，做到材料与观点相统一。利用研究资料(论据)论证论点的主要形式有纵深式、平列式和综合式三种。

纵深式，即指各论据之间的关系是递进的，它们的位置不能互换，论证时步步紧逼，直到得出结论。

平列式，即指各个论据间的关系是并列的，是围绕一个中心论点，把若干有关的论据分类排列，逐一论述。

综合式，即或以“递进式”为主，在论述过程中又局部采用“平列式”；或以“平列式”为主，局部采用“递进式”。在研究论文的论证过程中，常常是“递进式”与“平列式”交叉进行、多重结合的。

在论证过程中，要注意这样两个问题：一是过渡衔接。论证过程中随着层次的展开，中间环节的出现，间接论据的运用，使论文的内在联系变得比较复杂，有些论据与论点的关系比较隐蔽,这就需要进行必要的过渡衔接。使复杂处清晰、隐蔽处显露,以达到连贯思路、承上启下的效果。二是有时需要用说明的方法。比如在论证中,不易了解或容易产生误会的地方,就必须加以解释说明。

初次撰写研究论文,往往会出现两种毛病:一种是只限于表述自己的论点,而缺乏科学的论证。只有观点,没有材料。这种论文空洞无物,有骨无肉,没有说服力。另一种毛病是罗列大量的材料,平铺直叙、不得要领,看不出其主要论点是什么。出现上述毛病的原因都是没有处理好理论与实际的关系,是理论脱离实际的反映。

正文部分的内容较多,为求眉目清楚,往往要使用不同的序码,有的时候还要加上小标题。正文部分还常常采用若干表、图、照片来集中反映数据和关键情节,特别是各种图表,很易于显示事物的变化规律。

(5) 结论

结论是整个研究工作的结晶,是全篇论文的精髓,也是作者独到见解的具体体现。结论包括"做出总结"和"提出展望"两个方面的内容。在结论里,作者还可以提出本课题需进一步探讨的问题。在归纳、提炼结论时,措词要准确,不能模棱两可、含糊其辞,不得用"大概"、"可能"之类的词语,逻辑要严谨,文字要简明具体。

(6) 参考资料

参考文献是指和论文有关的重要文献,往往附在论文的篇尾。每一项参考文献都应写明著作者姓名、书刊名、出版社、出版时间和出版地点。

3. 修改与定稿

研究论文初稿写好以后,要认真阅读,反复推敲,不断修改。

(1) 修改的对象

修改研究论文,主要从两大方面来考虑:一是思想内容,二是表现形式。对思想内容的检查修改是首要的,而表现形式方面的修改也不容忽视。研究论文的修改主要有以下几个方面:

① 论点是否明确。论点是全篇论文的精髓,决定着该研究论文的水平与价值,必须写得明确。

② 论据是否充分,文中的主次是否分明,详略是否得当。

③ 论证过程与方法是否正确,推理是否严密,分析是否合理。

④ 条理层次是否清楚,结构是否完整、紧凑,布局是否合理,前后是否呼应,各部分之间的联系是否连贯自然。

⑤ 题目是否贴切,字、词、句、标点符号是否正确,语言是否准确、简捷。

(2) 修改的方式

修改研究论文应先大后小,由全局到个别。首先检查和解决根本性的大问题,即文章的思想内容是否有意义,中心论点和分论点是否正确、全面、深刻,然后再检查和解决结构、表达方式以及语言等方面的问题。修改论文的具体方式主要是:增、删、换、移。

增,就是增加、补充。如发现论文中有材料不足、论据不充分的情况,就要增加。如果论文中前后内容缺乏必要的承上启下、过渡转折,便要重新加上去。

删，就是删繁就简。研究论文中多余重复、拖沓冗长的段落、句子、词语等要删去。有的作者在修改论文时，常常会不舍得割爱，不忍心将不必要的东西删掉，使论文的质量受到影响。鲁迅先生写文章“竭力将可有可无的字、句、段删去，毫不可惜”，是很值得我们学习的。

换，就是更换。修改中如果发现初稿中有用得不恰当的材料，或表述上有不正确、不全面、不妥帖的地方，就必须进行更换。

移，就是移动，调整。修改时往往会发现初稿中某些材料或语句在文中出现的位置不够恰当，如有的提前了，而有的推后了，发现了这些情况，就要对材料进行调整，包括语句的调整和段落的调整。

(3) 研究论文的定稿

一篇研究论文，经过反复的修改后，就可以定稿了，定稿时一定要符合要求和规定，做到版面整齐、清楚；正确使用标点符号；有一定的行款格式。

(三) 参考案例

案例展示

基于元数据的数字教育资源共享研究

(节选自《中国电化教育》2009 年第 2 期)

李书明 陈云红

(湖北师范学院教育信息与技术学院，湖北黄石 435002)

摘要：元数据是关于数据的数据，元数据标准的使用和推广有利于资源的规范描述和共享，由于资源的多样性和应用的不同需要，元数据标准多种多样。本文介绍了元数据互操作常用的元数据转换、元数据开放搜寻等方法，探讨了如何获取元数据的方法以及不同方法的特性，最后提出了基于元数据的教育资源共享模型。

关键词：元数据；OAI；互操作；共享

一、前言

教育信息资源，简称教育资源，是指用于教学过程及其评价与管理的教材、课件、辅导资料、参考资料、习题集、试题集、工具型资料、教学标准与过程规范等。由于教育信息资源建设具有地域广泛性、技术复杂性和文化多样性等特点，使得大量的教育资源难以共享，不同的教育系统也难以互相沟通，解决这个问题的关键在于教育信息标准化。目前，国际上许多国家和地区都成立了专门从事教育信息标准化工作的组织，制定了一系列的教育信息标准，涉及学习者相关、内容相关、数据与元数据、管理系统与应用软件等各个方面。其中，教育资源元数据标准是有效描述教育信息资源，实现资源发现和共享交流的基础。

目前除了 Dublin Core(DC)外，国际上较有影响的描述教育资源元数据标准的主要有 IEEELOM、ADL 等。[1]

……

二、元数据互操作

完全使用一种标准的元数据去统一描述复杂的数据资源，既不利于充分利用教育领域众多机构的已有资源和发挥其开发建设的积极性，也不利于为不同领域不同层次的复杂应用需要提供有效服务。

当人们需要在不同元数据模式描述的资源体系之间进行统一检索、资源描述和资源利用时，就需要对元数据进行互操作。[2]

1. 元数据转换

元数据转换，也称元数据映射，表现为易转换性，即在所携信息损失最小的前提下，可方便地转换为其他系统常用的元数据的能力，其实质是为一种元数据格式的元素和修饰词在另一种元数据格式里找到相同功能或含义的元素和修饰词。

……

2. 元数据开放搜寻

实现元数据的互操作，还可以通过定义一个公认的、彼此遵循的检索协议来实现。OAI-PMH 协议(Open Archives Initiative Protocol for Metadata Har-vesting)是国际上为解决元数据互操作而提出的一个协议，其目标是通过元数据收割这种模式实现 Web 上发布信息的不同组织之间的互操作，形成一个与应用无关的互操作框架。[3]

……

3. 元数据的自动抽取

元数据的自动抽取，意味着在无人工干预的情况下，依据文档元数据规范提取用户感兴趣的元数据信息，并将提取结果进行合理组织与存储。

……

三、基于元数据的教育资源共享模型

OAI 是利用收割概念建立的典型的元数据采集框架，通过 DC 元数据的互操作，实现异构资源系统的互操作。

……

四、小结

通过制定一系列的协议或使用某种共同的计算机语言，语法层次上的元数据互操作是比较容易得到解决的，但语义和描述规则上的异构往往只能得到部分的解决，这是因为不同的应用领域描述规则的差异往往是很大的。要完全解决语义的差别，需要建立语义网，运用本体的技术加以支持。

参考文献：

[1] 李海霞，程建钢，宣绚. 网络教育技术标准的研究与实践[J]. 中国电化教育，2003(8)：79-82.

[2] 谷琦，网络信息资源组织管理与利用[M]，北京：科学出版社，2008.

[3] 张铭，银平，邓志鸿，杨冬青. SVM＋BiHMM：基于统计方法的元数据抽取混合模型[J]. 软件学报，2008，19(2)：358-368.

编者注：因篇幅所限，上述研究报告编者有所删节。

五、项目成果展示与交流

(一) 在班内或课题结题会上，利用 PPT 宣读研究论文或宣讲研究报告，并进行答辩。

(二) 在学习小组内对论文或研究报告进行讨论，相互评价并提出修改意见和建议。

(三) 根据大家的建议，修改论文或研究报告。

(四) 将修改后的论文或研究报告发布在自己的博客上，或在公开刊物上发表。

六、推荐资源

[1] 王继新. 信息化教育概论[M]. 武汉：华中师范大学出版社，2006.

[2] 李克东. 教育技术学研究方法[M]. 北京：北京师范大学出版社，2003.

[3] “十一五”全国教育技术研究课题管理专栏，http://ktsb.e21.cn/tzgg.php? ithd=tzgg.

[4] 陶富源. 学术论文写作通鉴[M]. 合肥：安徽大学出版社，2005.

[5] 〔美〕佩林. 学术论文写作手册[M]. 董晓波，译. 第三版. 北京：对外经济贸易大学出版社，2008.

模块五　教育技术培训类项目

从1936年中国出现电化教育至今已经74年了。在这期间，我国的教育技术虽几经波折，但是仍在持续发展。1958年北京电化教育馆的成立，吹响了大力发展现代教育技术的进军号。但是，正在教育技术有组织、有计划地蓬勃发展时，1966年的那场风暴，使我国的教育技术现代化事业停滞了12年。1978年中央电化教育馆成立，在全国范围再次掀起了教育技术革命的浪潮。2000年教育部召开的全国中小学信息技术教育工作会，又将这个浪潮推向了数字化的高峰。经过这么多年，特别是1978年和2000年的两次革命性浪潮，以数字化信息技术为标志的现代教育技术，已经成为带动我国教育现代化、促进教育改革和发展的强大动力。为了保持这种大好形势并使之得到健康、可持续的发展，我们必须分析、研究目前我国教育技术的应用状况，发现应用中存在的问题，以便对症下药。

在现代教育技术的实际应用过程中，无论是在应用人数与学科的广度方面，还是在应用水平与应用成效的高度方面，尚存在许多不尽如人意的地方。观其原因，主要是教师的教育技术应用的整体能力不足，缺乏教育技术的技术和理论方面的指导。要解决这一问题，必须加强对教师的现代教育技术培训。

本模块将针对这一问题，对教育技术培训活动的设计、组织与实施，作详尽介绍，以帮助从事教育技术培训活动的组织和管理的工作人员顺利实施活动。

项目13　校本培训(含专题培训)活动的设计与实施

无论是大学教师还是中小学教师，都是生活、工作在各自的学校里面的。对于教师而言，学校既是一个自己开展教育教学工作的场所，更是培养自己、帮助自己更好地实施教学任务、实现教学目标的组织和管理机构。在现代教育和现代教育技术不断发展、变化的今天，要履行好“教书育人”的职责，教师必须不断地学习，以更新自己的教育教学观念，掌握现代教育技术。作为教育教学活动的组织和管理机构，学校有责任和义务通过培训，为教师的成长和发展创造条件。

学校为教师创造的培训方式主要有：为教师创造条件参加更高学历的学习；为教师创造条件参加有针对性的专题培训；通过参加课题研究在实践中培训；在学校中根据本校的实际组织校本培训等。上述培训方式中，第一、二种方式是针对少数人的，第三种方式是针对部分人的，唯有第四种方式才是面向学校全体教师的。所以，校本培训成为培训教师最方便、最有效、最常用的培训方式。

本项目将对校本培训项目的设计、组织与实施做一些详细介绍，以帮助学习者掌握组织和实施校本培训的方法。

一、学习目标

（一）能够通过需求分析，确定培训活动的专题和任务。

（二）能够围绕培训专题，根据教学需求进行校本培训的教学设计。

（三）能够组织和实施校本培训活动，并对活动效果进行评价。

二、环境与条件

（一）校本培训环境

1. 学校领导重视。

2. 学校工作与发展有需求。

3. 教师有愿望。

（二）校本培训条件

1. 相应的培训资金。

2. 培训所需的场地和设备。

3. 培训所需的资源。

4. 有一批高素质、高水平的培训教师。

三、项目的任务

（一）分析学校教育教学实际情况，写出需求分析报告，确定培训主题。

（二）围绕主题制订校本培训方案。

（三）按照培训方案组织和实施培训活动。

（四）建立培训档案，记录培训活动开展情况和接受培训教师的学习情况，并对活动效果给予评价和总结。

四、实践过程

（一）项目准备

1. 清楚什么是校本培训

校本培训是基于学校发展和教师自身专业成长的需要，以所在学校一线教师为主体，以所在学校教学资源为本，以自己学校为主要阵地，在教育行政部门统一领导下，立足于本校的教育教学实际，自主制订培训方案，自主确定实施细则的一种培训活动。校本培训的主体是教师，强调教师的自主学习、活动参与、同伴互动、个性反思。校本培训关注学校和教师的实际需要，强调培训过程与教学实践相结合，及时地把所学技能转化为“教育生产力”。校本培训从改进教学工作出发，以教师为中心，理论联系实际，使培训成为促进教师有效完成教学工作任务的手段，从而提高教师培训的效益。

2. 明确校本培训中应注意的几个问题

要想切实搞好校本培训工作，充分发挥校本培训促进教师综合发展的功效，学校应该努力处理好以下问题：

(1) 制定培训目标时要与本校的办学特色相统一

在制定校本培训目标时要充分尊重学校已形成的特色。通过开展校本培训把已有的特色进行延伸和拓展,使校本培训成为学校发展的合力。

(2) 校本培训的内容要科学、民主

培训内容的选择应尊重一线教师的要求,了解他们在平时工作中亟需的是什么、困惑的是什么、存在的问题是什么。经调查,现阶段的校本培训内容主要包括:信息技术知识、师德素养、心理健康教育、教育科研能力培训和教学设计。

(3) 以丰富的活动为载体,努力创设校本培训的浓厚氛围

创设校本培训浓厚氛围的方法主要有:以教师讲座的形式展示教师自学成果;开展活动既要注重发挥教育专家的作用,更要调动学校中一线教师的积极性;积极参加上级组织的各类活动,形成氛围;搭建互动研讨平台,展示青年教师的个性风采。

(4) 鼓励教师进行教学叙事研究,把校本培训落在小处、实处

鼓励教师平时撰写教学故事,进行叙事研究,避免教师进行教学研究时只研究一些空洞的理论。把校本培训工作落到了教育教学工作的小处、实处,让教师感到校本培训的实用性、生活性和趣味性。

(5) 以激励评价为手段,树立教师参加校本培训的信心

学校在开展校本培训的过程中要多方位展示校本培训工作所取得的成绩,这些成绩可以是师德、教学教研、教学竞赛、学生活动等多个方面所取得的成绩。以此来鼓励每位教师充满自信地参与到学校的校本培训工作中来。

3. 掌握校本培训的基本模式

教师的专业成长一般都要经历五个阶段,即:新手阶段、胜任阶段、熟手阶段、专家阶段和研究阶段。在新手阶段,新教师主要是将在学校中所学到的有关教学的知识与方法,付诸于实践。因此,这一阶段的培训内容,应重点集中于师德教育和教材教法分析的培训。教师度过了新手阶段后,校本培训设定的阶段性培训目标,应迅速转为对"胜任型教师"、"熟手教师"、"专家型教师"、"研究型教师"的培训。这四种类型的教师之间的关系,是递进型的,即:上一梯次的定位即是下一梯次的目标。因此,在确定校本培训模式的时候,必须根据教师的成长阶段准确定位,有针对性地选择和确定培训策略和模式。

(1) "资深教师导教制"模式

该培训模式的适用对象为刚入门的"新手教师",以培养"胜任型教师"为目标。由专业基础扎实、富有教学经验的资深教师引领其实现"知识的社会化",传授含有大量内隐成分的基础教育教学技艺和技能,可以促使其早日跨入"胜任型教师"的行列。

(2) "实践干预制"模式

该模式适用的对象为"胜任型教师",以培养"熟手教师"为目标。主要是对教师的实际工作进行有意识的调节和控制,通过受训教师"知识的外显化",提高其教学实践的能力。

(3) "专家理想制"模式

该培训模式的适用对象为"熟手教师",以"专家型教师"为培养目标。该模式依靠从

事教育理论研究的专家学者，帮助受训的教师进行教育观念、知识、技能和技术的更新，对教学实践中存在的问题进行探究和反思，引导其开展创新实践，为熟手教师实现“知识的联合化”提供尽可能的支持，促使熟手教师快速成长为基础教育教学工作的行家里手。

(4) “工作坊制”模式

这一培训模式以“专家型教师”为对象，以培养“研究型教师”为目标。该模式要求把单个教育专家学者与多名基础教育专家型教师组成某一专题“工作坊”，组织教师相互交流与合作，共同探究教育教学实践的问题，形成良好的专业技术文化和教育科研素质，以达到共同学习、一起成长的目标。

除此之外，教师还要掌握校本培训需求的信息收集方法和信息分析的方法；了解校本培训中基本的培训方法；具备基本的教学设计能力和培训能力；具备培训活动的组织和管理能力。

(二) 项目实施

1. 进行培训需求调查和分析

明确需求是高效开展校本培训的基础，根据需求分析所涉及内容的不同层次，可以开展组织分析、任务分析和教师分析三项内容。

(1) 组织分析

组织分析是从学校组织层面出发而进行的需求分析，具体而言是在学校办学目标、发展规划、办学策略和外部环境等方面对教师提出新的知识、技能、态度情感等方面的要求，从而安排相应的校本培训项目。可根据表 13-1 来展开。

表 13-1　组织分析表

学校办学目标	
学校发展规划	
学校办学策略	
教育法规政策	
学校培训师资情况	

通过对以上几方面情况的了解，明确校本培训中为顺应学校发展和教育改革而对教师提出的需求；分析学校对于培训的支持程度和相应的培训师资情况，以确定培训规模和大致的展开方式。

(2) 任务分析

任务分析是对特定工作岗位层次进行的需求分析，主要根据完成特定工作岗位职责需要具备的素养和能力来确定校本培训项目。一个学校的良好运转和持久发展是在一批高素质教师的支持下实现的。在校本培训中，所面向的对象毫无疑问是教师，然而教师的职能也可以进行细致划分。例如，学校管理员和科目教师，二者的岗位需求就有所不同。因此有必要对学校的工作岗位和岗位要求做详细调查，为培训项目的确定打下基础。可按照表 13-2 来进行分析。

表 13-2 任务分析表

工作岗位		
岗位要求	知识	
	技能	
	教学观念	

(3) 教师分析

教师分析是从个体角度分析培训需求,决定谁应该接受培训以及接受什么内容的培训,这也是以教师为本的校本培训理念的内在要求。培训的主要目的就是提高教师的教育技术能力,解决教师在教学中的实际问题。因此,在培训之前有必要了解该学校教师的基本情况,教师在教学中常遇到哪些问题,以及他们的解决方法等,从而掌握该校教师的教育技术能力水平和不足之处,这有利于培训活动目标的确定和培训内容的选择。教师分析可以按照表 13-3 中的几个方面来进行。

表 13-3 教师分析表

教师基本情况(学历、培训经历、任教科目、职称、教育教学资历)	
教师在教学中存在的问题	
教学问题的解决(观念、知识、技能等)	
教师的培训意愿	

由于各教师本身的教育技术水平不同,这样各受训对象参加的培训量以及培训内容的层次都应该有所区分。一般认为,教师的专业成长需经历新手阶段—胜任阶段—熟手阶段—专家阶段—研究阶段这五个阶段,它们呈递增关系,随着教师的教育技术能力水平的提升,教师的专业层次也会得到全面提升。针对被调查教师所填写的内容,对教师的专业水平进行分析,确定该受训对象属于哪一阶段。这样可对受训者进行分组,按照每个阶段对教师的要求选择适当的培训内容和方式。

2. 培训方案设计

需求分析的目的就是为培训方案的设计提供依据。在经过以上一系列分析之后,即可制定出此次校本培训的若干专题,并明确各专题培训的对象,同时制定出相应的培训内容、培训方式、培训工作的管理和安排等,从而形成一套完整的培训方案,使得培训活动的组织与实施有计划、有安排地进行。

在设计培训方案时,最重要的是培训项目及内容的确定。从现代教育技术应用的角度看,目前中小学教师最亟需的培训项目主要有:现代教育教学理论、现代教育新理念的培训;对新课程改革标准的培训;计算机与网络应用的基本技术与基本技能的培训;信息技术与学科教学整合的培训;课堂教学设计的培训;信息技术新媒体应用的培训;开展教育技术科学研究的培训;多媒体课件开发与应用的培训;教师教育博客设计与应用的培训等。

这些培训内容可分为基础性培训和专题性培训两种类型。

基础性培训是所有教师都应当参加的培训。例如:现代教育教学理论、现代教育新理念的培训；对新课程改革标准的培训；计算机与网络应用的基本技术与基本技能的培训；信息技术与学科教学整合的培训；课堂教学设计的培训等。

专题性培训是针对教育教学过程中一些教师遇到的问题和部分教师的需求，只面向那些具有特殊需求的教师所展开的培训。例如：信息技术新媒体应用的培训；开展教育技术科学研究的培训；多媒体课件开发与应用的培训；教师教育博客设计与应用的培训等。

在制订培训计划和方案时，要从学校教育教学工作和教师发展的实际需要出发，多角度、全方位地考虑。

具体的培训方案可以依照表 13-4 中所提供的几个方面来进行设计。

表 13-4　校本培训方案

指导思想			
培训目标			
培训对象内容和方法	培训对象		
	专题一	培训内容	
		培训方法	
	专题二	培训内容	
		培训方法	
	专题三	培训内容	
		培训方法	
保障措施			
组织机构	组长：(　　)副组长：(　　　)成员：(　　　　　)		
	具体分工：		
工作安排			

3. 培训活动实施与记录

根据所设计的培训方案，组织和实施培训活动。在实施过程中，要做好相应的培训记录，建立和整理培训档案，以便培训后的总结和评价。校本培训档案主要从两个层面来建立，即学校综合档案和教师个人档案。

学校综合档案是从学校组织、管理活动的角度来对该培训活动进行记录和总结，其中主要包括表 13-5 中的几部分内容。

表 13-5　学校综合档案目录

综合材料	学校校本培训规划
	学校校本培训的文件、师资库、外聘专家等资料
	学校校本培训的各项管理制度
培训记录	校本培训实施情况记载
	校本培训资料(文本、音像、网络)
	校本培训的科研成果(承担各级课题资料、教师获奖资料等)
	校本培训评估材料

教师个人档案主要记录教师的专业成长过程，主要包括：教师个人的专业发展计划；参加培训的过程记录，包括培训的内容、听评课记录、教研活动记录、读书笔记、执教研究课等；参加培训的成效，包括发表论文、承担课题、教学课件、典型案例、各种获奖情况以

及参加年度校本培训考试、考核、评价情况等。

4. 培训效果评价

校本培训是促进学校发展和教师专业化成长的有效途径之一。要提高校本培训的实效性，只关注培训内容、培训方式、培训管理等要素，而忽略对校本培训的全面评价，会使校本培训失去可持续发展的动力。对校本培训效果进行评价主要考虑以下几个层面：

(1) 反应层评价

指受训教师对校本培训的看法，包括对课程内容、教学方法和教学设施等的看法。可以采用访谈法和问卷调查的方法了解受训教师的看法。

(2) 学习层评价

是测量教师在接受校本培训后对原理、理论、技术和技能的掌握程度。可以通过笔试、技能考察的方式来进行。

(3) 行为层评价

考察受训教师在培训前后的行为变化，看教师在日常工作中是否应用了培训中学到的新知识、新理念。可以由教师自评、教师互评和学生对教师进行评价这三方面组成。培训中所建立的校本培训教师个人档案可以作为评价参考。

(4) 结果层评价

主要是考察学校在校本培训之后的变化，是否按预期的轨迹发展。结果层评价可从量化和主观感受两方面考察，主要包括：学校的升学率、教师的出勤率、学生的优秀率以及合格率等；学校氛围、教师的积极性等。

(四) 参考案例

案例展示

案例一　××学校校本培训方案

案例来源：http://www.ylwyx.e21.cn/article/news_view.asp? newsid=151，提取时间：2009 年 10 月 4 日

素质教育理念的确立，新一轮课程方案的试行，现代教育技术在教学中广泛应用等，对教师素质都提出了更高的要求。学校是开展教育的重要基地，校本培训是教师继续教育的重要组织形式，是提高教育教学质量的关键环节。为此，根据学校的发展规划和办学特色，充分运用本校的现代教育技术资源，有效地服务于教学，特制订年度校本培训计划。

一、指导思想

坚持"面向世界，面向未来，面向现代化"的战略方针，树立以师生发展为本的培训理念，围绕学校办学目标和办学特色，构建基于网络的自主、开放的校本培训模式。以提高教师现代教育理论和信息技术教育的能力和水平为重点，全面贯彻落实市教育局"关于校本培训"的精神，努力建设一支师德高尚、业务精良、结构合理、充满活力，具有科技能力和创新精神的教师队伍，促进教师专业化发展。

二、培养目标

面向全体教师，以提高实施素质教育的能力和水平为重点，以提高教师整体素质为根本目的，建立主动参与、开放高效、满足教师自主性选择学习需要的教师培训系统。

更新教育观念，形成一支具有一定规模的、适应课程改革需要的现代化教师队伍。培养一批在课程改革的理论与实践上有一定教科研能力的研究型教师，实现从职业型向事业型、经验型向科研型、高学历向高能力、书匠型向学者型的转化。

掌握现代教育技术，使教师基本达到现代教育技术的中级应用水平。提高教师获取、处理和利用教育信息的能力，逐步养成上网查找教育资料的习惯，具有应用现代教育技术开展课堂教学的能力，提高教师的现代信息素养。

三、校本培训的对象、内容和方法

（一）培训对象：全校所有在职的教师。

（二）内容和方法

1．师德全员培训

（1）培训内容：有关教育政策法规、中小学教师职业道德规范、先进的教育思想、教育理念等。

（2）培训方法：以活动为载体，促进教师师德水平的提高。

2．新课程通识培训、教师岗位培训

（1）培训内容：现代教育理论；教育教学技能训练；知识更新与扩展；教育教学实践研究等。突出中小学课程教材改革，创新精神和实践能力的培养等重点。

（2）培训方法

开设系列主题讲座。例如："新课程的理念与创新"、"新课程与学习方式的变革"、"新课程与教师角色"，主讲人由骨干教师担任。

自学与集体学习相结合。建立以教研组为单位的集体学习与个人学习相结合的学习制度，集体学习每两周一次，定时间、定地点、定内容、定召集人，人人参与，保证学习时间和学习效果。个人学习规定一定的阅读量和笔记摘抄量，要求及时写好学习心得体会。提倡教师利用网络资源，下载、剪辑教育理论、教改动态等有关内容。建立学习督察制度，加强对理论学习的督促检查，确保学习效果和学习质量。

3．教师培训（包括新任教师培训）

（1）培训内容：以基础教育改革为重点内容，掌握本学科课程标准、教材、教法、学法。

（2）培训方法

青年教师与骨干教师结成"帮带"对子。骨干教师指导青年教师备课、上课以及科研工作，帮助青年教师尽快提高教学水平，提高科研能力。组织青年教师上达标课、比武课。

开展"青年教师业务考核"工作。学科素质教育领导小组、业务指导小组对青年教师的业务能力以一说（说课：每学期组织一次）、二听（听课：每学期组织一次）、三查（查作业批改和备课）、四看（看教学效果）等形式进行考核，并将情况反馈给教师，肯定成绩，指出不足，提出指导改进意见。

积极提倡推荐青年教师参加课题研究，规定青年教师每学年做到"五个一"：读一本教学专著，订一份学科专业杂志，备一份优秀教案，上一堂优质课，写一篇教改论文。学期末举办青年教师教研教改经验交流会。

开展“学、讲、评、写”活动。学——围绕教学实际问题，有针对性地学习新理念和新课堂授课方式；讲——教师轮流主讲研究课、观摩课；评——教师围绕有价值的问题展开评议，实现教学突破；写——让教师学会反思和总结，写体会收获以及自己的教学故事。

此外，还可以竞赛活动为载体（限时教案设计比赛、讲课比赛），以评优为手段，引发教师不断进取的内驱力，鼓励优秀教师冒尖、成才，不断充实骨干教师队伍。

4. 计算机全员培训

(1) 培训内容：计算机基础知识、基本技能的培训，多媒体网络技术的培训，学科整合综合能力的培训。

(2) 培训方法：在接入互联网的计算机房边讲授、边操作；边实践、边评价。

四、保障措施

第一，设立学校继续教育校本培训领导小组，构建学校继续教育校本培训管理网络。建立由学校校长和资深教师组成的咨询小组，对培训内容、课程设置、培训过程进行指导。

第二，积极参加省、市组织的各项教研活动，以备课组为依托，开展切实有效的教研活动，推进学科教学建设；以各类培训班、提高班、研修班为依托，开展青年教师培训活动，推进教师队伍建设；以市教科院、镇教育办为依托，开展专题研究，推进教育科研工作，提高教科研水平。

第三，建立激励机制。结合内部管理考核方案，将教师的业务培训与岗位聘任、学期考核挂钩，并记入教师业务档案，努力打造一支学科齐全、素质优良的教师队伍。

第四，结合学校办学情况和师资水平状况，列支部分继续教育经费，有计划地安排学科教师参加省、市级培训和观摩活动。

第五，建立学校校本培训档案，内容包括：学校校本培训的规划，自主培训活动材料，学员个人档案认定材料等。把教师参加业务培训情况作为教师职称评定、职务提升、评优、评先的依据。

五、组织机构

组　长：(　　)　　　　副组长：(　　)

成　员：(　　　　　　　　　　)

具体分工：

负责校本培训全面工作：(　　)

负责新课程、信息技术与教科研培训：(　　)

负责师德培训：(　　)

负责其他培训：(　　)

负责搜集整理档案：(　　)

课改骨干培训学区教师：(　　)

学区教学教研辅导教师：(　　)

信息技术骨干培训本校教师：(　　)

六、工作安排

（一）7—9月份

1. 参加各学科教材培训。

2. 组织教师学习课程改革理论。

3. 制订培训计划。

4. 建立教师培训档案。

(二) 10月份

1. 培训交流。

2. 全体教师观摩电教课。

(三) 11月份

1. 骨干教师展示示范课。

2. 组织撰写教学论文。

(四) 12月份

1. 班主任经验交流会。

2. 论文与教学设计评选。

(五) 下一年度1月份

1. 培训工作总结。

2. 培训档案整理。

(六) 2月份

修改、补充培训方案。

(七) 3月份

1. 组织参加市级教材培训。

2. 组织培训交流。

(八) 4月份

1. 教学开放周(本月第一周)。

2. 组织青年教师教学比武。

(九) 5月份

1. 组织对教师教学工作的评价研讨。

2. 组织教师撰写教育教学论文。

(十) 6月份

1. "优秀论文"、"优秀课件"、"优秀教学设计"、"优秀教学反思"、"优秀教学故事"评选。

2. 档案整理。

(十一) 7月份

利用暑期组织多项教师培训活动(包括外出交流、学习活动)。

编者注:上述培训方案是某学校学年度的培训方案,是学校年度工作计划中必不可少的有机组成部分。这种学年度性的培训计划,一般都是由领导提出初步设想和要求,由教务处和相关教师共同研究制订的。

案例二 "多媒体课件的设计与制作"培训方案

北京史家小学 潘 璇

一、指导思想

经过近几年的努力,我校已经建成了接入互联网的校园网,所有的普通教室、专用教室、教研室、办公室均可直接上网,所有的教室都配备了多媒体设备和交互式电子白板,建成了容量巨大的教学资源平台……我们已经具备了开展数字化信息技术教育的基本环境和条件。但是，在我校的资源平台上，具有我校特点、教师个性化特色并能在教学中发挥深化课程改革、促进学生发展作用的课件仍显不足。为了解决这一问题，也为了进一步提高我校教师的信息技术技能和素养，促进教师的专业发展，经过调查研究和征求广大科任教师的意见，决定在我校组织多媒体课件设计与制作的专题培训。

二、培训对象

全校所有在职教师。

三、培训内容

（一）新课程改革的指导理念——以学生发展为中心；三维度教学目标；“过程与方法”教学目标。

（二）多媒体教学课件的基本类型。

（三）PPT 的设计与制作。

（四）多媒体课件的制作工具。

（五）多媒体课件的设计与制作。

（六）多媒体教学课件的应用。

四、培训目标

（一）掌握多媒体课件设计与制作的基本思想——为促进学生发展服务。

（二）掌握多媒体课件开发的常用工具和方法。

（三）能够设计、制作出一个多媒体教学课件。

（四）能够对自己和其他教师设计并制作的课件，作出客观评价。

（五）恰当地将设计制作的课件应用于课堂教学之中。

五、培训教师

×××：首都师范大学教育技术系教授

×××：北京市基础教学研究中心信息技术教研室主任

×××：北京电化教育馆研究室教研员

六、培训计划

（一）3 月

主题报告：运用课程改革的思想，知道多媒体课件的开发与应用。

主讲人：首都师范大学教育技术系教授×××。

（二）4 月

专题培训：多媒体课件制作工具。

主讲人：北京市基础教学研究中心信息技术教研室主任×××。

（三）5—6 月

教师进行多媒体设计与制作的尝试与实践。

指导教师：本校教育技术研究室教师。

（四）暑假前

主题报告：多媒体教学课件的赏析与应用。

主讲人：北京电化教育馆研究室教研员×××。

（五）暑假期间

教师根据教学需要开发多媒体课件。

（六）九月

组织多媒体教学课件创作评选、展示、交流。

特邀点评专家：北京电化教育馆研究室教研员×××。

七、培训经费预算（略）

编者注：上述培训方案，是针对在该校信息技术的发展进程中出现的教学课件满足不了教学需要，教师又有学习、掌握多媒体课件开发技术的愿望设计的。因此，具有较强的针对性和可操作性。专题培训是中小学校经常开展的校本培训，所以，我们应当认真学习和掌握专题培训方案的设计，为今后的工作打好基础。

五、项目成果展示与交流

在项目结束时，学习者要分组进行培训方案设计与实施的汇报与交流。

（一）展示交流培训项目的内容：在小组内阐述自己为某所学校的校本培训所做的需求分析报告，介绍自己所设计的符合学校需求的培训专题，在小组内部进行讨论。讨论后，根据大家的意见和建议，对培训专题进行调整和完善。

（二）展示、交流培训设计方案：在小组里介绍自己设计的校本培训活动方案；听取小组其他成员设计的培训方案；听取其他同学对自己设计的方案的评价和建议；根据这些建议并借鉴其他成员的设计方案，取长补短，修改并完善自己的设计方案。

（三）展示交流培训记录和档案：在小组中展示各自的校本培训活动记录、培训档案，并在理清档案栏目和内容的基础上，形成正式、完整的培训档案。

（四）对培训效果进行评价与反思：对自己和其他同学的培训实践做出评价；结合其他同学对自己的评价意见，对自己开展的校本培训实践活动进行反思、做出总结。

六、推荐资源

[1] 张琳静. 校本培训需求分析策略[J]. 现代中小学教育，2007(10)：20-22.

[2] 张艮山，许卓妍，任莎莎. 基于校本培训的教师课堂教学设计能力研究[J]. 中国成人教育，2009(18)：84-85.

[3] 边仕英、伍叶琴. 基础教育教师校本培训的模式选择[J]. 教育导刊，2007(9)：61-62.

[4] 王春琴. 校本培训中的几个主要问题[J]. 教育探索，2006(8)：123-124.

[5] 李钰. 如何对校本培训进行评价[J]. 中小学管理，2003(10)：29.

[6] 宋桃勤. 新课程的教学改革/基础教育课程改革教师培训教程[M]. 北京：首都师范大学出版社，2004.

[7] 陈贤忠. 农村中小学现代远程教育工程教师培训教程[M]. 合肥：安徽大学出版社，2004.

[8] 李建华. 高等学校教师职业道德修养(高等学校教师岗前培训教材)[M]. 长沙：湖南大学出版社，2005.

项目14　中小学教师教育技术技能培训设计与实施

为了加快推进基础教育信息化的进程，适应全面实施素质教育和基础教育课程改革的要求，根据新一轮中小学教师全员培训计划的总体部署，2005年4月，教育部启动了实施全国中小学教师教育技术能力建设计划。这项计划旨在以《中小学教师教育技术能力标准（试行）》（以下简称《标准》）和《中小学教师教育技术培训大纲》（以下简称《大纲》）为依据，以全面提高教师教育技术应用能力，促进技术在教学中的有效应运用为目的，组织开展以信息技术与学科教学有效整合为主要内容的教育技术培训，全面提高广大教师实施素质教育的能力和水平。该计划正按照"总体规划、分步实施、学用结合、注重实效"的原则组织实施（见教育部考试中心编《全国中小学教师教育技术水平考试说明（教学人员·中级）》的前言部分，北京大学出版社2008年版）。

印发《中小学教师教育技术能力标准（试行）》、实施全国中小学教师教育技术能力建设计划、组织全国中小学教师教育技术水平考试，是针对我国许多中小学校已经初步具备开展信息技术教育的基本条件。但是由于教育发展的不平衡，各地中小学教师的专业化水平参差不齐，信息技术教育的技能和素养无法适应信息技术教育的需要，这就要求针对此种情况而采取重大举措。

在教育部实施全国中小学教师教育技术能力建设计划动力的推动下，全方位地在中小学中开展教师教育技术能力的培训工作，已经成为推进信息技术教育工作的重中之重。

为了使教育技术学专业的毕业生走上工作岗位后，能够迅速担当起组织中小学教师开展教育技术能力培训的重任，在本模块中，我们将就中小学教师教育技术能力的内容与标准，培训的组织与实施，培训质量与效果的评估等问题，做一些介绍。学习者可以根据自己的学习和工作需要，选择相关培训项目，参照实施步骤和相关案例，协作完成中小学教师教育技术能力培训的实践任务。

一、学习目标

（一）全面、准确地把握《标准》和《大纲》：认真学习《标准》和《大纲》，全面、准确地把握两者提出的要求，组织和实施对中小学教师的教育技术能力培训。

（二）全面、准确地把握培训教材：能够在熟悉不同版本培训教材的基础上，选择恰当的版本，作为本校教师的培训教材。

（三）确定合适的培训方式：能够根据培训内容要求和培训条件，选择合适的培训方式。

（四）制订培训方案，开展培训活动：根据培训内容、教师的实际情况，制订切实可行的培训方案，并根据方案组织和实施培训活动。

（五）培训成效评估：能够对培训活动的效果进行综合评价。

二、环境与条件

（一）培训环境：在提高中小学教师教育技术技能需求的驱动下，教师具有强烈的受培训的意愿，培训活动得到学校或相关机构的支持。

（二）培训条件

第一，具有一批高素质的教育技术技能培训教师，能够对教师的学习进行辅导。

第二，有一批培训工作的管理人员和技术保障人员。

第三，有一本高质量的培训材料和相应的学习参考资源。

第四，具备开展远距离培训和进行网上考试所需的软硬件支持，如多媒体教室、计算机、网络和所需安装的应用软件等。

三、项目的任务

（一）分析教师教育的技术能力，确定培训目标：对某地区或某校的教师教育技术能力进行分析，编写能力分析表，确定培训活动的目标。

（二）拟订培训方案：围绕培训目标，确定培训内容和培训方式，拟订培训活动方案。

（三）开展培训工作：按照培训方案对教师进行培训。

（四）进行评估总结：培训结束后，对培训效果进行评价，撰写培训工作总结。

四、实践过程

（一）项目准备

1．学习《标准》和《大纲》，掌握《标准》和《大纲》的有关要求和规定

（1）培训对象：中小学教学人员、中小学管理人员、中小学技术支持人员

（2）培训标准：中小学教师教育技术能力培训的基本标准主要有四个方面，但是由于上述三类教师的工作性质和工作内容不同，所以《标准》、《培训大纲》和《考试大纲》也各不相同。这里重点介绍《标准》规定的"教学人员教育技术能力标准"。

教学人员教育技术能力标准

一、意识与态度

（一）重要性的认识

1．能够认识到教育技术的有效应用对于推进教育信息化、促进教育改革和实施国家课程标准的重要作用。

2．能够认识到教育技术能力是教师专业素质的必要组成部分。

3．能够认识到教育技术的有效应用对于优化教学过程、培养创新型人才的重要作用。

（二）应用意识

1．具有在教学中应用教育技术的意识。

2．具有在教学中开展信息技术与课程整合、进行教学改革研究的意识。

3．具有运用教育技术不断丰富学习资源的意识。

4．具有关注新技术发展并尝试将新技术应用于教学的意识。

（三）评价与反思

1．具有对教学资源的利用进行评价与反思的意识。

2．具有对教学过程进行评价与反思的意识。

3．具有对教学效果与效率进行评价与反思的意识。

（四）终身学习

1. 具有不断学习新知识和新技术以完善自身素质结构的意识与态度。

2. 具有利用教育技术进行终身学习以实现专业发展与个人发展的意识与态度。

二、知识与技能

（一）基本知识

1. 了解教育技术基本概念。

2. 理解教育技术的主要理论基础。

3. 掌握教育技术理论的基本内容。

4. 了解基本的教育技术研究方法。

（二）基本技能

1. 掌握信息检索、加工与利用的方法。

2. 掌握常见教学媒体选择与开发的方法。

3. 掌握教学系统设计的一般方法。

4. 掌握教学资源管理、教学过程管理和项目管理的方法。

5. 掌握教学媒体、教学资源、教学过程与教学效果的评价方法。

三、应用与创新

（一）教学设计与实施

1. 能够正确地描述教学目标、分析教学内容，并能根据学生特点和教学条件设计有效的教学活动。

2. 积极开展信息技术与课程的整合，探索信息技术与课程整合的有效途径。

3. 能为学生提供各种运用技术进行实践的机会，并进行有针对性的指导。

4. 能应用技术开展对学生的评价和对教学过程的评价。

（二）教学支持与管理

1. 能够收集、甄别、整合、应用与学科相关的教学资源以优化教学环境。

2. 能在教学中对教学资源进行有效管理。

3. 能在教学中对学习活动进行有效管理。

4. 能在教学中对教学过程进行有效管理。

（三）科研与发展

1. 能结合学科教学进行教育技术应用的研究。

2. 能针对学科教学中教育技术应用的效果进行研究。

3. 能充分利用信息技术学习业务知识，发展自身的业务能力。

（四）合作与交流

1. 能利用技术与学生就学习进行交流。

2. 能利用技术与家长就学生情况进行交流。

3. 能利用技术与同事在教学和科研方面广泛开展合作与交流。

4. 能利用技术与教育管理人员就教育管理工作进行沟通。

5. 能利用技术与技术人员在教学资源的设计、选择与开发等方面进行合作与交流。

6. 能利用技术与学科专家、教育技术专家就教育技术的应用进行交流与合作。

四、社会责任

（一）公平利用。努力使不同性别、不同经济状况的学生在学习资源的利用上享有均等的机会。

（二）有效应用。努力使不同背景、不同性格和能力的学生均能利用学习资源得到良好发展。

（三）健康使用。促进学生正确地使用学习资源，以营造良好的学习环境。

（四）规范行为能向学生示范并传授与技术利用有关的法律法规知识和伦理道德观念。

（摘自2004年12月15日《教育部关于印发〈中小学教师教育技术能力标准（试行）〉的通知》教师[2004]9号）

2. 了解并掌握信息时代教师的教育技术能力结构

在当今的信息社会中，随着多媒体计算机和网络通信的普及，传统的教师能力结构受到挑战，教师的角色和应具备的能力发生了转变，具体的教育技术能力结构有如下几点：

（1）现代教育理念的运用能力

现代教育理念有别于传统的教育理念。现代教育理念重视教育理论对教育的指导，强调教育必须以人为本、为促进人的发展服务，重视现代信息技术的应用，强调素质教育和创造性思维的培养，提倡通过对学习者学习需求和学习特点的研究，来满足学习者的个性需求。现代教育理念认为：教师不仅是知识与技能的传授者，也是教学活动的设计者、教学过程的组织者、参与者和评价者。

（2）信息素养的培养能力

处于信息时代的教师，其职业角色发生了巨大的转变，在传统的环境下所掌握的知识已满足不了实际需求，他们应掌握一定的信息技术能力，具备一定的信息素养。教师应具备的信息素养主要分为三方面：信息能力、独立学习能力和社会责任。教师应该能够有意识地获取、使用和评价自己所需的信息，学会能够独自欣赏作品，探索与自我相关的有价值信息，并能积极参与信息活动来创造信息，信息时代的教师更应该注意对学生信息素养的培养。

（3）信息化环境下的教学设计能力

在信息技术环境下，教师的教学设计能力具有更深刻的内涵。信息技术环境下的教学设计更加突出现代教育理念的指导作用，强调学习者主体作用和主创精神的发挥，强调信息技术与课程及学科教学整合的成效。信息化环境下的教学设计，十分重视"过程与方法"教学目标的设计，特别强调要以学生发展为中心，进行自主学习、协作学习、研究性学习等学习策略和学习资源的设计。

（4）教育信息资源的处理与应用能力

在如今的互联网时代，网上信息丰富多彩，其中就有很多高质量的数字化教学资源，这些教学资源大多是由图文、音视频和动画等这些基本的信息元素组成。教师应该掌握教育信息获取、存储、加工、应用、评价与创新的理论与方法，以便更好地利用网络知识，在必要时还能够设计、开发适合教学使用的媒体和资源。

(5) 教学系统的构建、管理与维护能力

教学系统是指为了达到某一目的而由许多要素相互联系、相互作用结合起来的具有教学功能的整体,其具有四个核心要素,即教师、学生、教学内容和教学媒体。教师作为教学的组织者和设计者,要能够根据一定的要求,构建一个完整的教学系统,并能在教学系统运行过程中对其进行管理和维护,使其朝好的方向发展下去。

(6) 教学研究与终身学习能力

随着信息变革的发生,所有的教师都应具备一定的研究能力,能够有意识地以研究者的角度去考虑问题,从而发现问题,进而解决问题。终身学习是社会进步和教育发展对教师的要求,每个教师都要具有自我提高、自我发展能力,能够不断地掌握新技术、接受新知识,以达到对自身素质的全面提升。

3. 教师教育技术培训模式

教师教育技术培训具有一定的实际意义,它可以促进教师专业能力的建设,让教师懂得如何教,可以促进新课程改革在基础教育中得到很好的实施,能够促进信息技术与其他学科的紧密结合。所以现代教育技术培训越来越流行,也越来越规范,其培训的主要模式有如下几点:

(1) 培训中心培训模式

这是一种传统的教育技术技能培训模式,一般是由培训中心和电教馆主持,以各区县教育局或进修学校为单位培训县级培训员,然后再由教育局或进修学校的培训员对各县的教师进行培训。

(2) 校本培训模式

校本培训有别于前一种培训模式,在培训过程中应重点抓住"一条主线,两方面指导思想,三种学习形式,四个关键点"。

一条主线指的是培训活动应以任务驱动的形式组织培训,受训教师对该任务的完成情况是培训是否完成及其有效性的重要评估依据。

两方面的指导思想是指突出混合式学习思想和"主导—主体"的教学模式。

三种主要的学习方式指的是受训教师自主探究学习、小组协作学习和师生互动学习。

四个方面的关键点分别是强调活动参与、强调理论联系实践、强调案例观摩和体验以及强调过程性评价和反馈。这些要求都要落实到具体的校本培训活动中,在培训过程中得到体现。

(3) 师范生培训模式

教师是教学的指导者,而师范院校是教师的培养基地,所以在师范院校的人才培养体系中应注重教育技术能力的构建,使师范生在校期间就能够掌握教育技术能力,有能力参加并通过全国中小学教师教育技术能力等级考试。这样一方面可以减轻教育培训部门的繁重培训压力,也可以进一步促进基础教育改革,促进教育信息化的发展。

(4) 网络培训模式

网络培训模式即利用互联网进行远程培训。目前,这种远程培训主要有:网络学院的学历或专题培训；教育部或地方教育网站组织的教师教育技术能力培训；社会办学组织开办的网络学校。

4. 教师教育技术能力培训的评价

在教育技术能力培训过程中，评价是一个特别重要的环节，它对提高培训效率具有很重要的作用。教师教育技术能力培训评价可分为以下两类：

（1）学习过程的评价

学习过程的评价主要是评价教师在整个培训过程中的学习情况，培训项目分为项目准备、项目实施与项目总结，因此可以根据项目将评价分为三个部分：诊断性评价、形成性评价和总结性评价。

诊断性评价又被称为前置评价，是在培训之前所进行的评价，它是为了更加有针对性的、有效地实施计划方案，比如在培训之前对培训对象进行学习需求分析。

形成性评价是在整个培训过程中进行的，它是为了了解阶段性的培训结果及培训对象的实际掌握情况，比如培训完一章或一节后，就布置一个任务，让大家去独立完成，然后通过作业来检查大家的掌握情况。

总结性评价是在培训结束后所进行的评价，它注重的是最终的培训结果，比如培训结束后的考核就属于这种评价，可通过量规、文件夹及学习契约三种方式对学习过程进行评价。

（2）学习成果的评价

在教师教育技术能力培训结束后，教师自身或小组内都有许多课后作品，这样可以制订一个学习结果的评价方案，使培训对象更好地掌握技能，并将其运用到各自的教学中。对学习成果的评价应该设计评价量表，注意评价目标、评价标准和指标权重的设计，要尽可能地设计出一个完整的评价指标体系。

（二）项目实施

1. 分析教师教育技术技能水平

根据教育部下发的《标准》，教师应具有的教育技术能力结构主要包括四个方面：意识与态度、知识与技能、应用与创新和社会责任。本培训旨在提高中小学教师的教育技术技能，使培训工作有的放矢，在培训前需要对当前中小学教师的教育技术技能水平进行分析，主要从整体分析和个体分析两个方面来进行。

（1）整体分析

整体分析要掌握当前中小学教师整体的教育技术能力水平，为培训能力起点的制定做准备。对于信息时代的教师而言，必须具备教学设计能力来完成教学活动；能够利用自身的信息处理与应用能力来进行教学资源的开发以满足自身的教学需要；教学软硬件的使用和基本维护能力也是必不可少的；另外教师的专业发展离不开教学研究能力的培养。现代教师教育技术能力的整体分析可以从下表 14-1 中几个方面来考察。

表 14-1　教师教育技术能力整体分析表

能　力	描　述	能力等级
教学设计能力	掌握教学设计的基本理论与方法，能够完成对教学整个过程的设计	
教学信息处理与应用能力	知道教育信息元素产生与传播规律，了解信息元素在教学中的特点及作用，掌握教育信息获取、存储、加工、应用、评价与创新的理论与方法	
媒体资源应用与开发能力	了解媒体的分类、特性及其在教学中的作用，掌握选择、运用、管理、评价媒体的方法，在必要时还能够设计、开发适合教学使用的媒体和资源	
教学系统构建、使用和维护能力	教学系统硬件和软件的操作、维护，能够根据需要构建教学系统	
教学研究能力	掌握教育技术学研究方法，用合理的方法来解决教学中的实际问题	

通过问卷调查、访谈等方式对培训对象的以上几方面能力进行评定，找出教学实践中教师教育技术能力的薄弱环节，从而作为培训的重点。

(2) 个体分析

在培训过程中，每个教师都是一个独立的个体，为了使各培训对象通过参加培训获得实质性的发展，从而还需要考虑到培训对象间的个体差异。这样就需要掌握各培训对象的特点，通过分析将培训对象的培训需求进行分组，从而在培训中针对不同的培训对象组，确定不同的培训主题，开展不同的培训活动。可以通过表 14-2 中几个方面来进行个体分析。

表 14-2　教师教育技术能力个体分析表

所授科目	
教龄	
职称	
现代教育观念	
技术水平	
教学水平	
研究水平	

在组织培训活动之前，可以要求欲参与培训的教师填写上表内容，针对教育技术能力进行自我评价。

2. 明确培训的目标和任务

为了满足学校发展的需要，考虑到教师之间所存在的差异性，根据教师教育技术能力的整体分析和个体分析结果，制定出培训活动的整体目标和个体目标，从而完成培训任务。通过分析完成表 14-3 的内容。

表 14-3　培训目标和任务

<table>
<tr><td colspan="2">整体目标</td><td></td></tr>
<tr><td rowspan="3">目标一</td><td>培训主题</td><td></td></tr>
<tr><td>培训对象</td><td></td></tr>
<tr><td>培训任务</td><td></td></tr>
<tr><td rowspan="3">目标二</td><td>培训主题</td><td></td></tr>
<tr><td>培训对象</td><td></td></tr>
<tr><td>培训任务</td><td></td></tr>
</table>

3. 拟订培训计划

通过对培训对象的分析和培训目标的阐明，需选择出恰当的、合乎要求的培训内容。教师作为教学知识的传授者，对教育技术应用方面有许多不解的地方，培训内容就应针对教师的种种困惑给以帮助和支持，从而解决他们的实际问题。

(1) 确定培训对象

培训对象是整个培训过程的学习者，在确定培训目标之后要将培训对象进行分组，以便更有针对性的进行培训。

(2) 选好培训内容

通过对培训对象的分析和培训目标的阐明，需选择出恰当的、合乎要求的培训内容。教师作为教学知识的传授者，对教育技术应用方面有许多不解的地方，培训内容就应针对教师的种种困惑给以帮助和支持，从而解决他们的实际问题。

(3) 选择培训方式

在培训过程中，要注意培训方法的选择，灵活选择和运用多种培训方式，合理处理各教学环节中遇到的问题，及时进行教学反馈，对教学进行适当调节。常见的培训方式有集中强化、教学诊断研讨会、以课题带动的合作研究、专题研讨、案例教学和网络学习等。

在经过以上几个方面的分析和确定之后，需要拟订培训计划，以指导培训活动的实施。可以按照表 14-4 来设计培训计划。

表 14-4　教育技术能力培训计划

<table>
<tr><td colspan="2">指导思想</td><td></td></tr>
<tr><td colspan="2">目标任务</td><td></td></tr>
<tr><td colspan="2">组织管理</td><td></td></tr>
<tr><td rowspan="6">培训计划</td><td>培训对象</td><td></td></tr>
<tr><td>培训内容</td><td></td></tr>
<tr><td>培训方式</td><td></td></tr>
<tr><td>培训地点</td><td></td></tr>
<tr><td>培训考核</td><td></td></tr>
<tr><td>培训资源与管理</td><td></td></tr>
<tr><td colspan="2">实施步骤</td><td></td></tr>
<tr><td colspan="2">保障措施</td><td></td></tr>
</table>

4. 开展培训活动

根据所拟订的培训计划，按照制定的实施步骤组织和开展培训活动。另外在培训过程中注重培训活动的记录。

5. 评价培训效果

培训评价是对培训过程的反思，根据培训目标和内容设计培训调查问卷。通过问卷和访谈对培训效果进行调查，分析调查结果，以全面、深入、有效地评价培训效果。

培训者在对培训过程进行评价时，可以从以下两个方面来着手进行：学习过程的评价和学习成果的评价。学习过程的评价贯穿于培训的整个过程，要求学员把自己的教学设计方案、教学资源、自己的总结反思报告发布到网上，然后进行自我评价和小组评价；学习成果评价是对培训对象培训结束后的工作表现进行评价，培训者主要是通过现场观摩听课，小组成员的听课记录以及培训对象自身的反思进行。

6. 进行培训总结

根据评价结果，总结培训方案及实施中的优缺点，反思其不足，提出修改意见。总结要符合实际，起到解决问题、改进培训效果的作用。

（四）参考案例

案例展示

河南省永城市中小学教师教育技术能力培训方案

案例来源：http://www.edures.com.cn/sites/system/defaultsite/news/show.jsp? indexID=371，提取时间：2009-10-27

根据教育部《中小学教师教育技术能力标准（试行）》（[2004]9号）、《关于启动实施全国中小学教师教育技术能力建设计划的通知》（教师[2005]5号）和河南省教育厅《关于实施中小学教师教育技术能力建设计划若干问题的通知》（教师[2007]275号）精神，永城市教育体育局决定启动河南省中小学教师教育技术能力建设计划，与培训有关事宜如下。

一、指导思想

以建设信息化社会所需要的专业化教师队伍为出发点，以《中小学教师教育技术能力标准（试行）》为依据，以全面提高中小学教师运用教育技术、优化教育教学过程的能力为目标，按照"总体规划、分步实施、学用结合、注重实效"的原则和"培训、考试、认证"一体化的要求，实施新一轮中小学教师技术能力全员培训，努力造就一支具有现代教育技术能力的新型教师队伍，更好地为实施素质教育和基础教育事业的改革发展服务。

二、目标任务

（一）培训目标

根据《中小学教师教育技术能力标准（试行）》，建立中小学教师教育技术能力水平培训和考试认证制度，参加全省统一规范的教师教育技术能力水平培训和考试认证体系；在2008年至2010年，用三年时间，利用多种途径和手段，组织全市中小学教师完成不少于50学时的教育技术能力培训，并使大多数教师通过国家统一组织的教育技术能力初级以上水平考试，使70%以上的中青年教师通过国家统一组织的教育技术能力中级水平考试，显著提高我市中小学教师教育技术应用能力。

（二）培训任务

第一，建立“以教育局为龙头、教师进修学校为主干、基层学校为辅助”的教师教育技术培训体系，院校培训与校本培训相结合，加强培训组织力度，促进培训圆满完成。

第二，组织参加全国统一考试。组织通过教育技术能力培训的教师，参加国家统一组织的教育技术能力水平考试，成绩合格者获得教育部监制、教育部考试中心印制的教育技术能力水平等级证书。

第三，建立教育技术能力认证制度。研究制定与教师教育技术培训、考试相关的配套政策，从2009年起，将教师教育技术能力水平证书作为教师资格认定和再认证、教师职务评聘以及评优表彰的重要条件之一，逐步形成促进广大教师积极参加教育技术能力培训和考试，不断提高教育技术能力水平的有效机制。

三、组织管理

成立永城市中小学教师教育技术能力建设计划工作领导小组，负责对计划实施工作的宏观指导，研究解决计划实施过程中的重大问题，组织协调计划的实施与推进。市教体局师训股负责计划的归口管理和组织实施。

领导小组下设培训项目办公室，地点设在进修学校。项目办公室在局领导小组的领导下，负责该计划的具体组织实施工作。主要包括：加强与各单位的联系、协调、沟通与交流，发现问题，总结经验，推动工作；加强对全市教师教育技术能力培训工作的指导；会同师训股组织对培训、考试和认证工作的评估和监控。市招办负责考务组织与管理工作。

四、培训计划

（一）培训对象

全市在职在编的普通中小学教师均属于培训对象。截至2008年8月31日，年满50周岁以上者，自愿参加。

（二）培训内容

全市统一按照教育部颁布的《中小学教师教育技术能力标准（试行）》和《中小学教学人员（初级）教育技术能力培训大纲》进行培训和考核。培训教材统一使用经教育部师范教育司组织审定的《教育技术培训教程》。

（三）培训方式

教师教育技术培训采取小班培训的办法，每班原则上不超过30人。采取不间断方式培训，每次不少于8天，共计50个学时，理论学习与技能操作相结合、集中培训与分散研修相结合，注重实践和实用。集中培训打破单纯理论授课的方式，把讲授与研讨、上机练习、课例设计等形式结合起来，积极探讨参与式、互动式的教学方式，着力提高教师实际运用教育技术的能力。

（四）培训地点

培训基地设在教师进修学校。基地具体负责相关人员的组织、管理和培训。

教师任职学校是教师教育技术能力培训的重要阵地，应以农村现代教育远程教育工程为依托，建立校本研修学习点。中小学校应为教师参加培训提供必要的学习条件。

（五）培训考核

完成有关培训学习，并经考核合格的方可参加全国中小学教师教育技术能力等级水平统一考试。考试合格者可获得由教育部监制，教育部考试中心统一印制的相应的全国教师教育技术能力水平等级证书。该证书作为教师具备教育技术知识、技能与能力的证明，逐步成为教师上岗的必要条件，成为教师评定专业技术职务、晋级和评优表彰的重要依据之一。

（六）培训资源与管理

培训工作以教育部《教育技术能力培训大纲》为依据，以教育部组织审定并推荐的全国中小学教师教育技术能力培训教材为基本教材，积极开发适合我市培训工作需要的，具有地方特色的在线、离线学习课程和配套资源，满足教师多样化的学习需要，为中小学教师全员培训提供技术咨询和指导服务，逐步构建标准化、开放性的全市教师教育技术能力建设的服务平台。

五、实施步骤

（一）统一思想，动员部署

适时召开我市中小学教师教育技术能力建设启动工作会议，传达贯彻省有关会议和文件精神，宣传实施教师教育技术能力建设计划的重要意义和必要性，明确目标任务与要求。

（二）开展培训工作

从2008年3月20日起，在全市全面展开培训工作。本年度共计安排培训20期考试组织工作。

根据教育部的统一部署和安排，组织中小学教师参加教育部统一安排的教师教育技术能力水平考试。考试合格者获得由教育部监制，教育部考试中心统一印制并颁发的教师教育技术水平考试等级证书。

（三）总结评估，积累经验

市教体局成立教师教育技术能力建设计划评估专家组，及时对计划实施过程及效果进行指导与评估，及时总结经验，发现问题和解决问题，不断改进和完善工作。

六、保障措施

（一）加强领导，整合力量

实施中小学教师教育技术能力建设计划，是教师教育改革创新的一项重要措施，要把该“建设计划”纳入推进教育信息化、实施农村远程教育工程和开展新一轮教师培训的整体规划之中。要切实加强领导、统筹、协调和指导，调动一切积极因素，充分发挥教师教育系统、电化教育系统、考试系统等相关方面的优势和作用，合理分工，明确职责，协调配合，形成合力，共同推进“建设计划”的实施。

（二）制订规划，明确任务

在搞好宣传发动的同时，认真开展调查研究，摸清中小学教师教育技术和计算机培训的现状。科学制订教师教育技术能力建设三年规划和年度计划。我市计划三年共培训6 500人，其中2008年度2 000人，2009年度2 000人，2010年度2 500人。

（三）健全培训网络，改革培训模式

充分利用农村现代远程教育工程配备的教学设施，把“人网”、“天网”、“地网”结合起来，集中培训和校本研修结合起来，形成培训机构集中学习、任职学校练习巩固、网上或利用光盘自学研修的教师学习链。

（四）加强制度建设，建立保障机制

各单位要切实加大教师培训经费的投入力度。充分发挥并利用好“农村中小学现代远程教育工程”中有关教师培训的费用，坚持“先培训后考试、不培训不考试”的原则；中小学教师参加教育技术能力培训，其学时纳入继续教育登记，计算学分；把教师教育技术能力培训、考试认证与教师继续教育证书、教师资格再认证有机结合起来，形成促进广大教师参加教育技术培训的激励机制。

（五）加强排序管理，提高质量与效益

市教师进修学校要严格按照河南省中小学教师教育技术能力培训基地评估标准，建设合格的、专业化的教师教育技术培训基地，并认真做好培训的组织工作，切实加强管理，努力提高我市中小学教师教育技术能力培训质量。

五、项目成果展示与交流

（一）通过调查分析，完善教师教育技术能力分析表，制定出明确的培训目标。

（二）展示培训方案，将培训活动的培训内容、培训方式、培训人员分配、培训活动时间和地点安排等逐一落实清楚。

（三）确定培训评价方式，做出培训总结与反思。

六、推荐资源

[1] 2004 年 12 月 15 日《教育部关于印发〈中小学教师教育技术能力标准（试行）〉的通知》教师[2004]9 号。

[2] 吴慎勇. 中小学教师教育技术能力培训案例研究——枣阳七中教师教育技术能力校本培训设计与实践[D]. 武汉：华中师范大学，2005.

[3] 王继新. 信息化教育概论[M]. 武汉：华中师范大学出版社，2005.

[4] 何克抗. 关于《中小学教师教育技术能力标准》[J]. 电化教育研究，2005(04)：39-42.

[5] 杨杏本，顿小艳. 教师教育技术能力培养模式研究[J]. 南方论刊，2007(05)：47.

[6] 张生，韩骏，王丽娜，齐媛. 中小学教师教育技术能力培训过程中的评价方式研究[J]. 中国电化教育，2007 (04)：10-13.

[7] 张生，何克抗，韩骏. 中小学教师教育技术能力培训中的形成性评价指标体系的构建[J]. 中国电化教育，2007 (05)：16-19.

[8] 冯奕兢. 教育技术技能训练与评价[M]. 北京：高等教育出版社，2004.

[9] 张伟江. 现代教育技术基础[M]. 上海：华东师范大学出版社，2001.

[10] 何克抗. 教育技术技能培训教程[M]. 北京：高等教育出版社，2008.

模块六　教育技术竞赛类项目

教育技术是一种应用性极强的技术，教育技术的应用性特征，决定了教育技术必须在实践活动中发展，在应用研究中提高。教育技术的实践活动与应用研究，除了教育技术硬件环境的建设、软件的开发、培训的开展、课题的研究之外，还包括各式各样的竞赛活动。这些竞赛活动不仅包括面向教师的教育技术技能竞赛、信息技术与课程及学科教学整合的教学设计与课堂教学竞赛、全国多媒体教育软件大奖赛、科研论文的评比、优秀教学网站的评选等，还包括面向学生的全国中小学电脑制作活动、全国中小学信息技术创新与实践活动、信息学奥林匹克竞赛和全国中小学校园电视节目评选活动等。这些面向学生的竞赛活动，是紧紧围绕信息技术课程的教学而展开的，也是推进信息技术教育的重要组成部分和特殊的教育教学方式。这些竞赛活动，突出了学生的主体地位和作用，突出了学生动手能力、实践能力和创新精神的培养，对中小学生产生了很强的吸引力，使广大中小学生的聪明才智和创造能力，得到了充分的发挥和展示。这些竞赛活动，极大地激发了学生的学习兴趣、调动了他们的参与积极性，有效地培养了他们在信息技术环境下的动手、动脑能力。这些竞赛活动，也为广大中小学生搭建了一个巨大的舞台。在这个舞台上，中小学生不仅能够展示自己的才华和作品，而且能够通过观摩其他同学的作品，取长补短、不断提高。

因此，组织学生参加这些竞赛活动，已成为各级专业教育技术机构（如各级电化教育馆、教育技术中心、信息中心）和中小学校推进信息技术教育的重要工作。本模块将围绕中小学生信息学奥林匹克竞赛活动和中小学校园电视创作活动，对教育技术竞赛活动的设计、组织与实施，作详尽介绍，以帮助即将从事中小学信息技术教育的教育技术学专业毕业生，组织好这些竞赛活动，为信息技术广泛、深入的发展，搭建起更加宽阔的舞台。

项目 15　师生电脑作品创作竞赛活动

目前，全国性的师生电脑作品创作比赛主要有：全国中小学生电脑制作活动、全国中小学信息技术创新与实践活动和全国多媒体教育软件大奖赛。在这三项竞赛活动中，前两项比赛旨在丰富中小学生学习生活，鼓励中小学生结合学习与实践活动及生活实际，积极探索、勇于创新，运用信息技术手段设计、创作电脑作品，培养学生利用信息技术“发现问题、分析问题和解决问题”的能力，以促进信息技术教育的深入发展、全面提高师生的信息技能和信息素养。全国多媒体教育软件大奖赛，旨在促进信息技术与学科教学整合，提高教师多媒体课件的开发能力、信息技术及网络的应用能力和水平。

本项目将围绕这三个竞赛活动的设计、组织与实施做一些详细介绍，以帮助学习者掌握组织和开展这些竞赛活动的方法。

一、学习目标

（一）清楚竞赛活动：了解影响较大的全国中小学电脑制作活动、全国中小学信息技术创新与实践活动和全国多媒体教育软件大奖赛的指导思想、竞赛项目特点、竞赛组织的方法。

（二）组织竞赛活动：能够根据上述三个赛事的竞赛指南，学会组织本地区或本学校的师生参加这些竞赛活动的方法。

（三）指导师生作品创作：能够从主题确定、方案设计、技术应用等方面，指导和帮助师生参与地方和全国的上述竞赛活动。

（四）开展常态培训和教学：能够将这些竞赛活动纳入对师生信息技术技能和素养的培训和教学之中，使竞赛活动成为常态的教师培训、学生的信息技术课程的有机组成部分。

二、环境与条件

（一）软环境：领导的信息技术教育意识；领导对教师信息技术培训、学生信息技术课程学习和信息技术竞赛活动的关心、重视和支持；必要的培训和竞赛的经费保障；师生的参赛热情和积极性。

（二）硬环境：进行创作所需设备和开发工具（平台）；进行竞赛所需场地、设备和网络环境等。

三、项目的任务

（一）制订方案：根据各项赛事的竞赛指南，制定本地区或本学校的活动方案。

（二）组织培训：在常态的教师培训和信息技术课程教学活动的基础上，针对竞赛活动和师生参赛项目，组织专题培训，从主题、艺术设计、技术应用等方面对参赛师生进行指导，以提高师生的创作水平。

（三）组织预赛：在师生广泛参与的基础上，组织本校或本地区的竞赛活动，选拔出水平较高的作品，按照相关规定推荐参加一级的竞赛活动。

（四）评价、总结与宣传：组织本校或本地区师生的作品进行展示、交流活动，并在展示交流中加以点评；组织对全国优秀作品的观摩活动，以找到差距、取长补短，提高师生的创作水平；表彰竞赛成绩优秀的师生，对活动的组织和成效进行总结和反思。

四、实践过程

（一）知识准备

1. 研究、掌握各项赛事的性质、意义和特征

（1）全国中小学电脑制作活动

2000年10月25日，在第一次全国中小学信息技术教育工作大会上，教育部提出要“在中小学普及信息技术教育，以信息化带动教育的现代化，努力实现我国基础教育跨越式发展”的战略目标。

为大力推动全国中小学信息技术教育，展示各地中小学生信息技术学习实践成果；为纪念邓小平同志“计算机普及要从娃娃做起”的重要指示发表16周年，在时任教育部常务副部长吕福源同志的亲自倡导和策划下，全国中小学电脑制作活动正式拉开帷幕。

2000年10月25日，教育部在北京举办了第一届全国中小学电脑制作与设计作品制作活动颁奖仪式暨优秀作品展示会，本届活动即为首届全国中小学电脑制作活动（第三届起方更名为全国中小学电脑制作活动）。该项活动由教育部主办；教育部基础教育课程教材发展中心、中央电化教育馆、人民教育出版社等单位联合承办；2005年第六届起，该项活动由教育部主办、中央电化教育馆等单位承办；2008年第九届活动改为由中央电化教育馆和教育部考试中心主办；以后各届均由中央电化教育馆主办，教育部相关司、局和相关部门指导。目前，这一活动已举办了十一届，2011年将举办第十二届。

全国中小学电脑制作活动的指导思想是：丰富中小学生学习生活；重在过程，重在参与；激发创新精神，培养实践能力，全面推进素质教育。

全国中小学电脑制作活动的主题是：探索与创新。即鼓励广大中小学生结合学习与实践活动及生活实际，积极探索、勇于创新，运用信息技术手段设计、创作电脑作品，培养发现问题、分析问题和解决问题的能力。每年的暑期，竞赛组委会都组织进入决赛的选手参加竞赛夏令营。在夏令营里，各地选手进行答辩、切磋技艺、交流心得、展示作品，互相学习，收获很大。①

（2）全国中小学信息技术创新与实践活动

全国中小学信息技术创新与实践活动是面向在校中小学师生的一项普及知识产权，展示自主创新能力的信息技术应用竞赛，也是中小学科技活动优秀成果集中展示的一种形式。活动的英文名称为Network Originality Competition（简称NOC）。其主办单位有教育部关心下一代工作委员会、中央电化教育馆、中国发明协会、中国教育电视协会等单位，由中国信息技术教育杂志社承办。目前该活动已举办八届，2011年将举办第九届。

NOC活动把普及知识产权知识，培养广大师生的创新意识，提高实践能力确定为活动的中心主题。

2006年，活动组委会向国务院奖励办提出设立“青少年发明创新奖”的申请。经过国家科学技术奖励工作办公室审查通过，2007年设立“恩欧希教育信息化发明创新奖”。这是根据“国家科学技术奖励条例”而设立的第一个面向中小学师生的、以促进自主、创新为目的奖项。②

（3）全国多媒体教育软件大奖赛

全国多媒体教育软件大奖赛（简称大奖赛）始于1998年，是由教育部有关司局指导、中央电化教育馆主办的全国性的教育技术竞赛活动。这一活动主要面向全国大、中、小学以及解放军、武警部队院校的教师和教育技术人员开展，每年举办一次。目前已举办了十四届，2011年将举办第十五届。大奖赛旨在促进信息技术与学科教学整合，提高教师教育技术及网络应用能力。每年一届的竞赛活动，已经成为展示全国大中小学教师信

---

① 以上参见 http://www.huodong2000.com.cn/about_01.html

② 以上信息来源于 http://my.noc.net.cn/about/

息技术技能、素养、创造力和信息技术应用成果和能力的盛会。

大奖赛根据不同学校、不同学段的教育教学要求和特点，按照基础教育、中等职业教育、高等教育分组设置参赛组别。参赛项目包括多媒体课件、信息技术与学科教学整合课例、ScienceWord 优秀教案设计、学科主题社区和网络课程。[1]

2. 了解掌握各项竞赛的项目、规则与要求

(1) 全国中小学电脑制作活动

① 参赛人员：全国普通高中、初中、小学的在校学生。

② 项目设置。

A. 评选类项目作品分类、相关要求及评比指标。

小学组：电脑绘画、电脑动画、电子报刊、网页。

初中组：电脑绘画、电脑动画、电子报刊、网页。

高中组：电脑艺术设计、电脑动画、网页、程序设计。

B. 作品的主题：探索与创新。

鼓励广大中小学生结合学习与实践活动及生活实际，积极探索、勇于创新，运用信息技术手段设计、创作电脑作品，培养“发现问题、分析问题和解决问题”的能力。

C. 作品形态界定。

电脑绘画：运用各类绘画软件或图形、图像处理软件制作完成的绘画作品。绘画作品可以是主题性单幅画或表达同一主题的组画、连环画。表达同一主题的组画、连环画，每件作品不超过 5 幅。创作的视觉形象可以是二维的或三维的，可以选择写实、变形或抽象的表达方式。

作品表现形式可以是运用鼠标或数字笔模拟手绘效果的，即用一定的技术处理手法，用电脑来模拟手绘效果；也可以根据主题，利用数字化图形、图像处理工具对图像素材的再加工；单纯的数字摄影画面不属于此项作品范围。

作品的存放格式为.jpg，适合在通用的电脑显示器上显示。

提交的作品中，除上报.jpg 文件外，还应提交该作品的源文件，如使用 Photoshop 制作的作品，需同时提交.psd 格式的文件。作品文件格式的大小不得超过 20MB。

电脑艺术设计：运用图形、图像处理软件，用电脑设计制作静态单件作品或系列作品(每一系列作品不得超过 6 幅)。包括：广告招贴设计、商标及符号标志设计、企业形象设计、产品包装设计、书籍装帧设计、室内装饰艺术设计、景观艺术设计和工业产品设计等。单纯的电脑绘画、摄影和动态的视频、动画等不属于此项作品的范围。

作品要表达某一特定的主题或目的，有一定的实际应用价值，能够体现设计者的理念。作品应突出并体现对艺术设计中图形、文字、色彩三大基本元素的综合表现能力。

作品的存放格式为.jpg，适合在通用的电脑显示器上显示。

提交的作品中，除上报.jpg 文件外，还应提交该作品的源文件，如使用 Photoshop 制作的作品，需同时提交.psd 格式的文件。作品文件格式的大小不得超过 20MB。

电脑动画：运用各类动画制作软件，通过对角色和场景的绘制、音效处理与动画制

---

① 以上信息来源于 http://www.mtsa1998.com.cn/news/20091011/n3010102.html

作，运用动画画面语言完成二维或三维的电脑动画作品。

动画作品要表现一定的故事情节。作品中的主要角色和场景要求原创，可用漫画或写实艺术手法来表现主题。

提交的作品中，除上报播放文件外、还应提交与作品制作软件相关的源文件和主要角色、场景、背景音乐等原始素材。

作品（播放文件）的大小不得超过 20 MB，作品播放时间应在 2～5 分钟之间。

电子报刊：电子报刊是运用文字、绘画、图形、图像等素材和相应的处理软件创作的电子报或电子刊物，主要以文字表达为主，辅之适当的图片、视频或动画。

电子报刊应该含有报名、报刊号、出版单位或出版人、出版日期和版面数（一般为 8 个版面）、导读栏等报纸所包含的要素。在导读栏中应设置超链接。

刊物应有封面、封底、目录页和刊名、刊号、主办单位、主编和编委、出版日期等刊物所包含的要素。除封面和封底外应有不少于 8 页的正文页。在目录栏中应设置超链接。

电子报刊应有相应的网址和电子信箱，报刊内容的原创成分应达到 60％以上。通过网上下载或其他渠道搜集、经作者加工整理的内容，不属于原创范畴。

网页：网页是使用 Html 语言或网页制作工具编制的、阐释某个主题或传递某类专题信息的网页作品，一般在 20 个页面以上。

网页作品应充分体现数字技术开放性、交互性和共享性的特征。网页内容要紧密结合作者的学习生活和社会实践，避免简单地堆砌资料。

在水平分辨率为 1 024（或以上）像素的电脑屏幕上浏览时，页面保持整齐、美观。

网页作品（非压缩文件）的大小不应超过 50 MB。

程序设计：程序设计主要指以各种计算机程序语言编写的程序软件。包括管理系统类软件、工具类软件、辅助学习类软件和益智游戏类软件等。

作品要具有较为明确的设计思想，贴近作者的学习生活，并可为社会应用和科技创新服务。

制作完成并提交的作品必须编译成可执行程序，配有相应的安装和卸载程序（免安装的绿色软件除外），应能实现顺利、直接地安装和运行。

提交的作品中，需同时附有该作品的源程序代码清单（TXT 文本格式，并加上相应的注释）、程序的流程图和操作使用说明（帮助文档）。

③ 作品的制作与报送。中小学生应独立进行作品的创意设计并自己动手实现创作，指导教师可以给予适当的技术指导，但不能直接动手帮助完成作品制作。

小学组、初中组每件作品的主要作者最多不超过 2 名，高中组每件作品限报 1 名作者；每个作者限报 1 件作品；每件作品限报 1 名指导教师。

作品中不能以作品以外的任何网站或网页内容的链接方式作为本作品的内容。

网页作品或网页形式的电子报刊作品的各级目录（文件夹）和所有文件的命名须采用通用的小写英文字母命名规则。[①]

---

① 要了解以上详细内容可登录活动网站 http://www.ncet.edu.cn/computer/index.html 或登录 http://www.huodong2000.com.cn

(2) 全国中小学信息技术创新与实践活动

① 参赛人员范围：全国各省、自治区、直辖市中小学(包含幼儿园、中等专业学校、职业学校)的在校师生。

② 竞赛内容。竞赛内容分为学生竞赛项目、教师竞赛项目和发明创新项目。

学生竞赛项目包括创新实践作品评选和创新学习能力竞赛，其中，作品评选包括主题网站(页)制作、动画制作、漫画创作、DV短片创作；能力竞赛包括网络中文、网络英语、应用数学和智能机器人竞赛。

根据中小学师生的特点，活动按照小学组、初中组、高中组设置项目。

③ 学生竞赛项目。

动画制作赛项：根据组委会提供的形象设计或自创形象，围绕规定主题或自选主题制作动画。

漫画创作赛项：根据组委会提供的具体形象或自创形象设计，作者自己确定主题进行漫画创作。

主题网页探究：通过开展主题式探究性学习活动，使学生具有获取信息、传输信息、处理信息和应用信息的能力，教会学生正确认识和理解与信息技术相关的文化、伦理和社会等问题，负责任地使用信息技术；培养学生对信息技术的兴趣和意识，让学生了解和掌握制作网页的基本知识和技能，重视网页表达的思想性和创新性；通过网页制作和探究性学习活动中的集体协作，培养学生的协作能力、创新精神和实践能力。主题网页探究活动，除了对网页制作技术的考察之外，还要进一步强调对学生自主探究学习能力的考查。

DV短片创作：DV短片创作旨在鼓励广大中小学生结合课堂教学的学习与实践活动及生活实际，用自己的眼睛去观察和感知周围的世界，思考生活。把感悟融于小剧本中，用数码摄像机进行拍摄，通过影像的视觉效果，表达自己的思想，从而反映学生眼中独有的世界。达到培养中小学生探索和创新精神，培养学生组织知识表达自己思想的能力；培养学生发现美、感受美和颂扬美的人文情怀的目的。

④ 参赛要求和评审标准。

A. 动画制作。动画制作的参赛要求和评审标准主要包括以下几点：

第一，根据主题运用自己所掌握的动画软件和动画制作手段，创作出动画短片，造型可以活泼夸张，画面应与主题相符合，思想应健康向上。

第二，运用各类动画软件，通过角色(鼓励原创角色)绘制、音效处理与动画制作，完成二维或三维的电脑动画作品。参评作品可以是表现一定故事情节的动画小品，也可以是一个具有完整意义的动画节目。

第三，要求运用计算机动画设计工具创造具有活动角色的动画，题材健康向上，画面紧凑精美，人物性格鲜明，播放流畅，音效紧贴主题，有较强的可读性。在报送作品的申报表中应注明所使用软件工具的名称。如果是Flash作品，要求有.fla和.swf两个文件格式；如果使用其他软件(如After effects或Premiere等)制作的动画作品，必须保证动画可以在标准的计算机上顺畅播放，视频解像度为320×240以上，格式为.avi形式。

第四，参评作品分为小学组、初中组和高中组。每位参赛选手只能提交1件作品。各组的具体要求是：

小学组：作品长度在30秒以上，要求有1个以上动画角色，同时配有音效。

初中组：作品长度在45秒以上，要求有1个以上动画角色，具有简单的场景和情节，同时配有音效。

高中组：作品长度在60秒以上，要求有1个以上动画角色，具有完整的场景和情节，同时配有音效。

第五，参评作品以光盘形式提交，1件作品提交1张光盘，要求提交的光盘无病毒，且勿以压缩的档案文件格式(zip)存盘。在提交作品的同时还需提交一个作品创作演示文稿（仔细说明设计思想、制作过程、参赛心得及使用软硬件工具等内容），作品和演示文稿均为赛项非常重要的评分项目。

B. 漫画创作。漫画创作的参赛要求和评审标准主要包括以下几点：

第一，运用自己所掌握的绘画设计软件，根据作者编写的故事，由参赛选手本人创作1个以上的形象进行作品创作。作品要紧扣主题、编写幽默、生动有趣。

第二，参评作品必须以创新为主，画面的形象应充分体现原创，在符合客观规律的同时，充分发挥作者的想象力，紧贴青少年的生活状态，反映时代特点。

第三，参评作品分为小学组、初中组和高中组。每位参赛选手只能提交1件作品。作品包括单幅漫画、四格漫画、故事漫画。参评作品规格尺寸为A4纸张。四格漫画、故事漫画每幅画面不得超过A4纸张，脚本文字应清晰工整。

第四，参评作品以光盘形式提交，存储格式为.jpg，分辨率为300dpi或者以上，1件作品提交1张光盘，要求提交的光盘无病毒。在提交作品的同时还需提交一个作品创作演示文稿（仔细说明设计思想、制作过程、参赛心得及使用软硬件工具等内容），作品和演示文稿均为赛项非常重要的评分项目。

C. 主题网页探究。主题网页探究的参赛要求和评审标准主要包括以下几点：

第一，作品主题和内容。初评围绕竞赛委员会规定的“非物质文化遗产”的主题进行。通过搜集大量的资料，经过精心的梳理后，从不同的角度阐述主题，以达到宣传、赞美中华饮食文化，弘扬民族文化的目的。决赛围绕源于社会与生活的指定主题进行，体现研究性学习的自主性、探究性和实践性，以及网页制作的创新性。

第二，参赛方式。参赛选手必须以创作团体的形式（限学生3人、指导老师1人）报名参赛，通过个人努力和集体协作，在探究学习活动的基础上，制作完成主题网站（页）。

初评作品提交至指定竞赛平台（优学网 www.uschool.com.cn）进行初选。作品提交的同时完成优学网上的“NOC团队展示”（包括团队介绍、合作交流等），完成所有指定栏目的团队，将在作品评审中享受加分权重。

决赛将以团队的形式进行指定主题（决赛现场公布主题）的自主探究学习活动，并在指定竞赛平台（优学网）上制作完成小型网站（页），展示参赛团队探究性学习的成果。在探究、制作的基础上，参赛团队进行陈述与答辩，各队推选一名代表陈述本团队在自主探究活动及制作主题网站（页）过程中的创意和资源的利用与整合等方面的构思、设想和理由，并演示团队设计制作的主题网站（页），团队其他代表补充，对团队中的所有参赛选手进行全面考核。

第三，参赛团队分为小学组、初中组和高中组。每个参赛团队只能提交1件作品。

初评作品提交包含两项内容：网站(页)原文件(文件名统一采用小写英文字母命名，网站首页文件名统一用 index. htm，建议使用正版软件如 FrontPage、Dw3、Dw4、Flash5、page98 等以上版本软件制作)；作品创作演示文稿(详细说明设计思想、探究学习过程、网页制作过程、创新特点、参赛心得及使用软硬件工具等内容)。这两项内容均为赛项非常重要的评分项目。

第四，初评无法通过网络上传作品者，可以光盘形式提交。1 件作品提交 1 张光盘，要求光盘无病毒，作品总容量不大于 60MB(非压缩文件)，不需要服务器支持。

D. DV 短片创作。DV 短片创作的参赛要求和评审标准主要包括以下几点：

第一，作品的主题和内容：围绕竞赛委员会规定的“生活谐趣类”、“校园短剧类”、“风土名胜类”和“纪录公益类”四个类别进行，可任选其一。

第二，DV 作品必须用数码摄像机进行拍摄，利用非线性编辑软件进行影片剪辑，可以运用动画等手段对作品进行一定的修饰。

第三，参评作品必须为原创，且未经发表，题材不限，时长不超过 10 分钟。

第四，参评作品以. vcd、. dvd、. rm、. rmvb 或. mpeg 格式上交均可。

第五，参评作品分为小学组、初中组和高中组。每位参评选手只能提交 1 件作品。

第六，参评作品以光盘形式提交，1 件作品提交 1 张光盘，要求递交的光盘无病毒。在提交作品的同时还需提交一个作品创作演示文稿(仔细说明设计思想、制作过程、参赛心得及使用软硬件工具等内容)，作品和演示文稿均为赛项非常重要的评分项目。要了解以上资料可登录 NOC 官方网站 http://www. noc. net. cn/d/file。

(3) 全国多媒体教育软件大奖赛活动(以第十三届全国多媒体教育软件大奖赛为例)

① 参赛人员范围：各级各类学校以及有关部委、行业所属教育培训机构的教师、教育技术工作者。

② 项目设置。第十三届全国多媒体教育软件大奖赛(简称大奖赛)根据不同学校、不同学段教育教学要求和特点，按照基础教育、中等职业教育、高等教育分组(根据作品第一作者所在单位划分)设置参赛项目。

基础教育组：多媒体课件、信息技术与学科教学整合课例、ScienceWord 优秀教案设计、学科主题社区。

中等职业教育组：多媒体课件、网络课程、ScienceWord 优秀教案设计。

高等教育组：多媒体课件、网络课程、ScienceWord 优秀教案设计。

③ 项目说明及要求。

A. 多媒体课件。多媒体课件是指基于多媒体技术和网络技术，将图、文、声、像等多种表现方式有机结合，表达和传递教学内容，辅助教师与学生的教与学，以完成特定教学任务的教学软件。多媒体课件可以针对某些知识点，也可以是一课时或一个教学单元内容。单纯的教学媒体资源不属于课件范畴。

制作要求：视频、声音、动画等素材提倡采用常用文件格式；运行环境不低于 Windows2000 操作系统。

B. 信息技术与学科教学整合课例。信息技术与学科教学整合课例是指教师在学科教学中应用信息技术，把信息技术作为内容、方法与手段融合在学科教学过程中，努力培养学生的创新精神和实践能力,促进教学过程整体优化的课例。包括课堂教学实况录像和教学设计两方面内容。

制作要求:参赛作品须同时提供教学设计与课例实况录像。报送的课例应是根据教学设计所完成的课堂实录,主要教学环节应有字幕提示。课例视频质量应不低于MPEG-2格式的标准,图像压缩分辨率为720×576,并保存为.wmv格式的文件。

C. 网络课程。网络课程是指通过网络表现的某门学科的教学内容及实施教学活动的总和。参评作品应能发挥网络资源共享、互动交流等特性,帮助使用者进行自主探究、答疑讨论、协作学习等教学活动的设计与实施,并能够对教学过程与教学效果进行跟踪、评价与管理。

制作要求:应把教学内容以多媒体形式较好地表现在网页上,即对教案中的文本、动画、图表、视音频等做合理的设计和布局;应满足在因特网上实时运行的基本条件,如:安全、稳定和快捷等。

④ 评比指标。

多媒体课件的评比标准如表15-1所示。

表15-1 多媒体课件的评比标准

评比指标	分值	评比要素
教学设计	30	教学目标、对象明确,教学策略得当 界面设计合理,风格统一,有必要的交互 有清晰的文字介绍和帮助文档
内容呈现	25	内容丰富、科学,表述准确,术语规范 选材适当,表现方式合理 语言简洁、生动,文字规范 素材(文本、音视频、动画等)选用恰当,结构合理
技术运用	25	程序运行稳定,操作方式简便、快捷 导航方便合理,路径可选 新技术运用有效
创新与实用	20	立意新颖,具有想象力和个性表现力 能够运用于实际教学中,有推广价值

信息技术与学科教学整合课例的评比标准如表15-2所示。

表15-2 信息技术与学科教学整合课例的评比标准

评比指标	分值	评比要素
教学目标	15	体现新课标的理念 学科教学目标明确 可提高学生的信息技能和素养
教学设计	25	教学情境符合教学目标和对象的要求 注重学科特点,将信息技术与学科教学整合 适当采用符合教学要求的学习模式

续表

评比指标	分值	评比要素
教学行为	25	面向全体学生,关注个性差异 能利用信息技术的功能优势调控教学活动 围绕学科教学,促进学生学习能力发展
教学效果	25	学科教学和信息素养目标达成度高 学生思维活跃、积极参与,创新精神和实践能力培养得到充分体现
教学反思	10	有及时的反馈和课后反思

网络课程的评比标准如表 15-3 所示。

表 15-3　网络课程的评比标准

评比指标	分值	评比要素
教学设计	30	教学目标明确,内容选材适当 教学策略合理,教学媒体选用恰当 界面设计合理,风格统一,有必要的交互 提供练习,具有学习评价与反馈功能 教学过程完整
课程内容	25	内容科学、表述准确、术语规范 课程内容体系完整 教学资源内容丰富,呈现结构合理
技术运用	25	教学管理功能方便、实用 具备良好的师生、生生交互环境 媒体(视音频、动画等)播放可控 过程可控,导航清晰、明确
创新与实用	20	立意新颖,具有一定的想象力和个性表现力 运用于实际教学中,具有推广性

学科主题社区的评比标准如表 15-4 所示。

表 15-4　学科主题社区的评比标准

评比指标	分值	评比要素
教学设计	30	社区主题明确、适用人群明确 功能模块结构安排合理
内容呈现	25	内容科学、表述准确、术语规范 资源内容丰富,呈现结构合理
使用效果	25	学习群体的广泛参与 具有有效的互动和交流
技术应用	20	功能模块方便、实用 媒体(视音频、动画等)播放可控 导航清晰、明确

在NOC全国中小学信息技术创新与实践活动中，也开设了教师竞赛项目。教师竞赛项目包括：教学实践评优、优秀课件评选和网络教研团队。发明创新项目包括：信息技术发明创新，智能机器人创新设计，教具、学具和教学仪器创新设计。要了解教师竞赛项目的情况，可以登录NOC官方网站 http://www.noc.net.cn/d/file。

3. 把握学生作品的特点指导学生进行创作

全国中小学生电脑制作活动和全国中小学信息技术创新与实践活动，尽管竞赛的项目、内容、竞赛办法、评定标准不尽相同，但是主题和目的都是相同的。这就是：以实践、探索和创新为主题，通过竞赛活动激发学生的创新精神，培养学生的实践能力，提高学生的信息技能和素养，全面促进素质教育。要实现这样的目标，竞赛活动的组织者必须突出活动的主题和信息技术特征，从以下几个方面加强对学生创作与实践活动的指导：

(1) 把握导向性，突出作品的教育性特征，指导学生进行创作的选题设计

全国中小学生电脑制作活动是由国家各级教育行政部门（教育部基础教育一司、二司；各地教育厅、教委、教育局；教育部关心下一代工作委员会）和相关事业单位及协会（中央电化教育馆、中国发明协会、中国教育电视协会）组织、指导的活动。这一活动从一开始，就具有不同于社会团体或专业机构所举办的类似活动的特性。这就是：必须依据国家的教育方针，体现国家对于教育的基本要求，突出国家教育行政部门组织这一活动的导向性——主题积极、健康、鲜明，能够引导中小学生树立正确的人生观、科学观，促进中小学生良好思想品德和科学精神、态度与方法的形成的基本特征。

为此，全国中小学生电脑制作活动确定了“探索与创新”这个主题，即：结合中小学生的学习生活实际与其他实践活动，培养学生运用数字化信息技术“发现、思考、分析、解决问题”的能力，以促进学生的全面和可持续发展。

“探索与创新”是一个涉及内容很多、涉及范围很广的主题，在指导学生创作时，我们所要做的第一件事，就是在牢牢把握住主导性、突出这个活动的教育性特征的基础上，将这个主题具体化，使之可以把握、操作、实现。

可以从以下六个方面把握主导性、突出这个活动的教育性特征。

第一，体现学生树立科学发展观、关注社会和自然和谐发展的意识、过程和见解。科学发展观的本质是以人为本，遵循事物发展的客观规律，推进人类社会的进步与发展。在中小学生电脑制作活动中体现科学发展观，实际上就是要通过中小学生的作品，反映他们对科学发展观的认识。

第二，体现学生开展合作学习、研究性学习的过程与成果。“学会合作”是联合国教科文组织提出的教育必须教会学生学会生存中的重要目标；研究性学习则是新课程改革标准中，培养学生实践能力和创新意识的重要内容和主要组成部分。在中小学生电脑制作活动中，我们必须引导学生通过自己的作品，反映自己开展合作学习和研究性学习的过程与成果。

第三，体现学生学习、掌握知识与技能的过程与成果。在中小学生电脑制作活动中，有些人认为学生创作的作品很难体现学生学习、掌握、运用知识与技能的过程与成果，这是不对的。在我国的基础教育中，中小学生的主要学习主要是对知识与技能的学习，如果在中小学生电脑制作活动中忽略了这一部分选题，就等于忽视了中小学生的主要学习

实践活动。实际上，在中小学生的电脑作品创作中，体现中小学生学习、掌握、运用知识与技能的创作，仍然是重要的组成部分，需要指导学生加强这类主题的创作。

第四，培养学生脚踏实地从小事、实事做起的思想和作风。一说到主题，很多人想到的马上是重大主题，所以以往每一届创作活动都能够看到重大选题扎堆的现象，例如：环境保护、可持续发展、神五飞天、改革开放三十年、冰雪灾难、汶川地震、北京奥运、庆祝建国六十周年……。这个现象一方面说明我们的中小学师生对国家大事、世界大事的关心，这是必须充分肯定的。但是，从另外一个方面也可以看到：我们的一些师生创作思路狭窄，忽视脚踏实地，忽视小事、实事。这种倾向是不利于中小学生健康成长的，因此也是不可取的。

第五，培养学生善于从身边的凡人琐事中发现闪光点的思维方式和观察方法。在中小学生的现实生活中有许多很感人的人和事。尽管这些人或事或许都是凡人琐事，但是也会有闪光的那一点。我们要引导学生发现、挖掘和展现这些闪光点。

第六，培养学生与社会和谐、友好共处和关爱他人的道德修养。随着社会的发展和人们物质生活条件的不断改善，中国的家庭发生了一个由以长辈为中心向以晚辈（特别是小孩子）为中心的潜移默化的变化。在家庭中，更多的是长辈们对孩子的关怀与疼爱，缺少的是晚辈们对长辈们的尊重、关心与照顾。在社会上，缺失的是人们之间的和谐、友好相处和对他人的关心与帮助。我们必须引导中小学生学会关心祖国、关心父母、关心自己、关心周围的人、关心身边的一切。

指导中小学生进行电脑作品创作，遇到的第一个问题就是确定主题问题。上面所讲的六个方面的主题，可以归纳为两点：第一点是积极健康；第二点是从身边的小事做起。

(2) 把握实践性，突出作品的主体性特征，体现学生创作中的地位和作用

中小学生电脑创作活动的主题是探索与创新。在创作活动中，探索与创新的主体是中小学生本人。因此，中小学生创作的电脑作品，无论是选题、内容，还是过程、结论与结果，都应充分体现作者（们）本人的直接实践与探索。这种实践与探索过程，实际就是发现问题、提出问题、研究问题和解决问题的过程。我们必须在把握作品创作过程的实践性、突出作品创作的主体性特征方面加强指导。

中小学生电脑制作活动中的实践性是指：参赛作者所创作的电脑作品，必须是作者本人根据自己在学习与生活实践中所遇到的问题提出的，由作者本人实践、探索、研究后形成初步认识与结论的，并由作者本人利用信息技术工具创作，能够充分体现活动中小学生本人的主体参与性的特征。

随着课程改革、信息技术教育的深入发展和中小学电脑制作活动的十年推进，中小学生电脑作品的设计与制作，已迅速地由以利用信息技术收集、整合资源为主，向利用信息技术和资源来学习并形成自己的观点方向发展。

全国中小学生电脑制作活动和信息技术创新与实践活动确定的"探索与创新"这个主题，要求中小学生电脑制作活动的开展过程必须结合中小学生的学习生活实际与其他实践活动，培养学生运用数字化信息技术"发现、思考、分析、解决问题"的能力，以促进学生的全面和可持续发展的过程。我们一定要牢记：探索与创新的主体是学生；探索与创新的载体是学生的实践活动。

在坚持中小学生电脑制作活动教育导向性的基础上，应当从学生的学习、生活与社会实践几个方面入手，来体现作品的主体性特征。

第一，突出学习实践，体现作者学习实践的过程与认识。有一个中国高中女学生，参加了与美国加州一所中学的交流学习活动，到加州住在一个美国同学的家里，与这个美国同学同班学习、生活了一个月后，发现中美在教育方面无论理念、方法、评价都有很大的不同，便产生了"究竟是美国的月亮更圆还是中国的月亮更亮"的对中美教育的对比思考。这个女生不仅将这些思考写成了洋洋万言的论文，而且依此创作了动画作品。在这个作品中，她利用动画反映了自己的思索与困惑，形成了自己的初步认识，认为东西方的教育各有所长，既需要互补，也都需要改革。这个动画除了存在着动画语言表现力不够强的缺憾之外，无论是从选题还是从内容方面看，都是主体性、思考性很突出的好作品。

第二，突出生活实践，体现作者亲身的生活经历与认识。在学习与生活中遇到各种心理障碍、拥有一部手机、吃一顿肯德基、在学校讲普通话回家讲方言、每天都会见到留守儿童……对于中小学生而言，都是司空见惯的事情，很容易被忽视。指导教师的指导作用就在于，引导学生从这些自己已经司空见惯了的生活实践中，发现问题、研究问题、解决问题。

第三，突出社会实践，体现作者对社会发展、变化的观察与思考。社会的人是生活在社会之中的，中小学生也不例外。社会中的一些现象、变化，也必然会反映到中小学生的头脑里、言行中，形成他们对社会现象的看法。我们应当在坚持正确的政治导向的基础上，引导学生在自己的作品中展现这种变化、参与这种变化、促进这种变化。

中小学生电脑新作品创作过程中的主体性特征，是通过作者创作实践体现来的。这种主体性特征不仅体现于作者创作中的资料收集、调查研究、创作作品等实践过程之中，更体现在作者对选题的论证过程与观点、结论、结果的形成过程。要鼓励学生的独立思考，鼓励学生的自主实践，在学生确定的选题的基础上，教师的指导作用在于帮助他们挖掘提炼主题，更好地展现主题，万万不可越俎代庖。

(3) 把握创新性，突出作品的创造性特征，指导学生进行创作的创新设计

中小学生电脑作品的创新性，是通过选题与内容的创意、表现手法和技术应用的创新来实现的。要想使学生的作品具有创新性，必须把握创意的特点，善于从生活与知识的积累中挖掘新意；必须深入观察生活、认真分析、深入钻研知识，善于对生活和知识展开想象；必须善于抓住生活中一现即逝的灵感，千万不要让灵感从我们的脑子里滑过、从学生的手心中溜掉。

指导教师的重要作用，就是要帮助学生在自己的作品中，通过选题与内容的创意、表现手法和技术应用的创新来体现这种创新性。

第一，把握创意的特征增强作品的创新性。创意就是"创新性的见解和意境"。对于中小学生电脑作品创作活动，创意更多的是指在原有认识的基础上，对原有认识的进一步挖掘和深化，或者是在某种认识的基础上，产生新的认识和见解。

例如：动画"条形码"就通过对枯燥、造型单一的条形码的变形，将条形码与生活中的许多事物生动、形象、直观地联系起来，诠释了想象无穷、创造无穷的道理。

同样的事物，不同的人有不同的理解与看法。突破常规的认识和见解，创造出新的

意境、表达出独到的见解，就是创意。

第二，创意源于生活与知识的积累。创意不是空穴来风，是以一定的生活经验与知识的积累为基础的。在中小学生电脑作品创作活动中，指导教师的一个重要作用就在于引导学生从自身的生活、学习经历中，发现具有新的内涵的选题，并抓住这个选题深入挖掘，创造出具有创新价值的优秀作品。

第三，创意的灵感源于对生活的敏锐观察、思考、联想。有了丰富的生活经验和知识的积累，只是奠定了创意的基础，并不意味着就能形成好的创意。一个好的创意是在对生活的敏锐观察、思考、联想后形成的。

有一幅小学生创作的电脑绘画"大脚印小脚印"，画面上是爸爸妈妈领着一个小朋友过马路，马路上留下了几行脚印。其中的大脚印，直行穿过马路；小脚印是绕到人行横道上，从斑马线上走过马路。这幅作品尽管看起来很幼稚，却不仅在明确、直观地表现了"过马路要走人行横道"这个主题的时候，还毫不隐讳地表达出"爸爸妈妈要给孩子作表率"的主题，这恰恰是这个作品新的创意之所在。

第四，在平凡生活中捕捉灵感，在司空见惯中寻求新意。在艺术创作中，创意是创新思维的核心要素。与创造性思维一样，创意也具有"顿悟性"——在你毫无准备的情况下刹那间突然出现，又在你毫无准备的情况下瞬间忽然消失，这就是灵感。要使我们的作品具有创新性，就必须善于在平凡的生活中捕捉灵感，在司空见惯中寻求创意。

我们是生活在平凡的生活之中的，中小学生所遇到的多是司空见惯的事物。在这些司空见惯的事物中，总会有一些闪光的元素一闪而过。这种一闪而过的元素——对这些一闪而过的现象的感觉、认识或思想，就是灵感。要想使我们的作品具有创新性，就必须善于捕捉这种灵感。如果捕捉不住，灵感就会一现即逝。

对于中小学生的电脑作品创作，我们并不是一概地反对模仿。但是，我们应当很清楚，模仿只是一种学习方法和学习过程。模仿的目的是学习，是为了使我们从别人的作品中得到启发、引起联想、激发自己创作的灵感。

灵感随时都会在平凡的生活中、在司空见惯的事物中产生，关键是看我们能不能抓住灵感，使这个一现即逝的灵感变成构思、变成画面、变成作品。

(4) 把握项目特征，突出作品的技术性和艺术性，指导学生进行作品创作

在中小学生电脑作品的创作过程中，教育性讲的是主题和选题的问题，实践性讲的是主体地位和作用的问题，创新性讲的是创新意识与创造能力的问题。从作品载体形态的角度看，对这些问题的思考都体现在作品的构思、设计过程之中。要想使自己的作品教育性、实践性、创新性的特性更加突出，只有根据不同竞赛项目的特点，充分调动信息技术的技术手段和艺术表现力，才可能创造出教育性、实践性、创新性、艺术性皆优的佳品。

例如：中小学生电脑作品创作活动所规定的电脑绘画、平面艺术设计、电脑动画、电子报刊、网页、程序设计等六种类型的竞赛项目，每一个项目的特点都很突出，在指导学生创作的时候，一定要使学生学会根据不同项目的技术特点来进行创作。对于各个项目的技术要求，我们已有详细介绍，在此就不加赘述了，只就艺术性略加提示。

电脑绘画：优秀的电脑绘画作品，必须是主题鲜明、巧妙构思、电脑技术和绘画艺术

的完美结合。

电脑艺术设计：电脑艺术设计与电脑绘画最大的区别就是：电脑艺术设计在具备电脑绘画所有特性的基础上，更强调实际应用价值。也就是说，绘画主要表达的是作者的一种认识、一种理念、一种情绪或情感。而艺术设计强调的是将这种认识、理念和情感，转化为产品的商标和标识、企业的形象标志、书籍的装潢、景观和工业产品的设计等，人们根据这些设计，可以制造出产品。

在这个项目的实施过程中，人们曾走过一些弯路，将与电脑绘画相近的广告招贴画、室内装置设计也列入其中，这是一定要注意避免的。因为，这不符合这个创作项目设计的初衷，也违背了现在的规定。

电脑动画：电脑动画是文学创作艺术、计算机技术、绘画艺术及视听觉艺术的完美结合。但是，究竟什么是电脑动画的本质特征。用一句通俗的话讲，就是要使画面内容动起来，用丰富的、活动的画面语言来表现主题。

电子报刊：电子报刊是数字化的报刊，除了应具备纸质报刊的所有特点和制作精美之外，还必须具备利用计算机设计与制作、具备数字媒体的一般特点（例如多媒体和超链接特点）、报刊的基本要素要齐全。

网页：网页的开放性、交互性、共享性特征，是通过其独特的结构方式来实现的。这种结构方式就是非线性的超文本方式。

任何一个网页都是由信息节点（构成网页的基本信息单位），信息链（将同类信息归纳为上一层次信息的链条），信息网（由若干个不同层级的信息节点集合而成的、承载一个完整教学内容的知识系统）三个要素构成的。

程序设计：程序设计是中小学生电脑作品创作活动中技术含量最高、设计与制作难度最大的项目，能够参加这个项目创作的都是计算机方面的"高手"。要想在高手如云的程序创作活动中取得优秀成绩，最重要的是选题的实用性、可实现性和应用的友好性。

（三）项目实施

1. 全国中小学生电脑制作大赛的组织与实施

（1）制订活动方案

分析研究当年活动指南，明确活动涉及人员，作品分类、要求，评价标准，制定适合本校或地方的活动方案。

（2）选拔学生参加比赛

对于"评述类项目"，可以从两个方面考虑：第一，学生的美术功底。电脑绘画、电脑动画、电脑艺术设计、电子报刊和网页制作都需要学生具备良好的美术功底。技术可以学习，但是学生审美、排版、设计的能力不是一朝一夕可以学习的，具有一定美术素养的学生的作品更具有观赏性和艺术美感，也更容易取得评委的认可。第二，学生的电脑水平。比赛项目涉及很多软件的使用，比如金山画王、画图、Flash、Word、PowerPoint、Photoshop、Dreamweaver、Frontpage 等，还需要上网查找资料，如果学生的电脑水平较差，参赛比较吃力，即使有创意却没有能力运用适当的软件表现出来。

对于“竞赛类项目”，可以选拔对此比较爱好，且有一定编程能力的学生参加。

(3) 从选题方面指导学生

一件优秀的作品不仅要主题明确、内容健康，还要求内容切合学生的学习和生活实际，所以选题很重要。选题可以从以下几个方面考虑：

第一，以生活中的小事为题材。

第二，以当前社会热点为题材。

第三，以环境保护为题材。

第四，反映青少年成长历程和心声。

第五，以亲情为主题。

第六，以构建和谐社会、社会主义新农村建设为主题。

第七，以科学幻想为主题。

第八，以失学儿童、留守儿童、外来务工人员子女、独生子女教育问题、九年义务教育为主题。

第九，以弘扬传统文化、展示民族风情、保护非物质文化遗产为主题。

第十，以社会综合实践活动、节约为主题。

电脑作品创作还有很多题材可选，在此不再一一列举。只要牢牢抓住活动的主题——探索与创新，明确表达主题，内容健康、科学、完整即可。

(4) 进行技术培训

从中小学生电脑应用实际水平和历届活动规定的工具软件两个方面，对学生进行技术培训。

(5) 组织作品评审和上报

① 中小学生电脑制作活动评比。中小学生电脑制作活动作品评比指标主要包括：思想性、科学性、规范性、创造性、艺术性和技术性。因此参赛者在设计作品时应从这几方面着手。

② 全国中小学信息技术创新与实践(NOC)活动的评选标准。

漫画评审标准如表 15-5 所示。

表 15-5　漫画评审标准

项目	内容	分值
单幅漫画	选题创意	20
	画面造型	30
	画面艺术表现	50
四格漫画、故事漫画	脚本故事	25
	形象设计	25
	画面连续效果	25
	画面艺术效果	25

动画评审标准如表 15-6 所示。

表 15-6 动画评审标准

内　容	分值
技巧表现	25
画面效果	25
声音效果	25
剧情展现	25

DV 短片评审标准如表 15-7 所示。

表 15-7 DV 短片评审标准

项目	内容	分值
选题（20 分）	主题健康、向上，揭示真善美；能体现作者正确的道德观和公德观	10
	能充分表明作者的思想和创作目的，切合中小学生的思想水平和创作能力	5
	关注学校生活或社会现实，体现作者的社会良知和责任感	5
剧本编排（20 分）	逻辑清晰，情节紧凑，主体形象鲜明	10
	主题表达形式新颖、得体；构思、创意独特，富有想象力和个性表现力	10
拍摄（20 分）	画面清晰、主体突出；构图合理；光线、色彩处理得当	10
	镜头运用有一定艺术表现力；能够根据主题表达来确定拍摄风格和手法	10
剪辑（30 分）	能够良好地运用影像语言，符合电影（电视）的叙事规律，合理剪辑，节奏感良好	20
	综合运用后期制作技术，并能完整表达作品的主题；包装朴实、得体	10
声音（10 分）	同期声采集、灌录符合基本技术要求，清晰、干净、不失真；剪接点准确	5
	同期声、效果声以及音乐的运用搭配得当、有创意	5

主题网站（页）评审标准如表 15-8 所示。

表 15-8 主题网站（页）评审标准

评价项目	评价内容		权重
思想性	内容能准确、科学、完整地表达主题思想	5	10
	内容符合作者的认知水平，表现出作者对主题内容的感悟、体会及动手实践的成果，负责任地使用信息技术	5	
探究性	围绕主题，主动发现、提出和解决问题，自主探求结论，体现作者收集、分析和利用信息的能力	10	25
	展示团队分享、合作与社会实践的学习过程，获得亲身参与研究探索的体验	15	
技术性	选用的制作工具和技巧恰当，技术运用合理	15	30
	人机交互方便，结构清晰，导航和链接准确	15	

续表

评价项目	评价内容		权重
美观性	具有一定的审美能力和表现能力	5	10
	界面美观、布局合理、图文并茂、色彩运用恰当	5	
创新性	主题表达形式新颖，构思独特、巧妙；内容具有想象力和个性表现力	10	25
	素材及加工方式具有原创性，网页设计有创意	15	
团队展示	演示文稿能完整反映出团队探究过程和网页制作过程的集体合作学习	＋10	＋10

(6) 活动总结

对本次活动进行反思和总结，形成书面文字，为下次组织开展活动积累经验和教训。

2. 全国教师多媒体大赛和中小学信息技术创新与实践活动教师赛项的组织与实施

全国教师多媒体大赛和中小学信息技术创新与实践活动教师赛项的组织与实施，与中小学师生电脑创作活动的组织与实施要求基本相同。

(1) 制订活动方案

分析研究当年活动指南，明确活动涉及人员，作品分类、要求，评价标准，制订适合本校或地方的活动方案。

(2) 协助学科教师创作作品

从选题、设计、技术指导等方面协助学科教师制作多媒体课件，设计网络课程，参与信息技术与学科教学整合活动，设计教案等。

(3) 上报作品

多媒体课件要求以光盘形式报送，应易于安装、运行和卸载；网页形式作品可用通用Web浏览器浏览。如需非常用软件运行或播放，应同时提供该软件。

信息技术与学科教学整合课例要求以光盘形式提交教学设计和课例等，一式两份。包括课堂教学实况录像和教学设计两方面内容，建议将课后反思及教学课件等内容一并报送。

网络课程不接收光盘形式报送，要求在参赛作品登记表中注明课程网址，以及必要的用户名和密码等登陆说明。

学科主题社区要求在参赛作品登记表中提交社区网址以及必要的用户使用说明，并推荐10篇社区中的优秀文章及回帖的网址。在网站首页上要显示注册数、文章数、回帖数和留言数。

(4) 活动总结

对本次活动进行反思和总结，形成书面文字，为下次组织开展活动积累经验和教训。

（四）参考案例

案例展示

高中组电脑艺术平面设计“还我容颜”

1. 创作思想

2005年全国共发生道路交通事故450254起，造成98738人死亡、469911人受伤，直接财产损失18.8亿元。这惊心触目的数字，让我们意识到交通安全的重要性。从公安交管部门统计的数字表明，道路交通事故的80%还是人们不遵守交通规则所致。在这种情况下，作者希望借助这幅招贴作品，展现交通事故危害的同时呼吁人们应该遵守交通规则，做文明行路人。

2. 专家点评

高中组电脑艺术平面设计“还我容颜”如图15-1所示。强有力的视觉冲击、黑色基调上折断的双黄线和暗红色的血迹给人们展现了交通事故后果的简练形象。视觉要素的选择具有典型性和象征性，让人一目了然，警示作用明显。

图15-1 还我容颜

值得一提的是，作品选择元素不多，但艺术细节处理十分到位。无论是折断的黄色交通线的破口、血迹的明暗层次呈现的主体空间和黑色背景上那歪斜渐渐消失的刹车轮胎印记都给人以一种强烈的现场感，能充分引起人们的共鸣，在平面设计元素构成上显示出作者较强的艺术功底。（http://dmtzp.pyedu.cn/06dmtzp/gaozhong/picture/file_02/file_intro.html 提取时间2009-10-9。）

五、项目成果展示与交流

根据活动方案，组织评委对作品进行评审，并在一定范围内展示作品。

六、推荐资源

[1] 中央电化教育馆网站. http://www.ncet.edu.cn/.

[2] 全国中小学电脑制作活动官方网站. http://www.ncet.edu.cn/computer/index.html.

[3] 全国多媒体教育软件大奖赛官方网站. http://www.mtsa1998.com.cn/.

[4] 全国中小学信息技术创新与实践活动官方网站. http://my.noc.net.cn/index.html.

[5] 全国中小学电脑制作活动介绍. http://www.huodong2000.com.cn/about_01.html.

[6] 全国中小学信息技术创新与实践活动介绍. http://my.noc.net.cn/about/.

[7] 全国多媒体教育软件大奖赛介绍. http://www.mtsa1998.com.cn/news/20091011/n3010102.html.

[8] 全国中小学电脑制作大赛作品集(第七、八、九共三届). http://dmtzp.pyedu.cn/.

[9] http://www.huodong2000.com.cn/.

[10] 中央电化教育馆电化教育音像出版社出版发行《全国多媒体教育软件大奖赛获奖作品集锦》。

[11] 人民教育电子音像出版社、清华大学出版社、中央电化教育馆电化教育音像出版社出版发行《全国中小学电脑制作活动优秀作品集锦》。

项目 16　中小学生信息学奥赛的组织与实施

全国青少年信息学奥林匹克竞赛(简称 NOI)是由中国计算机学会主办的一项面向全国青少年的信息学竞赛和普及活动。NOI 系列活动包括：全国青少年信息学奥林匹克竞赛和全国青少年信息学奥林匹克网上同步赛、全国青少年信息学奥林匹克联赛、冬令营、选拔赛和出国参加国际信息学奥林匹克竞赛(简称 IOI)。本项目以全国青少年信息学奥林匹克联赛为例来讲如何帮助中小学信息技术教师组织培训学生参加信息学奥林匹克竞赛(以下简称信息学奥赛)。

一、学习目标

(一) 了解活动：了解信息学奥赛的系列活动，掌握不同活动的目的及意义。

(二) 组织活动：能够组织学生参加地方和全国青少年信息学奥赛。能够正确分析考试要点、选拔参赛选手并且进行高效的赛前辅导，组织学生参加竞赛，后期评审和上报作品。

二、环境与条件

（一）硬件环境：培训过程中所需的多媒体演示系统及学生技能训练的机房。

（二）软件环境：网络竞赛所需的相关硬件平台和程序编写、运行、测试环境。

三、项目的任务

（一）制订活动方案：根据全国青少年信息学奥赛活动指南和大纲，制订活动方案。

（二）组织竞赛活动：选拔学生，对学生进行赛前辅导，组织学生参与比赛；后期评审和上报作品。

（三）总结、评价竞赛活动：活动结束后，对活动展开过程和效果进行反思、评价和总结。

四、实践过程

（一）知识准备

要组织学生参加信息学奥赛的学习和竞赛，指导教师需要首先了解信息学奥赛的系列活动的内容，了解各个活动的指南等基本知识，具备了这些知识，组织学生开展活动时才会有明确的方向。

1. 了解全国青少年信息学奥林匹克竞赛系列活动的基本情况

（1）主办单位

全国青少年信息学奥林匹克竞赛（NOI）是由中国计算机学会主办的一项面向全国青少年的信息学竞赛和普及活动，也是与联合国教科文组织提倡的国际信息学奥林匹克竞赛同步进行的一项竞赛活动。

（2）活动的宗旨

本活动旨在向那些在中学阶段学习的青少年普及计算机科学知识；给学校的信息技术教育课程提供动力和新的思路；给有才华的学生提供相互交流和学习的机会；通过竞赛和相关活动培养和选拔优秀的计算机人才。

（3）活动的背景

1984 年邓小平指出："计算机的普及要从娃娃做起。"教育部中国科协委托中国计算机学会举办了全国青少年计算机程序设计竞赛，1984 年参加竞赛的有 8000 多人。这一新的活动形式受到党和政府的关怀，得到社会各界的关注与支持。中央领导王震同志出席了首届竞赛颁奖大会，并对此项活动培养和发现了大批计算机爱好者，选拔出了许多优秀的计算机后备人才给予了肯定。当年的许多选手现已成为计算机硕士、博士，有的已经走上计算机科研岗位。

为了在更高层次上推动计算机知识的普及，培养更多的计算机技术优秀人才。竞赛及相关活动遵循开放性原则，任何有条件和兴趣的学校及个人，都可以在业余时间自愿参加。

（4）活动的项目与内容

① NOI。全国青少年信息学奥林匹克竞赛（NOI）是国内包括港澳在内的省级代表

队最高水平的大赛。从1984年至今，在国内包括香港、澳门，已组织了27次竞赛活动，每年经各省选拔产生5名选手(其中1名是女选手)，由中国计算机学会在计算机普及较好的城市组织进行比赛。这一竞赛记个人成绩，同时记团体总分。

在NOI期间，同时举办夏令营和NOI网上竞赛，给那些程序设计爱好者和高手提供机会。为增加竞赛的竞争性、对抗性、趣味性以及可视化，NOI组织进行团体对抗赛，团体对抗赛实质是程序对抗赛，其成绩纳入总分计算。

② NOIP。全国青少年信息学奥林匹克联赛(简称NOIP)自1995年至今已举办16次。联赛分初赛和复赛两个阶段。初赛考察通用和实用的计算机科学知识，以笔试为主;复赛为程序设计，须在计算机上调试完成。参加初赛者须达到一定分数线后才有资格参加复赛，联赛分普及组和提高组两个组别，难度不同，分别面向初中和高中阶段的学生。获得提高组复赛一等奖的选手即可免试由大学直接录取。

③ 冬令营。全国青少年信息学奥林匹克竞赛冬令营(简称冬令营)自1995年已举办16次。每年在寒假期间开展为期一周的培训活动。冬令营共8天，包括授课、讲座、讨论、测试等。参加冬令营的营员分正式营员和非正式营员。获得NOI前20名的选手和指导教师为正式营员，非正式营员限量自愿报名参加。在冬令营授课的是著名大学的资深教授及已获得国际金牌学生的指导教师。

④ APIO。亚洲与太平洋地区信息学奥赛(简称APIO)在2007年创建，为区域性的网上准同步赛，是亚洲和太平洋地区每年一次的国际性赛事，旨在给青少年提供更多的赛事机会，推动亚太地区信息学奥林匹克的发展。APIO每年5月举行，由不同的国家轮流主办。每个参赛团的参赛选手上限为100名，其中成绩排在前6名的选手作为代表该参赛团的正式选手统计成绩。APIO中国赛区由中国计算机学会(简称CCF)组织参赛，获奖比例将参照IOI。

⑤ IOI。国际信息学奥林匹克竞赛(简称IOI)。中国是IOI创始国之一，每年由中国计算机学会组织代表队，代表中国参加每年一次的IOI。自1989年至今已参加22次IOI。中国已成为世界公认的信息学奥林匹克竞赛强国，参赛选手、领队、教练曾受到党和国家领导人及著名科学家的亲切接见并得到赞扬。[①]

2. 全国青少年信息学奥林匹克联赛(NOIP)

全国青少年信息学奥林匹克联赛是由中国科协主管、中国计算机学会主办、以省为赛区单位组织实施的全国性竞赛，是NOI系列活动的重要组成部分。

(1) 竞赛组别

竞赛分普及组和提高组两个组别，分别进行初赛和复赛两轮比赛。

(2) 参赛对象

凡初、高中阶段的学生和同等年龄段中等专业学校非计算机专业的在校学生均可以报名参加。

(3) 大纲与命题

联赛大纲由中国计算机学会NOI科学委员会制订并颁布。命题采取开放形式，任何

---

① 要了解以上详细内容可登录活动网站：http://www.noi.cn/about-noi/1-introduction/49-2009-09-24-15-55-28

一名对此赛事有兴趣者均可提供候选赛题。最终竞赛题目由中国计算机学会 NOI 科学委员会确定。

(4) 组织形式

由中国计算机协会统一大纲、统一命题、统一制卷、统一评分标准、统一竞赛时间、统一评测。

(5) 竞赛形式和时间

初赛采取笔试形式,主要测试选手有关计算机方面的基本知识,每年 10 月份的第三个周六下午 2:30—4:30 在各赛区进行。

复赛采取上机编程形式,主要测试选手算法设计编程能力,每年 11 月份的第三个周六在各赛区进行。提高组于上午 8:30—11:30 进行,普及组于下午 1:30—4:30 进行。

(6) 报名比赛及参赛资格

有意参赛的学生到各省指定的地点报名,确认后参加。报名工作由各赛区特派员负责实施。报名截止日期:当年的 9 月 20 日。

① 初赛。报名参赛的选手填写好报名表。各赛区特派员将按普及组和提高组(分语言)分别统计出报名人数,于当年的 9 月 20 日前用电子邮件或信函的方式将《NOIP 报名表》、《NOIP 试卷数量申请表》上报中国计算机学会。

② 复赛。各赛区根据初赛成绩从高到低依次确定参加复赛的选手,不参加初赛的选手不具有参加复赛的资格。参加复赛的人数为参加初赛人数的 15%,如条件许可,比例可适当增加。特派员应于初赛后 10 天内,按普及组和提高组(分语言)统计出复赛选手和人数,用电子邮件或信函的方式上报中国计算机学会。

(7) 试卷管理

初赛和复赛的试卷由中国计算机学会密封,根据中国科协制定《全国五项学科竞赛条例》中的规定寄送给各赛区管委会的保密员保管。

(8) 复测(追加测试)

各省可采用 NOI 科学委员会提供的自动评测系统进行测试,也可采用自行开发的评测系统测试,但最终测试成绩以中国计算机学会 NOI 科学委员会的复测结果为准。

(9) 成绩认定

分数线由科学委员会和竞赛委员会在复赛结束后两周内划定。

各赛区提高组一等奖的人数按 NOI 条例规定的比例确定。

二等奖由科学委员会根据选手复赛的成绩进行认定,人数比例不超过本赛区复赛人数的 20%,且满足科学委员会给定的最低分数线。

(10) 结果公布

提高组一等奖名单,经审核确认后,报中国科协批准且在中国科协网和中国计算机学会 NOI 网上公布。提高组二等奖,普及组一、二等奖的名单由中国计算机学会在 NOI 网上公布。

(11) 证书发放

提高组一等奖的证书为中国科协五学科统一印制的证书,由中国计算机学会颁发。提高组二等奖,普及组一、二等奖的证书为由中国计算机学会印制的证书,认定后由省赛区颁发。NOIP 一、二等奖证书和联赛的获奖名单由中国计算机学会寄送至省赛区。

(12) 奖励

对报名参加人数最多的前五名的赛区颁发最佳组织奖。

对组织工作好的学校颁发优秀参赛学校奖。

组织参加联赛人数最多的前五名赛区可增加一名选手参加次年的 NOI。[①]

3. 全国青少年信息学奥林匹克竞赛冬令营

NOI 冬令营的参加者由正式营员和非正式营员组成，营员总数约 100 人。正式营员为上届 NOI 获得一等奖的前 20 名选手及其指导教师。正式营员有放弃参加冬令营的权利，但此权利不可转让。非正式营员由各省特派员推荐，主办单位批准。非正式营员的分配要考虑各省的相对平衡。非正式营员自愿参加，但为保证培训效果，其在 NOI 或在 NOIP 中的成绩应满足一定的分数线。

冬令营承办省除已有名额外，可另派 6 名营员。

非正式营员名单上报主办单位后，可在规定的截止日期后 7 日内由报名单位更换一次。

正式营员享有论文演讲的机会和在课堂前排就座的优先权，在其他方面，正式营员和非正式营员待遇相同。

主办单位向所有参加冬令营的营员颁发营员证书。

冬令营共举办 8 天，其中第 1 天为报到日，第 8 天为疏散日，其余 6 天时间为培训和活动日(包括论文交流等项目)。

冬令营活动项目包括：授课、解法讨论、上机实习、论文交流与答辩、测试、社会活动等。

科学委员会委员都有承担授课的义务，具体工作由科学委员会主席分配。所有参加授课的委员须在冬令营开营 15 天前完成授课教材的编写，并提交科学委员会主席，由科学委员会主席在开营 10 天前审定完毕，并提交 NOI 竞赛办公室。除非科学委员会主席特别批准，没有提供教材的委员不能授课。

冬令营教材在开营 8 天前交由承办单位印制，印刷开本、体例和数量由主办单位确定。如果需要，承办单位还应以电子媒体形式出版相关资料向全体营员发放。

承办单位须将活动的组织方案在开营三周前报主办单位，批准后实施。

承办单位的组织方案包括：冬令营期间的食宿安排、设备、教室、教材、接送站、返程订票、开闭营式、联欢活动和社会活动等。

冬令营期间，营员对活动的组织、讲授、教材、服务等方面给予评价，评价意见在冬令营结束时由主办单位回收和统计，作为对主承办单位工作的评价和今后改进工作的依据。[②]

(二) 项目准备

1. 阅读信息学奥利匹克竞赛的通知、指南和考试大纲，明确竞赛试题的范围，明确参赛条件和竞赛规则

首先，登录下列网站了解信息学奥赛的系列活动有哪些，并认真阅读各种比赛活动

---

① 要了解以上详细内容可登录活动网站：http://www.zjxinxixue.com/NewsDetail.asp? newsid=17952

② 要了解以上详细内容可登录活动网站：http://www.zjxinxixue.com/NewsDetail.asp? newsid=17951

的组织指南，了解各项比赛的情况。

全国青少年信息学奥林匹克竞赛网：http://www.noi.cn/。

信息学奥林匹克网：http://202.113.96.10/ini/index.htm。

小学信息奥赛网：http://www.cs159.cn/。

其次，根据信息学奥赛类型，组别（普及组、提高组）以及语言类别进行搜集并认真研读考试大纲和历年试题。

2. 研究、分析参赛学生的特征

信息学的各级比赛对参赛人员的要求是十分具体且严格的。信息学奥赛的报名，必须在分析学生年龄和年级、知识基础等特征之后才能进行。因此，只有将参赛者的特征分析透彻，才能确定好奥赛培训的起点。对学习者的分析，主要是为了获得参赛者的信息，包括：入门技能、对该领域已有的知识、对教学内容和将采用的传递系统的态度、学习动机、学业能力水平、学习风格偏好以及对培训机构的态度等，如表16-1所示。

表16-1　学习者分析表

年龄	
受教育水平	
阅读能力水平	
动机水平	
先决知识	
先决技能	
计算机操作水平	
使用网络条件	
可利用的学习时间	
学习态度	
学习期望	

3. 安装活动实施所需要的软件，排除硬件故障，保证网络畅通

在信息学奥赛场所以及训练机房中安装相应语言的运行与测试环境以保证比赛程序的良好测试。

在某些培训辅导教室还应配备相关的投影设备，畅通的网络环境等，来保证培训教师的授课效果。

（三）项目实施

1. 选择参赛选手

在培训之前，组织一次摸底考试，一方面是为了从中选出一部分优秀的学生进行培训，然后参加信息学奥赛，另一方面也是了解一下学生已具备的知识水平。

2. 赛前辅导

赛前辅导的内容一般包括知识和技能两个方面，知识方面的辅导主要根据考试大纲和历年真题进行全面系统的指导，技能辅导主要使选手尽快地熟悉运行环境并根据不同要求来编写相应的程序。赛前辅导的主要内容有以下几方面：

（1）知识辅导

信息学奥赛划定的范围都很广很宽，但时间又极其有限。对于新选手来说，一般很

难做到善于"补缺拾遗",往往费力多收效微。因此,要及时给予必要的指导培训。必要时请专业人员授课,做好"补缺"工作。辅导要讲究工作艺术,因此需要从以下几个方面做起:

① 激其情,奋其志。在信息学奥赛辅导中,教师对选手学习情况要了如指掌,要经常激励他们的学习情绪和学习意志,使他们始终处于情绪饱满的学习状态之中。

② 质其疑,导其思。在信息学奥赛学习中,获得知识主要靠竞赛选手的思维,辅导教师要善于提出问题,引导竞赛选手思考,使学习效率进一步提高。

③ 传其知,授其法。辅导教师在信息学奥赛辅导过程中,不仅要为选手明确学习方向,还要传授学习方法。这样"磨刀不误砍柴工",可以提高学习的效果,比如记忆的技巧,解题的技巧等。

④ 组其资,传其信。辅导教师要帮助竞赛选手搜集整理信息学奥赛的资料,提供大量的工具书。还要传递信息,让选手随时掌握竞赛信息动态。

⑤ 观其效,总其果。辅导教师对竞赛选手的学习效果必须随时掌握,对学习成果组织交流。

总之,在知识辅导阶段,要使学生基本学习和掌握竞赛划定范围的知识,重点是基本理论和竞赛可能出题的相关内容,对学习和掌握知识的情况要定期以考核的方式进行检验。在对知识的强化训练时,宜组织大题量练习,练习的题目要有很大的覆盖面,保证竞赛选手做过80%以上的相同或类似练习。大题量练习要在出好题上下工夫,要根据正式竞赛出题的特点和要求出题,最好还要整理成册,以备上场前复习。

大题量练习要由单科(或一个单元)练习到综合练习。由比较系统的练习到针对竞赛队薄弱环节的练习,使大题量练习逐步进入更高层次,以适应正式竞赛的需要。

(2) 能力培训

能力培训主要包括:智力训练、心理训练、技术训练三个方面的培训。

① 智力训练。对竞赛选手的智力训练,最重要的是培养敏捷思维和创造性思维能力。信息学奥赛中,大部分题目要在很短的时间内完成,对思维和敏捷性要求是比较高的,敏捷思维需要靠大题量练习来帮助提高。

② 心理训练。优秀的竞赛成绩的取得,除了竞赛队员的知识、智力和战术水平以外,心理素质起着很重要的作用,辅导教师应把心理训练作为培训内容之一。心理训练的基本内容是教会学生适当放松、暗示、调整以控制情绪的兴奋,达到适宜的状态,最为简便有效的方法是适当安排模拟竞赛。

③ 技术训练。奥赛的主要目标是普及并提高学生的上机编程水平,辅导人员可以从技术方面来指导学生。根据设定的目标,针对不同的竞赛组别,分阶段地进行培训,第一阶段是对基本技能的培训;第二阶段通过与项目结合的综合应用培训,分析问题,解决问题;第三阶段是针对专题进行集中训练达到优秀的程度。

3. 组织学生参加竞赛

在培训的基础上,组织学生参加学校的竞赛。在预赛的基础上,组织学生在指定的时间、地点,参加地方性或全国青少年信息学竞赛。

4. 活动总结

信息学奥赛结束后,应总结该次活动过程组织的经验、成绩与教训,例如:组织的方法，采取的措施，获得了哪些成绩，取得了哪些经验，还存在哪些问题，对活动的总体评价和反思，今后的打算等。

（四）参考案例

案例展示

全国青少年信息学奥林匹克联赛(NOIP)

一、竞赛形式和成绩评定

全国青少年信息学奥林匹克联赛(NOIP)分两个等级组：普及组和提高组。每组竞赛分两轮：初试和复试。

（一）初试形式为笔试，侧重考察学生的计算机基础知识和编程的基本能力，并对知识面的广度进行测试。初试为资格测试，获省初试成绩在本赛区前15%的学生进入复赛。

（二）复试形式为上机编程，着重考查学生对问题的分析理解能力，数学抽象能力，编程语言的能力和编程技巧、想象力和创造性等。

（三）比赛中使用的程序设计语言，初赛采用 Pascal 或 C/C++；复赛采用 Pascal 或C/C++。

每年复赛结束后，各省必须在指定时间内将本省一等奖候选人的有关情况、源程序和可执行程序报送科学委员会。经复审和评测后，由中国计算机学会报送中国科协和教育部备案。中国计算机学会对各省获 NOIP 二等奖和三等奖的分数线或比例提出指导性意见，各省可按照成绩确定获奖名单。

二、试题形式

NOIP 的试题分四组：普及组初赛题 A1、普及组复赛题 A2、提高组初赛题 B1 和提高组复赛题 B2。其中，A1 和 B1 类型基本相同，A2 和 B2 类型基本相同，但题目不完全相同，提高组难度高于普及组。

1. 初赛试题

初赛全部为笔试，满分 100 分。试题由选择题、问题求解题、程序阅读理解题、程序完善题四部分组成。

(1) 选择题

选择题共 20 题，每题 1.5 分，共计 30 分。每题有 5 个备选答案，前 10 个题为单选题(即每题有且只有一个正确答案，选对得分)，后 10 题为不定项选择题(即每题有 1 至 5 个正确答案，只有全部选对才得分)。普及组 20 个都是单选题。

(2) 问题求解题

问题求解题共 2 题，每题 5 分，共计 10 分。试题给出一个叙述较为简单的问题，要求学生对问题进行分析，找到一个合适的算法，并推算出问题的解。考生给出的答案与标准答案相同，则得分；否则不得分。

(3) 程序阅读理解题

程序阅读理解题共 4 题，每题 8 分，共计 32 分。题目给出一段程序(不一定有关程序功能的说明)，考生通过阅读理解该段程序给出程序的输出。输出与标准答案一致，则得分；否则不得分。

(4) 程序完善题

程序完善题共 2 题，每题 14 分，共计 28 分。题目给出一段关于程序功能的文字说明，然后给出一段程序代码，在代码中略去了若干个语句或语句的一部分并在这些位置给出空格，要求考生根据程序的功能说明和代码的上下文，填出被略去的语句。填对则得分；否则不得分。

2. 复赛试题

复赛的题型和考试形式与 NOI 类似，全部为上机编程题，但难度比 NOI 低。题目包括 4 道题，每题 100 分，共计 400 分。

每一试题包括：题目、问题描述、输入输出要求、样例描述及相关说明。测试时，测试程序为每道题提供了 5～10 组测试数据，考生程序每答对一组得 10～20 分，累计分即为该道题的得分。

3. 试题的知识范围

(1) 初赛内容与要求

初赛的内容主要有三部分：计算机的基本常识、计算机的基本操作和程序设计的基本知识，具体内容和要求如表 16-2 所示。

表 16-2　初赛内容和要求

计算机的基本常识		1. 计算机和信息社会(信息社会的主要特征、计算机的主要特征、数字通信网络的主要特征、数字化) 2. 信息输入输出基本原理(信息交换环境、文字图形多媒体信息的输入输出方式) 3. 信息的表示与处理(信息编码、微处理部件、内存储结构、指令，程序，存储程序原理、程序的三种基本控制结构) 4. 信息的存储、组织与管理(存储介质、存储器结构、文件管理、数据库管理) 5. 信息系统组成及互联网的基本知识(计算机构成原理、槽和端口的部件间可扩展互联方式、层次式的互联结构、互联网络、TCP/IP 协议、Http 协议、Web 应用的主要方式和特点) 6. 人机交互界面的基本概念[窗口系统、人和计算机交流信息的途径(文本及交互操作)] 7. 信息技术的新发展、新特点、新应用等
计算机的基本操作		1. Windows 和 Linux 的基本操作知识 2. 互联网的基本使用常识 (网上浏览、搜索和查询等) 3. 常用的工具软件使用(文字编辑、电子邮件收发等)
程序设计基本知识	数据结构	1. 程序语言中基本数据类型(字符、整数、长整、浮点) 2. 浮点运算中的精度和数值比较 3. 一维数组(串)与线性表 4. 记录类型(Pascal)/ 结构类型(C)
	程序设计	1. 结构化程序设计的基本概念 2. 阅读理解程序的基本能力 3. 具有将简单问题抽象成适合计算机解决的模型的基本能力 4. 具有针对模型设计简单算法的基本能力 5. 程序流程描述(自然语言/伪码/NS 图/其他) 6. 程序设计语言(Pascal/C/C++)
	基本算法处理	1. 初等算法(计数、统计、数学运算等) 2. 排序算法(冒泡法、插入排序、合并排序、快速排序) 3. 查找(顺序查找、二分法) 4. 回溯算法

(2) 复赛内容与要求

在初赛内容的基础上增加以下内容,具体内容和要求见表16-3所示。

表16-3 复赛内容和要求

数据结构	1. 指针类型 2. 多维数组 3. 单链表及循环链表 4. 二叉树 5. 文件操作(从文本文件中读入数据,并输出到文本文件中)
程序设计	1. 算法的实现能力 2. 程序调试基本能力 3. 设计测试数据的基本能力 4. 程序的时间复杂度和空间复杂度的估计
算法处理	1. 离散数学知识的应用(如排列组合、简单图论、数理逻辑) 2. 分治思想 3. 模拟法 4. 贪心法 5. 简单搜索算法(深度优先、广度优先)搜索中的剪枝 6. 动态规划的思想及基本算法

4. 试题举例及赛前辅导

辅导教师要根据全国青少年信息学奥林匹克联赛(NOIP)的初赛、复赛的考试内容以及最近几届信息学奥赛试题的试题形式,将其内容划分为三个部分,来辅导参赛选手进行赛前学习。

(1) 初赛

① 第一部分:计算机的基本常识。

出题形式:一般是以选择题的形式呈现,并且是以记忆为主的题目。

试题例选:

> 2. 微型计算机中,控制器的基本功能是(　　)。
> A. 控制机器各个部件协调工作　　B. 实现算术运算和逻辑运算
> C. 存储各种控制信息　　D. 获取外部信息　　E. 存放程序和数据

辅导形式:以讲解等方法向学生介绍计算机的基本常识,包括计算机和信息社会、信息输入输出基本原理、信息的表示与处理、信息的存储、组织与管理、信息系统组成及互联网的基本知识、人机交互界面的基本概念以及信息技术的新发展、新特点、新应用等基本知识点。使学生对这些知识有基本的认识从而可以自如答题。

② 第二部分:计算机的基本操作。

出题形式:一般是以选择题的形式呈现,学生根据平时计算机技能操作的实际情况为基础来解答题目。

试题例选：

> 3. 断电之后仍能保存数据的有(　　)。
>
> A. 寄存器　　B. ROM　　C. RAM　　D. 高速缓存
>
> (选自第十二届全国青少年信息学奥林匹克联赛初赛试题 普及组 C 语言 第 3 题)

辅导形式：辅导教师讲解并演示计算机的基本操作，并让学生做大量的上机练习，使学生掌握计算机基本操作的知识和技能，包括 Windows 和 Linux 的基本操作知识、互联网的基本使用常识（网上浏览、搜索和查询等）、常用工具软件的使用（文字编辑、电子邮件收发等）。使学生对这些技能有基本的操作基础就可以自如答题。

③ 第三部分：程序设计的基本知识。

出题形式：程序设计的基本知识涉及数据结构、程序设计、基本算法处理三个知识点。这部分的考点比起前两部分是有难度的，题目一般分布的范围较广，有选择题、问题求解题、程序阅读理解题以及完善程序题。其中数据结构的考点在选择题目中出现的居多，基本算法的考点多以问题求解的形式出现，让学生根据题目的要求来找出合适的算法求解，程序设计的考点集中在阅读程序写结果和完善程序题中，且这两种题目还会涉及数据结构和基本算法的知识点。

试题例选：

> 选择题：
>
> 10. 对有序数组{5, 13, 19, 21, 37, 56, 64, 75, 88, 92, 100}进行二分查找，等概率的情况下查找成功的平均查找长度(平均比较次数)是(　)。
>
> A. 35/11　　B. 34/11　　C. 33/11　　D. 32/11　　E. 34/10
>
> (选自第十四届全国青少年信息学奥林匹克联赛初赛试题 提高组 C 语言 第 10 题)

问题求解：

1. 有 6 个城市，任何两个城市之间都有一条道路连接，6 个城市两两之间的距离如下表所示，则城市 1 到城市 6 的最短距离为__________。

城市 1	城市 2	城市 3	城市 4	城市 5	城市 6	
城市 1	0	2	3	1	12	15
城市 2	2	0	2	5	3	12
城市 3	3	2	0	3	6	5
城市 4	1	5	3	0	7	9
城市 5	12	3	6	7	0	2
城市 6	15	12	5	9	2	0

(选自第十四届全国青少年信息学奥林匹克联赛初赛试题 提高组 C 语言 第三题 第 1 题)

阅读程序写结果题：

1.
```
#include <stdio.h>
int main()
{int i,p[5],a,b,c,x,y=20;
for(i=0;i<=4;i++)
scanf("%d", &p[i]);
a=(p[0]+p[1])+(p[2]+p[3]+p[4])/7;
b=p[0]+p[1]/((p[2]+p[3])/p[4]);
c=p[0] * p[1]/p[2];
x=a+b-p[(p[3]+3)%4];
if(x>10)
y+= (b * 100-a)/(p[p[4]%3] * 5);
else
y+=20+(b * 100-c)/(p[p[4]%3] * 5);
printf("%d,%d\n", x,y);
return 0;
}
/* 注：本例中，给定的输入数据可以避免分母为 0 或数组元素下标越界。*/
```
输入：6 6 5 5 3 输出：__________

(选自第十三届全国青少年信息学奥林匹克联赛初赛试题 普及组 C 语言 第三题 第 1 题)

完善程序题：

1.（全排列）下面程序的功能是利用递归方法生成从 1 到 $n(n<10)$ 的 n 个数的全部可能的排列（不一定按升序输出）。例如，输入 3，则应该输出（每行输出 5 个排列）：

123 132 213 231 321 312

程序：
```
#include<stdio.h>
int n,a[10]; /* a[1],a[2],…,a[n]构成 n 个数的一个排列 */
long count=0; /* 变量 count 记录不同排列的个数，这里用于控制换行 */
void perm(int k)
{  int j,p,t;
if( ① )
{  count++;
for(p=1;p<=n;p++) printf("%1d",a[p]); /* "%1d"中是数字 1，不是字母 l */
printf(" ");
if( ② ) printf("\n");
return;
}
for(j=k;j<=n;j++)
{ t=a[k];a[k]=a[j];a[j]=t;
③ ;
t=a[k]; ④ ;
}
}
main()
```

```
{   int i;
printf("Entry n:\n"); scanf("%d",&n);
for(i=1;i<=n;i++) a[i]=i;
⑤ ;
}
```

(选自第十二届全国青少年信息学奥林匹克联赛初赛试题 普及组 C 语言 第四题 第 12 题)

辅导形式：在这部分知识点的辅导中，教师主要是讲解知识点、演示相关程序的编写、编译、调试和运行，并让学生做练习，使学生掌握程序设计的知识和技能。

教师的辅导可具体到三个方面：数据结构、程序设计、基本算法处理。

首先，在辅导数据结构时要让学生了解程序语言中的基本数据类型(字符、整数、长整、浮点)，掌握浮点运算中的精度和数值比较，对一维数组(串)与线性表达到应用的程度，理解记录类型(Pascal)/ 结构类型(C)。

其次，在辅导程序设计时要让学生了解结构化程序设计的基本概念，具有阅读理解程序的基本能力，具有将简单问题抽象成适合计算机解决的模型的基本能力，具有针对模型设计简单算法的基本能力，能够对程序流程进行描述(自然语言/伪码/NS 图/其他)，掌握程序设计语言(Pascal/C/C++)。

最后，在辅导基本算法处理时要让学生掌握初等算法(计数、统计、数学运算等)、排序算法(冒泡法、插入排序、合并排序、快速排序)、查找(顺序查找、二分法)、回溯算法等知识点。

(2) 复赛

复赛一般考查的是学生的上机编程能力。考生根据问题描述理解题目的要求，来编写程序，并编译、调试和运行程序。

出题形式：通过总结历年试题，发现复赛的出题形式一般是让参赛选手上机编写四个程序，然后经过编译、调试和运行得到相应的结果。

试题例选：

【问题描述】

明明想在学校中请一些同学一起做一项问卷调查，为了实验的客观性，他先用计算机生成了 N 个 1 到 1000 之间的随机整数($N \leqslant 1000$)，对于其中重复的数字，只保留一个，把其余相同的数去掉，不同的数对应着不同的学生的学号。然后再把这些数从小到大排序，按照排好的顺序去找同学做调查。请你协助明明完成"去重"与"排序"的工作。

【输入文件】

输入文件 random.in 有 2 行，第 1 行为 1 个正整数，表示所生成的随机数的个数：

N

第 2 行有 N 个用空格隔开的正整数，为所产生的随机数。

【输出文件】

输出文件 random.out 也是 2 行，第 1 行为 1 个正整数 M，表示不相同的随机数的个数。第 2 行为 M 个用空格隔开的正整数，为从小到大排好序的不相同的随机数。

【输入样例】

10

20 40 32 67 40 20 89 300 400 15

【输出样例】

8

15 20 32 40 67 89 300 400

辅导形式：进行复试辅导时，不仅要教会学生编写程序，保存、编译、调试以及运行程序等基本操作，还要让学生在掌握初赛内容的基础上拓展关于数据结构、程序设计和基本算法等知识。具体辅导内容如下：

首先，让学生掌握数据结构中的指针类型、多维数组、单链表及循环链表、二叉树、文件操作（从文本文件中读入数据，并输出到文本文件中）的知识点，还要让学生对这些知识点达到简单应用的程度。

其次，使学生具备程序设计中的算法实现的能力、程序调试基本能力、设计测试数据的基本能力以及程序的时间复杂度和空间复杂度的估计。

最后，向学生讲解并演示基本算法的处理，让学生根据这些基本算法编写程序。在信息学奥赛中主要要求学生能够应用离散数学的知识（如排列组合、简单图论、数理逻辑）具备分治思想、掌握模拟法、贪心法、简单搜索算法（深度优先、广度优先）搜索中的剪枝以及动态规划的思想及基本算法。

五、项目成果展示与交流

首先，学生将自己做好的作品（即编好的程序）在多媒体教室的计算机上进行展示，并向其他同学介绍其实现的功能，测试其运行的结果及运行的时间长短。其次，将学生参加竞赛的作品根据相关组织给出的评定标准进行评审，评审的形式可以是自评、他评、互评，不过在信息学奥赛中，一般由专家来评审。评审完毕，根据之前确定的奖项进行颁奖。

六、推荐资源

[1] 中央电化教育馆网站. http://www.ncet.edu.cn/.

[2] 全国中小学信息技术创新与实践活动官方网站. http://my.noc.net.cn/index.html.

[3] 全国中小学 DV 创作大赛一等奖“千金难买”. http://www.longyansx.com/newsInfo.aspx? pkId=3301.

[4] 中国信息技术教育信息网. http://www.nettime.net.cn/.

[5] 创新教育网. http://noc.e21.cn/.

项目 17　中小学校园电视创作活动的组织与实施

电视作为三大重要的传媒手段之一，从 1979 年进入中小学校园后，随着电化教育的广泛开展，校园电视台建设也引起了很多学校的重视，校园电视台的建设得到了迅速的发展，许多学校都建立了校园闭路电视系统。作为学校教育信息化和校园文化的重要组成部分，全国各地的校园电视台，在加强对学生的政治思想教育、配合教学工作、丰富师生的校园生活、加强学校与社会的沟通等方面，发挥了日益重要的作用。校园电视台已经成为开展学生政治思想教育的重要工具和手段，成为学校发展历史轨迹和建设成就的记录者和宣传者，成为提高学生综合素质和拓展学生发展空间的重要平台，成为师生了解社会，社会了解学校的纽带和桥梁，成为校园文化的组成部分和重要载体。因此，在我国办学条件比较好的中小学校，基本都建立了校园电视台。

在本项目中，我们将从中小学校园电视创作活动的设计、组织与实施等方面做简要的介绍。

一、学习目标

能够从构思创作、摄影、后期制作等方面指导学生完成中小学校园的电视创作活动。

二、环境与条件

（一）根据活动的主题，确定创作构思，确定节目制作计划，选择合适的拍摄场地、人员、道具等。

（二）摄像机一台。

（三）各类制作软硬件平台。

三、项目任务

根据全国中小学校园电视大赛活动指南，明确主题，制订方案，从构思创作、摄影、后期制作等方面来组织学生，指导学生完成一部电视作品，并学会后期各种制作软件的使用。

活动结束后，对活动展开的过程和效果进行反思、评价和总结。

四、实践过程

（一）知识准备

1. 了解全国中小学校园电视创作大赛的基本情况

（1）活动的主办单位与宗旨

全国中小学校园电视大赛是由中国教育电视协会中小学校园电视专业委员会于2004年开始举办，举办此活动的宗旨为：团结全国中小学校园电视（台）和相关中小学校园电视机构，在活动中，坚持四项基本原则、坚持改革开放，贯彻党和国家有关教育电视、校园电视工作的方针、政策，积极推进中小学校园电视（台）的建设、中小学校园电视节目制作和校园电视的播出，开展中小学校园电视节目的交流与合作，提高中小学校园电视（台）的使用效益，为促进教育事业的改革和发展，推进社会主义市场经济及“两个文明”的建设，为进一步加强和改进未成年人思想道德建设、思想政治教育作出应有的贡献。

（2）全国中小学校园电视大赛的主要任务

第一，宣传校园电视的意义和作用，推动社会各方面关心、支持校园电视（台）的建设与发展。

第二，促进校园电视节目的选题、制作、编辑、播出，以及相互之间的协作与交流，提高校园电视节目的质量水平和公德教育水平。

第三，交流、研讨、推广加强校园电视（台）建设管理的经验，提高校园电视的整体水平。

2. 了解全国中小学校园电视创作大赛活动的组织要求

中小学校园电视节目大赛旨在推进全面实施素质教育，加强校园精神文明建设，丰富师生业余文化生活，加强学校特色宣传，发挥学校视音频资源制作设备及人员的作用，提高校园电视的管理水平和节目制作水平。

(1) 参赛范围

全国各中小学校、职业学校师生，各教育相关单位的人员均可报名参赛。

(2) 评奖项目设置

评奖项目的设置主要包括：优秀电视节目、校园电视节目或专栏节目的优秀主持人、优秀校园电视台、活动的优秀组织单位。

其中，电视节目主要包括以下几类。专题类：包括系列专题、单集专题，选题范围不限，节目内容应突出教育性。新闻类：包括新闻栏目，教育新闻专题、教育新闻评论、教育新闻系列报道，单条教育新闻等。教学类：包括高等教育、基础教育和职业技术教育的课堂和辅助教学节目，社会培训节目，以实施素质教育为主。公益宣传类：以环保、健康、社会公德、民族文化等为主体的宣传片，长度不超过1分钟。电视作文类：可用学生作文为解说，配合相应画面表现。其他类：包括校歌MTV、电视散文、学生个人MTV、音乐小品、综艺晚会、知识竞赛、辩论会、节日纪念综艺节目、课本剧等各种表现形式的节目。

(3) 对竞赛项目参赛作品、参赛者和参赛单位的要求

① 对电视节目的要求。所有中小学参评的校园电视节目一律以DVD视盘为载体，符合DVD标准格式(可以在普通DVD播放机中流畅播放)；凡是电脑刻录的DVD光盘，刻录结束后，必须能够在普通DVD播放机中流畅播放，否则视为参评节目无效。每张视盘只准刻录一个节目，并将节目标准、长度、类别、录制单位等逐项填写后，附在光盘上(与申报表一致)，以免出现错误。节目创作说明需控制在500字以内。

② 对主持人的要求。报名参加评选的校园电视台主持人需提供曾经主持过的节目中具有代表性的一期和能够展示自己才华的影像资料(时长在5分钟以内)，所有影像资料均刻成DVD。附申报表。

③ 对校园电视台的要求。参加优秀校园电视评选的单位需提供校园电视系统实景照片或者实景拍摄刻录的光盘和校园电视工作介绍和实绩材料。

(4) 奖项的设立

电视节目评比设立金奖、银奖、铜奖(分类设奖)。优秀主持人评比设立金奖和银奖。校园电视台授予全国优秀校园电视台称号。对大赛组织工作突出的地区、学校授予优秀组织奖。

(5) 参评办法

参评单位和个人可到中国教育电视协会中小学校园电视专业委员会官方网站，下载本年度的全国中小学校园电视评选申请表，填写后报到各省级电教馆(省教育电视台)，以省、自治区和直辖市为单位，统一组织送报。

(6) 参评费用

主要是用于评审工作开支的评审费，具体数额可参看活动通知。

(7) 评选说明

经初评入围的节目、主持人、校园电视台，组委会将通知参评单位和个人，获奖项目将由组委会免费统一制作，并在全国中小学校园电视评选网站上公开展示。获奖名单将在有关媒体上公布，并举行颁奖典礼。获奖作品将收入国家基础教育资源网，全国共享。

(二) 项目准备

第一，阅读全国校园电视大赛的通知和指南，明确竞赛项目、参赛规则、参赛条件；了解参赛要求和参赛方法。

第二，登录官方网站，了解历年校园电视大赛的参赛情况和获奖情况，浏览、分析获奖作品，明确本地区或本校参赛的努力方向和目标。

第三，根据媒介竞赛活动的主题确定参赛作品的选题与内容，编写摄制脚本，挑选合适的演员、场地道具。

第四，准备并安装好节目制作所需的软件和设备。

(三) 项目实施

1. 制订活动方案

分析研究当年活动指南，明确活动涉及人员，作品分类和要求，评价标准，制订适合本校或地方的活动方案。

2. 确定参赛节目的选题

根据大赛的主题要求，针对本校环境和本校学生的特征，研究、选择、确定最贴近学校生活的节目选题。

3. 选定节目主持人

根据主题，选择符合角色性格、心理特征、外形特征、声音特征的学生参加比赛。选择的学生要求有良好的语言表达能力，面对镜头能够自然、清楚地表达。

4. 根据不同类型的电视节目，指导学生进行创意

5. 从制作技术上指导学生

(1) 新闻片的制作

制作新闻时，用录像机先将播音员在播音台上的新闻播报按顺序完整地录制下来，然后按图 17-1①将设备连接好，再根据新闻内容用相应的画面代替播音员的画面。例如，第二条新闻是从 A 录制到 D，如图 17-1②，要在 BC 段插入相应的新闻画面。我们先将录制好的播音员画面的节目带播放到 C 处(可用遥控器上的按钮和循环慢进旋钮，将图像精确到帧)，然后按遥控器上的 RESET 键，将磁带计数器复位至 0∶00∶00，再将磁带退至 B 处，使磁带处于播放暂停状态(显示窗显示“‖”符号)，然后用圆珠笔心尾插入改装时挖的小孔，按下 INSERT(图像插入)按钮，录像机的显示窗内INSERT 即会亮起来。这时与录像机相连接的监视器上看到的不是原播音画面，而是从另一台机器输入录像机的视频信号(即新闻资料画面)，待需要的画面出现时，按下录像机的暂停键，原暂停显示“‖”这时就变成“△”，录像带开始走动，到 C 处(即计数器跳为0∶00∶00处)即自动停止，录像带中 BC 段的图像就换成了刚才输入的图像。其他地方需插入新闻或资料的画面的方法与此相同，此时新闻画面就制作好了。

(2) 专题片的制作

制作专题片时，先将专题片图像资料按顺序组织并录制好，然后再配音。配音时将图像退至开头，话筒回声旋钮转至最小。两个话筒插孔分别输入音乐信号和话筒信号，并调整好大小，将录像带处于播放暂停状态。按下 AUDIO DUB 按钮，显示窗内 A. DUB 即亮起，再按暂停键，图像动起来即可配音。制作专题片，也可像前面介绍的新闻片制作方法，先录好声音，然后再按需要逐步组织画面。

最后播放时，如果是使用 Hi-Fi 录像机(如 HD82 等)，要将音频切换到普通声道。另外，校园电视台的摄像机多以 M9000、M9500、DP200、AG455 为主，它们均可用 SVHS 带拍摄，图像要比普通带清晰得多。

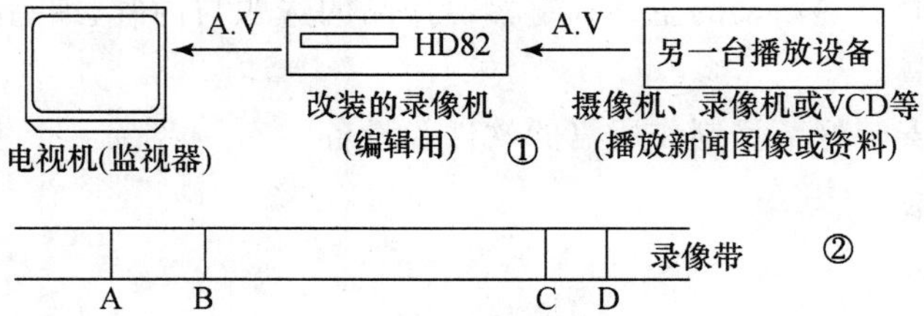

图 17-1 设备连接图

6. 评审作品，组织上报

参评作品以光盘形式提交，1 件作品 1 张光盘，要求递交的光盘无病毒。同时提交评选申报表，校园电视优秀节目、优秀主持人、优秀校园电视申报表分别如表 17-1、表 17-2、表 17-3 所示。

表 17-1 全国中小学校园电视优秀节目评选节目申报表

申报单位	(公章)			单位或 E-mail			
单位地址				邮编			
联系人		联系电话		手机		传真	
节目名称				片长	本片 分钟	共 集	
节目类别	专题( ) 教学( ) 新闻( )其他( ) 公益宣传( ) 电视作文( )						
主创人员	策划	编导	撰稿	摄像	制片或责编	解说(主持)	技术
是否参加其他评比及获奖情况							

续表

内容简介			
使用反馈情况			
省、自治区、直辖市电化教育馆（教育电视台）意见	（公章）	市（地）电化教育馆（教育电视台）意见	（公章）

中国教育电视协会制　编号：

表 17-2　全国中小学校园电视评选主持人申报表

选手姓名		性别		出生年月	
所在年级		政治面貌		联系电话	
联系地址或 E-mail					
选送单位	（公章）	单位地址			
单位电话		联系人			
人个简历					

中国教育电视协会制　编号：

表 17-3 全国中小学校园电视评选校园电视申报表

<table>
<tr><td>申报单位</td><td colspan="3">（公章）</td><td>校园电视台名称</td><td></td></tr>
<tr><td>单位地址</td><td colspan="3"></td><td>单位网址或 E-mail</td><td></td></tr>
<tr><td>校长</td><td></td><td>电话</td><td></td><td>传真</td><td></td></tr>
<tr><td>联系人</td><td></td><td>电话</td><td></td><td>手机</td><td></td></tr>
<tr><td>联系人地址</td><td colspan="3"></td><td>邮编</td><td></td></tr>
<tr><td>联系人 E-mail</td><td colspan="5"></td></tr>
<tr><td colspan="6">校园电视（网）主要概况</td></tr>
<tr><td>省、自治区、直辖市电化教育馆（教育电视台）意见</td><td colspan="2">（公章）</td><td>市（地）电化教育馆（教育电视台）意见</td><td colspan="2">（公章）</td></tr>
</table>

中国教育电视协会制　编号：

7. *活动总结*

对活动进行反思和总结，形成书面文字，为下次组织开展活动积累经验和教训。

（四）参考案例

案例展示

“可爱的家乡”——第六届校园电视大赛的专题类节目

（一）本专题电视片的内容主要包括：家乡美丽的自然风光，家乡独具特色的建筑、古迹；家乡的人、家乡的事、家乡的民俗民风、家乡的独特物产；家乡的变与不变；其他。

在选择具体内容时，可参考小学、初中语文教材适合制作成“可爱的家乡”的课文。如：《观潮》、《雅鲁藏布大峡谷》、《鸟的天堂》、《火烧云》、《爬山虎的脚》、《蟋蟀的住宅》、《长城》、《颐和园》、《秦兵马俑》、《延安》、《我把你追寻》、《五彩池》、《小青石》、《迷人的张家界》、《小桥流水人家》、《黄果树瀑布》、《草虫的村落》、《索溪谷的野》、《青山不老》、《老人与海鸥》、《跑进家来的松鼠》、《林海》、《春》、《济南的冬天》等。在根据课文或其他文学作品拍摄电视片时，编导应在尊重原作主题和主要内容的前提下，创作电视片的文学脚本。这类电视片的文学脚本字数一般在1700字左右，节目长度在10分钟左右。文学脚本的创作者应该是学校的学生或老师，而且一定要作为制作群体中的一员参加节目的制作。这样做能够帮助学生加深对课文的理解，进一步提高学生的写作技巧和写作能力。

(二)"可爱的家乡"节目评比标准。节目主题正确、深刻、鲜明、新颖、集中、突出，并有针对性。节目能充分发挥电视的优势，画面语言功能强，画面制作精准，编辑流畅。节目文稿用词准确，语句通顺，段落清晰，层次分明，解说要忠于原稿，同时要做到精炼、优美、动听、口语化，与画面结合自然、协调，相得益彰，音响效果运用恰到好处。节目要有一定的教育意义，要有一定的知识文化内涵，内容要具体，要言之有物、有较强的感染力。文稿(文学脚本、分镜头脚本)的形式不限，但是必须规范、可操作。

(三)"可爱的家乡"评比节目观后感

三年来已有部分学校参加了"可爱的家乡"节目评比，其中确实有些节目做得不错。比如"遊selected龟山不看墓"、"和谐韶关"等，看后留下了深刻印象。之所以说它好，有三个突出的理由：一是这两个节目都集中描写了家乡的与众不同，独具特色的某一事物。如"遊selected龟山不看墓"，主要描写的是徐州的龟山汉墓，它并没有泛泛描写整个徐州，而是抓住了徐州独有的龟山汉墓，写得很深入，很具体，很生动，很有特色；二是充分发挥了电视的优势，非常注重用画面去说话，让观众饱了个眼福，看到了自己平时无法看到的一些动人的画面，画面的表达力强，感染力强；三是节目中科学文化知识的内涵比较丰富，授人以知识，给人以启迪。看完节目对几千年前的先民们，用自己的聪明才智修成如此宏伟规模的墓，感叹不已，从而进一步了解了中国古代文化，中国历史，中国古代文明，中国古代科学，爱国之情油然而生。

五、项目成果展示与交流

(一) 电视台：获奖作品将在学校电视台专栏节目播放。

(二) 互联网：获奖作品将通过互联网展示，观众也可以在线投票。

(三) 在活动颁奖大会上播放。

(四) 在活动的论坛和研讨会上交流制作经验和心得。

六、资源推荐

[1] 中央电化教育馆网站. http://www.ncet.edu.cn/.

[2] 全国中小学信息技术创新与实践活动官方网站. http://my.noc.net.cn/index.html.

[3] 全国中小学校园电视和优秀节目评奖专题网. http://www.csetv.com.cn.

[4] 中国信息技术教育信息网. http://www.nettime.net.cn/.

[5] 创新教育网. http://noc.e21.cn/.

后　记

本教材是由教育部信息技术工程研究中心、华中师范大学信息技术系、北京大学出版社组织编写，也是由张景中院士担任总主编的“21 世纪教育技术学精品教材”中的一部分。

本书由潘克明（教授，中国教育技术协会副会长，中央电化教育馆学术委员会副主任）、李书明（副教授，博士，湖北师范学院信息与技术学院院长）担任主编；田俊（副教授，博士，湖北师范学院信息与技术学院教师）、黄涛（华中师范大学教授）担任副主编。华中师范大学信息技术系的林迎迎、张亚培、陈琰、田俊、肖惠、戚雪分别担任一至六个模块的主笔。李书明担任了第一至三个模块的审阅和统稿，田俊担任了第四至六个模块的审阅和统稿。潘克明担任了全书的审阅、修订和统稿。

华中师范大学信息技术教育应用研究所所长王继新教授、北京大学出版社周雁翎主任，对本书的编写思路、体例、框架结构、内容的取舍等方面给予了很多指导。在全书的写作过程中，也给了作者们很多具体的指导和帮助。在此一并感谢。

本书中引用了许多相关文件，这些文件都可以在相关的网站上检索。本书中引用的案例，主要来源于相关网站、正式出版的书籍、学术刊物和作者在研究过程中收集的研究报告和论文等。我们向这些资源的作者表示衷心的感谢。同时，由于时间关系和其他原因，本书的编写者未能及时与所引用资源的原作者取得联系以听取作者们的意见，也恳请各位作者原谅。

由于教育技术学是一门新兴的、发展中的学科，加之我们的水平有限，在本书的编写过程中我们虽然竭尽全力求精，但是仍难免有不足之处，恳请读者批评指正。如在使用本书的过程中发现什么问题或错误，请发送电子邮件到：zx_pkm@bjedu.gov.cn，545671848@qq.com，306728090@qq.com 与我们联系。

编者

2010 年春